中国学生

历史学习百科

总策划／邢 涛　主编／龚 勋

汕头大学出版社

图书在版编目（CIP）数据

中国学生历史学习百科／龚勋主编．—汕头：汕头大学出版社，2012.1（2021.6重印）
ISBN 978-7-5658-0432-8

Ⅰ．①中… Ⅱ．①龚… Ⅲ．①世界史-青年读物②世界史-少年读物 Ⅳ．①K109

中国版本图书馆CIP数据核字（2012）第003541号

中国学生历史学习百科
ZHONGGUO XUESHENG LISHI XUEXI BAIKE

总 策 划	邢 涛	印 刷	唐山楠萍印务有限公司
主 编	龚 勋	开 本	705mm×960mm 1/16
责任编辑	胡开祥	印 张	10
责任技编	黄东生	字 数	150千字
出版发行	汕头大学出版社	版 次	2012年1月第1版
	广东省汕头市大学路243号	印 次	2021年6月第7次印刷
	汕头大学校园内	定 价	37.00元
邮政编码	515063	书 号	ISBN 978-7-5658-0432-8
电 话	0754-82904613		

● 版权所有，翻版必究　如发现印装质量问题，请与承印厂联系退换

中国学生历史学习百科

推荐序

学生阶段是一个人长知识、打基础的重要时期，这个时期会形成一个人的兴趣爱好，建立一个人的知识结构，一个人一生将从事什么样的事业，将会在哪一个领域取得多大的成功，往往取决于他在学生时代读了什么样的书，摄取了什么样的营养。身处21世纪这个知识爆炸的时代，面临全球化日益激烈的竞争，应该提供什么样的知识给我们的孩子们，是每一位家长、每一位老师最最关心的问题。学习只有成为非常愉快的事情，才能吸引孩子们的兴趣，使孩子们真正解放头脑，放飞心灵，自由地翱翔在知识的广阔天空！纵观我们的图书市场，多么需要一套能与发达国家的最新知识水平同步，能将国外最先进的教育成果汲取进来的知识性书籍！现在，摆在面前的这套《中国学生学习百科》系列令我们眼前一亮！全系列分为《宇宙》、《地球》、《生物》、《历史》、《艺术》、《军事》六种，分别讲述与学生阶段的成长关系最为密切的六个门类的自然科学及人文科学知识。除了结构严谨、内容丰富之外，更为可贵的是这套书的编撰者在书中设置了"探索与思考"、"DIY实验"、"智慧方舟"等启发智慧、助人成长的小栏目，引导学生以一种全新的方式接触知识，超越了传统意义上单方面灌输的陈旧习惯，让学生突破被动学习的消极角色，站在科学家、艺术家、军事家等多种角度，自己动手、动脑去得出自己的结论，获取自己最想了解的知识，真正成为学习的主人。这样学习到的知识，将会大大有利于我国学生培养创造力、开拓精神以及对知识发自内心的好奇与热爱，而这正是我们对学生的全部教育所要达到的最终目的！

《中国教育报》副总编辑

翟博

——中国学生——
历史学习百科

审订序

　　宇宙、地球、生物、艺术、历史、军事，这些既涉及自然科学，又包涵人文科学、社会科学的知识门类，是处在成长与发育阶段正在形成日渐清晰的世界观与人生观的广大学生们最好奇、最喜爱、最有兴趣探求与了解的内容。它们反映了自然界的复杂与生动，透射出人类社会的丰富与深邃。它们构成了人的一生所需的知识基础，养成了一个人终生依赖的思维习惯，以及从此难舍的兴趣取向。宇宙到底有多大？地球是独一无二的吗？自然界的生物是如何繁衍生息的？科学里有多少奥秘等待解答？我们人类社会跨过了哪些历史阶段才走到今天？伟大的军事家是如何打赢一场战争的？伟大的艺术是如何令我们心潮起伏、沉思感动的？……学生们无不迫切地希望了解这一个个问题背后的答案，他们渴望探知身边的社会与广阔的大自然。知识的作用就是通过适当的引导，使他们建立起终生的追求与探索的精神，让知识成为他们的智慧、勇气，培养起他们的爱心，磨炼出他们的意志，让他们永远生活在快乐与希望之中！这一套《中国学生学习百科》共分六册，在相关学科的专家、学者的指导下，融合了国际最新的知识教育理念，吸纳了世界最前沿的知识发展成果，以丰富而统一的体例，适合学生携带与阅读的形式专供学生学习之用，反映了目前为止国内外同类书籍的最先进水平。中国的学生们这一次站在了与世界各国同龄人同步的起跑线上。他们的头脑与心灵将接受一次全新的知识洗礼，相信这套诞生于21世纪之初，在充分消化吸收前人成果的基础上又有新的发展与创造的知识百科能让我们的学生由此进入新的天地！

美国加州大学伯克利分校博士
北京大学副教授

武瀚亨

前言

　　历史是世界的昨天，它反映着人类适应自然、改造自己的生存环境、改造社会、不断推进文明进步的历程。"习史明智"，学习历史可以增进学生的智慧，提高学生的人文素养，有利于学生的全面发展。然而，目前广大学生对历史课程却普遍缺乏兴趣。为了改变这种现状，我们按照现代新型教育理念，结合历史教学素质教育的最新研究成果，编写了这本《中国学生历史学习百科》。

　　全书按照世界历史发展的时间顺序，将总体内容分为六大章，即六个主体时间段，各章均以独特的视角切入人类历史的宏大画卷，从中撷取重大历史主题，并从政治、经济、文化、艺术等方面对主题进行研究和探索。在每个主题开始时，我们设定了"像历史学家一样思考"的栏目，这一栏目对主题内容做了简洁的叙述，并提出具有深度、值得思考的问题，使学生带着问题去阅读，并在阅读与思考中获得对问题的认识和解答。

　　本书着重于引导学生探讨历史规律，培养学生掌握研究历史问题的方法及从历史学习中汲取知识营养和智慧的兴趣。它既以生动有趣的文字激发学生对历史的丰富想像，又以极具历史价值的图片赋予学生直观的历史感受，是一本非常适合青少年阅读和学习的图书。

如何使用本书

《中国学生历史学习百科》一书，记叙了从人类起源直至20世纪世界历史上对人类文明进程具有重大影响的历史事件和历史人物。本书以时间的演进为线索，共分六章，每一章中都包含若干反映这一时期历史发展的重要主题，并分别进行阐述。书中每一部分内容都配有相关图片，每一幅图片均有相应的图名、图注及图示。全书以图文并茂、直观新颖的形式向读者展开一幅栩栩如生的历史画面。

书眉
双页书眉标示书名，单页书眉标示章名。

篇章名

主标题
世界历史的重大主题。

主标题说明
凝练的文字介绍概括了本主题的基本内容，让读者迅速了解这一历史主题的发展脉络。

像历史学家一样思考
紧贴内容设置的思考题将使读者带着问题去阅读，并在阅读和思考中获得解答。

辅标题
组成历史主题的主要历史事件或历史人物。

副标题
对辅标题的点睛说明。

辅标题说明
对辅标题的历史事件或历史人物进行阐述的文字。

王朝（文明）更迭表
介绍王朝更替或文明发展的各个时期。

中世纪时期
拜占庭帝国

·像历史学家一样思考·

拜占庭帝国是西罗马帝国崩溃后依然存在的罗马帝国的东半部，即东罗马帝国。拜占庭帝国鼎盛时期的疆域从西部的西班牙延伸到东部的亚美尼亚境内的山脉，北及黑海与多瑙河，南至非洲海岸。帝国的心脏是小亚细亚地区。

想一想 与西罗马帝国相比，拜占庭帝国拥有千年辉煌的根本原因是什么？

拜占庭帝国的建立
东罗马帝国登上历史舞台

拜占庭原是一座靠黑海的古希腊移民城市。公元330年，罗马皇帝君士坦丁一世将之改建重修后，作为罗马帝国的新都，并改名为君士坦丁堡。395年，庞大的罗马帝国饱受各路蛮族的侵扰，帝国一分为二。东部帝国以君士坦丁堡为首都，因此又称为拜占庭帝国。476年，西罗马帝国灭亡，拜占庭遂成为唯一的罗马帝国。

君士坦丁大帝
拜占庭之父

拜占庭千年辉煌，历经88位皇帝。其中君士坦丁大帝成就卓越。君士坦丁大帝在其于公元313年颁布的"米兰敕令"中给予"基督徒及所有人宗教信仰的自由"。这一做法开创了整个欧洲精神改宗的先河。

查士丁尼一世继位
基督徒统治的开始

公元527年，虔诚的基督徒查士丁尼一世成为皇帝。为阻止日耳曼民族的入侵，查士丁尼一世在首都君士坦丁堡修建了宏大的城墙、塔楼。通过一系列的扩张战争，他建立起一个庞大的基督教国家。

拜占庭各时期

创建年代 395年
从这个时候开始，帝国被称为东罗马帝国或拜占庭帝国。

早期时代 5世纪—7世纪
查士丁尼一世时期，拜占庭帝国十分兴盛。

希腊化时代 7世纪—9世纪
君士坦丁堡教会和罗马教廷决裂后，成立了希腊东正教。

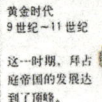

黄金时代 9世纪—11世纪
这一时期，拜占庭帝国的发展达到了顶峰。

帝国末日 12世纪—15世纪
拜占庭帝国的力量被削弱，陷入四分五裂中，并最终灭亡。

如何使用本书

图名
图片名称。

图注
关于该图片更为详尽的资料，对图片的内容和背景作深入的介绍。

图示
对图片具体部位的标示。

小资料
与本版面所属历史时期的发展相关的有用资料或背景知识。

次辅标题
辅标题的引申标题。

次辅标题说明
叙述与辅标题相关的一些内容，作为对辅标题说明内容的一种补充。

大事年表
主题时代所发生的重要事件的时间列表。

目录

史前时期 10~13
在生命进化的漫长岁月里，人类一步步从猿转变为人，摆脱了茹毛饮血的原始生活

| 历史的黎明 | 10 |

古代时期 14~53
人类文明的曙光在古代东方破晓。人类跨出野蛮时代的门槛，踏上了文明勃兴的道路

美索不达米亚文明	14
古埃及	18
古印度	24
中国	28
古希腊	38
古罗马	44
玛雅	50

中世纪时期 54~81
这一时期，封建制度在世界上绝大多数国家占据了统治地位，对世界政治、经济、文化、艺术产生了极大影响

拜占庭帝国	54
法兰克王国	58
北欧海盗	60
十字军东征	62
百年战争	66
黑死病与欧洲	68
阿拉伯帝国	70
强盛的中国	72

被称为"露西"的早期原始人遗骨(第10页)
南方古猿是现今所知最早的人类直接祖先。1974年，美国人发现了一具南方古猿的化石，并将之命名为露西。关于人类起源和进化的内容，详见第10~13页。

美丽的伊什塔城门(第16页)
巴比伦国王尼布甲尼撒二世改建和扩充了巴比伦城，使之成为当时世界上最繁华的城市之一。伊什塔城门是巴比伦城9座城门中最为宏伟华丽的一座。关于古巴比伦文明的内容，详见第15~17页。

维京长船(第60页)
北欧海盗是水战的霸主，他们精于航海和造船。北欧海盗的造船技术很高，他们的船形体修长，两头高高翘起，呈流畅的曲线形。而且这种船不分头尾，能倒退航行。人们称之为"维京长船"。关于强悍凶猛的北欧海盗，详见第60~61页。

丢勒晚年的杰作《四使徒》
（第84页）

丢勒是文艺复兴时期德国最有成就的油画家和版画家，其艺术语言冷静、沉郁、写实，不同于意大利艺术的华丽、明快和富于幻想。他是文艺复兴时期一位极具个性特点的艺术家。关于文艺复兴时期的内容，详见第82~87页。

微服出访的彼得大帝（第115页）

17世纪末，渴望改变俄国落后面貌的彼得一世派出规模庞大的使团赴西欧国家考察学习。彼得自己则装扮成一名普通水手随团出访，虚心求教。回国后，彼得对俄国进行了重大改革，使俄国走上了强国之路。关于彼得一世改革的内容，详见第114~117页。

爆炸后的原子弹所形成的巨大蘑菇云（第159页）

第二次世界大战后期，德意日法西斯轴心国中只有日本还在负隅顽抗，拒不投降。1945年，为敦促日本投降，美国用新研制的秘密武器原子弹袭击了日本的广岛和长崎。原子弹的巨大威力震惊世界。关于二战的内容，详见第152~159页。

文艺复兴时期 82~103

在这个从中世纪向近代过渡的时期，浸透着个性解放和自由心声的新思潮产生了

欧洲文艺复兴运动	82
海外扩张与殖民侵略	88
欧洲宗教改革	92
都铎王朝统治下的英国	96
荷兰独立	98
中国：明朝	100

近代世界 104~147

波澜壮阔的革命浪潮迅速摧毁了封建专制制度，为资本主义制度的发展扫清了道路。工业革命催动着新生事物的诞生，萌发了人们的创造激情

启蒙时代	104
英国资产阶级革命时代	108
彼得一世时代的俄国	114
法国大革命	118
拿破仑与欧洲世界	122
美国的独立与内战时代	126
工业革命时代	132
德、意统一	136
亚非拉民族民主运动	138
日本明治维新时期	140
近代中国	142

现代世界 148~159

两次世界大战的灾难带给全球难以弥补的伤痛，但战争导致了革命，混乱中也孕育着秩序。世界走向了和平与发展

第一次世界大战	148
俄国革命	150
第二次世界大战	152

史前时期
历史的黎明

·像历史学家一样思考·

恩格斯说,"有了人,我们就开始有了历史"。地球上最早的生命始于约32亿年前,那是一些生活在海洋中的微小细胞,但人类的祖先直到400万年前才在非洲出现。这些类人猿从他们生活的树上下来,开始用两条腿走路。他们依次是猿人、能人、直立人和智人。随着智人的形成,人类种族也开始形成,并已遍及世界各地。这一过程在考古学中被划分为旧、中、新三个石器时代。

想一想 劳动在人类形成过程中有什么作用?

晚期智人时代的象牙小头像

被称为"露西"的早期原始人遗骨

南方古猿
与人类体质类似的古猿

距今约400万年前,南方古猿出现了。南方古猿的体质特征和人类接近,会使用天然工具。他们用两条腿走路;牙齿排列紧密,无巨大犬齿;平均脑容量接近500毫升,虽然比人类小得多,但其结构已较为复杂。南方古猿是现今所知最早的人类直接祖先。

南方古猿头盖骨

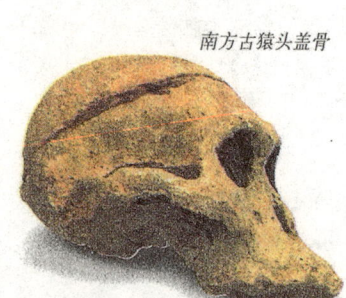

第一个露西
以歌曲名命名的古猿化石

1974年,美国的约翰逊发现了一具古猿化石,将之命名为"露西"。这具经鉴定属于南方古猿的化石之所以被命名为露西,是因为当考古队发现她时,营地里正在播放披头士的歌曲《露西在镶嵌钻石的天空》。露西遗留下40%的骨骼,揭示了许多有关南方古猿的知识。在300万年以前,露西生活在非洲东部。她个头不高,用两腿行走,很像人。但露西的腿较短,更像猿,走路时膝盖稍微有些弯曲。露西的脑子很小,像黑猩猩,颧骨长扁,上下颚强而有力,坚硬的牙齿使她能咬食各种食物。

能人
可以握拳的猿人

1974~1975年,在坦桑尼亚北部伽鲁西河流域的拉托利地层发现了13个早期猿人的部分化石,主要是上、下颌和牙齿,经测定,年代约在距今359万~377万年之间。这是目前所知道的最早的人类化石,定名为"能人"。"能人"下肢已能直立行走,手骨表明拇指能与其他四指对握。在同一层位还发现不少砾石打制的石器。

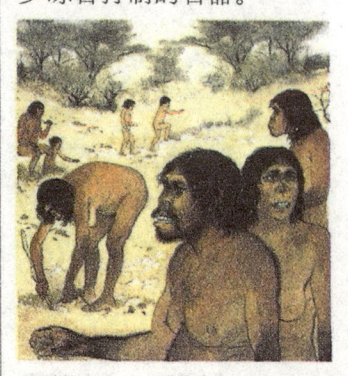

最早的人类——"能人"

直立人
会用火的晚期猿人

距今约155万～30万年前，直立人出现了。直立人又叫"晚期猿人"，头骨扁平，骨壁厚，眼眶向上突起，脑容量明显增大，约为800毫升到1200毫升。直立人身高平均为160厘米，其下肢结构与人类十分相似，说明其直立行走的姿势已很完善，他们还会使用火。

晚期猿人的头盖骨化石

原始智人
人类进化最近阶段的古人类

人类进化的最近一个阶段是包括现代人在内的智人阶段，可分为早期智人和晚期智人。早期智人的体质特征和现代人已很接近，但还保留一些原始痕迹，如前额低斜、眉骨突出、下颌不明显等。但在晚期智人时期，这些原始特征已经消失。

早期智人复原图

尼安德特人的头盖骨

尼安德特人

尼安德特人是最早被发现的早期智人，也是具有明显的人类结构特征的个体。它于1856年被发现于德国西北部莱茵河支流上的尼安德特峡谷洞穴中。最早的尼安德特人生存于欧洲最后冰川期之前，约30万～13万年前，主要生活在欧洲和亚洲的中部地区。尼安德特人的额骨向后倾斜，眉脊粗壮，枕部突出，头骨高度较小，但脑容量较大，约为1230毫升。他们的身高较现代人矮，其腿骨较短，身高在156厘米左右。尼安德特人的骨骼化石一般都出现于主要河谷的旁侧沉积物中，有时也出现于石灰岩山区的山洞里。

克罗马农人

第一个现代欧洲人通称为克罗马农人，属于晚期智人。克罗马农人的形体、高度、颅骨比例均有改变。他们的脸变得宽短，眉骨变小且形状也有所变化，门牙、犬齿变小。克罗马农人最终取代了尼安德特人成为现代欧洲人的祖先。他们采摘野果和菜根，猎杀野兽，住在岩洞或简陋的茅屋里。距今4万年前，他们的智力有所发展，思想和语言逐渐丰富，更接近现代人类。他们还创造了各种艺术品，如洞穴壁画、小首饰、小塑像等。

人类种族的形成
三大人种的始分

距今约5万年前晚期智人形成时，人类种族（人种）也开始形成。人类学家根据人的皮肤、眼睛、头发颜色的差别以及其他体质特征，把现今世界上的人分为三大人种：黄种人、白种人、黑种人。黄种人是旧石器时代晚期在中亚和东亚的干燥草原和半沙漠地带形成的；白种人最早是在南欧、北非和

三位少女分别代表着三大人种：白种人、黑种人、黄种人。

西南亚地区形成的；黑种人起源于非洲东北部，后扩展到非洲其他地区。地理环境在人类种族的形成中起着重要作用，如各人种肤色的变异在地理分布上有其规律性。随着纬度的增高，紫外线的辐射量减弱，人类肤色也由深变浅，由黑变白。

达尔文

查理·达尔文是19世纪英国杰出的生物学家、物种起源和发展学说的创始者、生物进化论的奠基人。他找到了生物发展的规律，证明所有的物种都有共同的祖先。

旧石器时代

时间最长的石器时代

历史上最早出现的人类社会是原始社会。那时，人们主要使用石制生产工具，称为石器时代。石器时代早期称为旧石器时代。旧石器时代的时间最长，从二三百万年前约至1.5万年前，又分为早期、中期、晚期。早期大致相当于早期猿人和晚期猿人阶段，中期相当于早期智人阶段，晚期约相当于晚期智人阶段。这个时代的人类只能对石头进行简单加工，以石头互相打击而制成石器。石器比较粗糙简陋。

旧石器时代的石器

火的使用

火的使用是人类在旧石器时代取得的一个巨大进步。170万年前的中国云南元谋人和30万年前的周口店北京人都已学会用火。火的使用使人类可以食用熟食，减少疾病，促进大脑的发育和体质的进化，使人类最终摆脱了茹毛饮血的时代。而人工取火的发明则使人类突破了使用天然火的局限，第一次支配了自然力，从而把人同动物界分开。

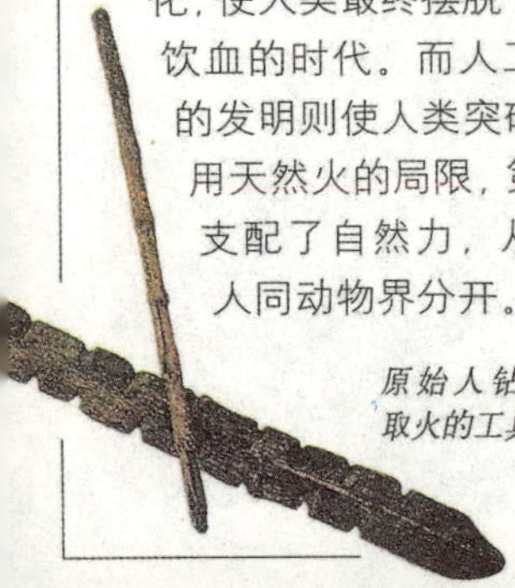

原始人钻木取火的工具

中石器时代

新旧石器时代的过渡

中石器时代亦称细石器时代，是从旧石器向新石器过渡的时代。它大约始于1.5万～1万年前，最后一次冰川期逐渐消退、欧亚大陆气候转暖的时期。这一时期人类制造工具的技术进一步提高，石器制作精细，形状端正，往往镶嵌在木制或骨制的柄上。这种复合工具的制造和弓箭的发明、使用，使狩猎经济进一步发展。人们开始驯养狗和羊等一些动物。

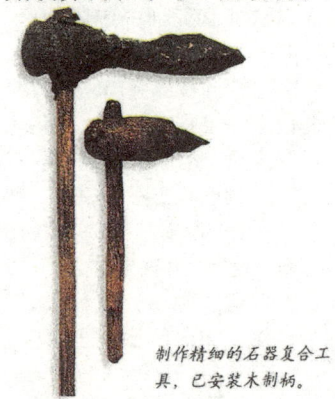

制作精细的石器复合工具，已安装木制柄。

新石器时代

用磨制法制作石器的时代

距今1万年左右，人类进入新石器时代。人们采用磨制法制作石器，出现了磨光、钻孔的石器，即所谓的新石器。新石器大多是在大石块上用水和砂磨成的，比较规整，种类很多。这一时期，人们在长期的实践中学会了制造陶器，用来烧煮食物、储藏物品。这一时期还产生了原始农业和畜牧业。

新石器时代的石刀采用打孔的方式固定于木柄上。

出土于阿尔巴尼亚的彩陶罐

从原始群到氏族

由猿群到人类社会的过渡

原始群是猿群进入人类社会的过渡形式，未形成家庭，男女间处于不分长幼的杂婚状态。大概在旧石器时代的早、中期，出现了人类社会最早的社会组织形式——"血缘家族"。血缘家族内，同辈男女互为夫妻。这种族内群婚比杂交婚姻前进了一大步。旧石器时代晚期，人们废除了族内兄弟与姐妹之间的通婚关系，实行族外群婚制。族外群婚一经确定，血缘家族便转化为氏族。

氏族时期的妇女们多负责采集工作，这是她们采来的果实晒制而成的果子干。

史前时期 | 13

母系氏族公社
以母系为中心的氏族公社

　　母系氏族公社是人类氏族社会的第一阶段。新石器时代，母系氏族趋于繁荣。这一时期，族外群婚发展为对偶婚，所生子女归母系。氏族成员共同劳动，产品平均分配。妇女受到普遍的尊重。每个氏族都由一位具有亲和力的年长女人担任首领，主持日常事务。

母系氏族聚落基本呈圆形，周围环有壕沟。

父系氏族公社
以父系为中心的氏族公社

　　原始社会末期，男子在经济生活和公共事务中取代了妇女的主导地位。于是，原来以母系为中心的母系氏族公社变为以父系为中心的父系氏族公社。父系氏族公社按照父方血统计算世系、继承财产，婚姻关系也由对偶婚转变为一夫一妻制。

原始人用来加工粮食的石制工具

部落和部落联盟
私有制催生的原始政治联盟

　　随着农业和畜牧业的发展，人口明显增长，一个氏族分裂成多个氏族。分裂出的氏族作为单个氏族而存在，而最初的大氏族就成了胞族。几个有亲缘关系的胞族或氏族又联合成部落。随着私有财产及私有制的产生，掠夺性战争频繁发生。为了便于共同作战和保存自己，若干部落又结成部落联盟。部落联盟加强了部落间的交往和联系，扩大了活动范围。经常性的战争加强了部落联盟军事首领的权力，形成了王权的萌芽。这一切都冲击着氏族制度，从而为阶级、国家的形成准备了条件。

原始部落墓葬

图腾崇拜
氏族的精神庇护神

　　"图腾"一词源于印第安语，意为"他的亲族"。原始人认为某些动物或植物与氏族、部落有亲属关系或其他特殊关系，因而把它们视为本氏族的祖先或庇护者而加以崇拜，并常以此作为本氏族或部落的标志和名称，这就是氏族图腾。农业部落多崇拜植物，畜牧部落多崇拜动物。动物、植物图腾是神圣的，不得杀害或食用。氏族部落还常举行祭拜仪式，以祈求保佑。

这个匕状器整体呈凤鸟形，反映了一种鸟图腾文化。

自然崇拜
人格化的自然力

　　在原始社会，由于生产力水平极端低下，人们的认识能力受到限制，对风、雨、雷、电、动植物繁殖等许多自然现象不理解，而对它们顶礼膜拜以祈求消灾降福。农业和畜牧业出现后，人们对土地、水和太阳的崇拜特别流行，并举行各种仪式，对它们敬拜和求告。这种原始的自然宗教观念曾长期保留在阶级社会中，不过这时人们已把自然力量加以人格化，创造出了人格化的神。

古代时期
美索不达米亚文明

•像历史学家一样思考•

公元前3500到公元前3200年间，两河流域也就是底格里斯河和幼发拉底河之间的地区成了地球上第一片文明开化之地。希腊人称之为"美索不达米亚"地区。这里最早的文明是苏美尔文明。苏美尔城邦在公元前3100年左右陆续出现，到公元前2006年乌尔第三王朝灭亡后，苏美尔人就逐渐退出了历史舞台。此后，强大的古巴比伦王国建立。在经历赫梯人的"黑暗时代"和亚述帝国的统治后，美索不达米亚又进入了新巴比伦时期。公元前6世纪，新巴比伦为波斯所灭，美索不达米亚文明终结。

赫梯战士的头像

想一想 为什么说美索不达米亚地区是地球上第一片文明开化之地？

苏美尔城邦
征战频繁的早期人类城邦

公元前4500年左右，苏美尔人已定居于两河流域南部。公元前3100年左右，出现了苏美尔人建立的城邦，著名的有乌尔、乌鲁克、基什、拉格什等。各小国为争夺土地、水源和奴隶，经常发生冲突和战争。公元前2320年左右，基什的萨尔贡统一了苏美尔地区，建立了阿卡德王国。它存在100多年后灭亡。再次统一苏美尔城邦的是乌尔人。公元前2006年，乌尔第三王朝被埃兰人和阿摩利人所灭。

城邦的车辆运输
多用途的有轮工具

苏美尔城邦常用的有轮运输工具是两轮战车和四轮货车。车身由牛牵引，安装在没有轮辐的实心轮上。牛拉的战车移动速度虽不太快，但它们是促成方阵作战方式的一个进步。在残存至今的苏美尔人的壁画中，还留有苏美尔战士驾驶战车，与敌人英勇拼杀的场面。用来运货的货车则在苏美尔人众多灌溉工程和城市建设工程中发挥了很大的作用。

苏美尔城邦拉格什国王的塑像

苏美尔人的宗教
苏美尔人崇神的演化

古老的证据表明，苏美尔人最初崇拜的是被人格化的自然力量。一位"神"是使谷物得以生长的力量，一位"神"是产生上升元气的力量，另一位"神"是使食物储存于仓库中而不腐的力量。当萨尔贡统一苏美尔后，苏美尔人的某些人格化的神祇开始具备某种政治功能，朝着神性合一和神灵万能的方向迈进了。这一时期，神庙是苏美尔宗教崇拜中令人敬畏的场所。

苏美尔人的黄金头盔

神庙的建造

苏美尔的神庙建造在高大的平台之上，在那里可以俯瞰整个城邦。由于缺少石料和木材，苏美尔神庙多用晒干的泥板和泥砖建成。建筑式样大都呈庙塔状——这是一种梯状的塔楼，顶上是一神龛。典型的苏美尔神庙规模庞大，兴建工作十分繁重，据现代考古学家估计，修建这样一座神庙需要1500名劳力每人每天不停地工作10个小时，累计要干5年时间才能建成。

古代时期 | 15

这块泥板残留有部分楔形文字。

楔形文字
启动历史的符号

公元前3200年左右，苏美尔人发明了最早的绘画文字。这种文字主要用于农牧业的记账和商业贸易往来的记录。到了公元前3100年左右，人们用一种形状更简单的文字取代了绘画文字。至苏美尔文明末期，该文字已发展出大约2000个符号。这种新的文字由于笔画的形状像楔子一样，所以被称为楔形文字。这些文字从左往右横向排列。人类开始用文字来撰写法典、科学论文和文学作品。文字的发展使记录历史成为可能，后人借此可以了解古代人的生活。

太阴历
苏美尔最重要的发明之一

苏美尔人发明的太阴历是早期人类最重要的发明之一。他们把月亮由上一次的眉月运动到下一次眉月所需要的29天半的时间视为一个基本的计时单位。苏美尔人认为，当月亮运行了12个这样的计时单位后，一"年"就过去了，又到了开始播种的时候。

古巴比伦王国
统一两河流域的文明古国

公元前1894年左右，入侵苏美尔的阿摩利人以幼发拉底河畔的巴比伦城为首都，建立了一个王国，史称古巴比伦王国。第六代国王汉谟拉比在位时期，统一了两河流域，建立起从波斯湾至地中海沿岸的中央集权奴隶制帝国，自称"世界四方之王"。其继承者萨姆苏伊卢纳在位时，遭受外部侵袭，内部也发生反奴役斗争，导致了巴比伦第一王朝的衰微。公元前1595年，赫梯统治者穆尔西里斯一世最终将其灭亡。

《汉谟拉比法典》颁布
司法制度世俗化的标志

汉谟拉比登上王位后，统一了两河流域，建立了中央集权专制制度。为了维护私有制和奴隶主阶级的利益，汉谟拉比吸取以前各邦的立法成果，制定了一部重要法典——《汉谟拉比法典》。该法典的制定可能始于公元前1791年，但直到其在位第三十年才得以颁布。法典的颁布显示了阿摩利人在文化建设上取得的重大成就，标志着两河流域进入司法制度向世俗化发展的新时代。

古巴比伦塑像"乞求者"

镌刻汉谟拉比法典的石碑

史诗文学
最早的史诗《吉尔伽美什》

在古巴比伦文明中，与《汉谟拉比法典》同享不朽声誉的是史诗《吉尔伽美什》，它是迄今所知的最早的史诗。它在苏美尔城邦时代已经流行，到古巴比伦时期编辑成书。全诗共3000余行，用楔形文字分别刻在12块泥板上。史诗颂扬了为国为民建立功勋的英雄，反映了古代两河流域人民征服自然、探索人生奥秘的朴素愿望。

早期数学
十二进制的运用

古巴比伦文明一个引人注目的成就是在数学方面取得的。公元前1800年左右，古巴比伦神庙的书吏开始使用乘法、除法表，以及计算平方根、立方根、倒数和指数的表格。现代生活中有一个基本的东西是从远古的古巴比伦数学中肇源的，即一天分为12小时，一小时分为60分钟，一分钟分为60秒。古巴比伦人以十二进制为基础进行计数，与苏美尔人把月亮的12格循环周期定为一年的计数法有关。

赫梯帝国
铁器民族建立的帝国

小亚细亚东部的赫梯人是世界上最早大量铸造并使用铁器的民族。他们手持锋利戈矛，曾称霸一时。赫梯帝国最初的领土仅限于小亚细亚东部的哈里斯河中上游一带。约在公元前2000年初亚述人开始殖民的前后，属于印欧语系的赫梯人进入小亚地区。这时赫梯人已开始向奴隶制社会过渡，逐渐形成一些小的城邦，以哈图斯为中心的城邦联盟，不断向外扩张。

赫梯帝国的金制小像

美索不达米亚的"黑暗时代"
喀西特人的统治时期

公元前1595年，小亚细亚东部的赫梯人洗劫了当时世界上最繁华的巴比伦城。在灭亡巴比伦城后，赫梯人并未统治这一地区。喀西特人利用这一机会入主两河流域的大部分地区，统治时期长达三个世纪之久。由于喀西特人统治时期实行贵族统治，王权削弱，既没有政治上的统一，在文化、思想、宗教方面也没有任何创新和进步，历史上常将这一时期称为"黑暗时代"或衰落时期。

亚述人的统治
崛起的民族创建西亚强国

亚述帝国是以底格里斯河中游的亚述城为中心发展起来的。公元前13世纪以前，亚述人曾被阿卡德人、阿摩利人、赫梯人、喀西特人和胡里安人所统治。后来，崛起的亚述人以铁制武器装备自己，征服了两河流域的许多城邦。亚述王提格拉特·帕拉沙尔三世统治时期，帝国空前强盛。公元前612年，伽勒底人与米底人联合起来攻陷亚述都城尼尼微。亚述帝国土崩瓦解。

亚述王提格拉特·帕拉沙尔三世

新巴比伦王国
两河流域的新兴大国

公元前626年，伽勒底人摆脱亚述人的统治建立了一个新王国，定都巴比伦城，史称"新巴比伦王国"。尼布甲尼撒二世（公元前605～前562年在位）是新巴比伦王国著名的统治者。尼布甲尼撒当政期间，对犹太王国的征服成为他武功胜利中的最显赫的事件。

尼布甲尼撒的巴比伦城

巴比伦城经过尼布甲尼撒二世的改建和扩充，成为当时世界上非常繁华的城市。城四周有坚固的城墙，里面的王宫、神庙富丽堂皇。幼发拉底河穿城而过。全城9座城门中，伊什塔门最为宏伟华丽，门面图案由彩色琉璃砖组成，甚为壮观。

美丽的伊什塔城门

古代时期 | 17

空中花园复原图

巴比伦之囚
犹太教形成的肇端

尼布甲尼撒二世先后两次攻陷耶路撒冷，灭掉犹太王国，并把大批犹太人掳往巴比伦。这就是历史上有名的"巴比伦之囚"。犹太人在巴比伦度过了近半个世纪的流放失国生活。在长期的痛苦磨难中，犹太人中间逐渐萌发了"救世主"观念。这一时期成为后来犹太教形成的一个重要的酝酿阶段。

空中花园
爱情的杰作

尼布甲尼撒二世为巩固与米底人的联盟，娶了米底公主为妻。为让公主高兴，他下令建造一座近30米高的花园，在其上种植奇花异木，广建亭台楼阁。远远望去，似一座花园高悬空中，所以又叫"空中花园"。它是古代世界七大奇迹之一。

新巴比伦王国灭亡
波斯人的入侵

公元前6世纪，新巴比伦的军事贵族集团和祭司奴隶主集团的矛盾十分尖锐，内部统治出现危机。公元前550年，居鲁士率领波斯人推翻了米底王国的统治，随后又征服吕底亚和小亚，从东、北、西三面对巴比伦形成包围之势。公元前539年，波斯军队围攻新巴比伦城。城内的祭司奴隶主集团见大势已去，遂打开城门，把波斯军队引进巴比伦城。新巴比伦王国覆亡。

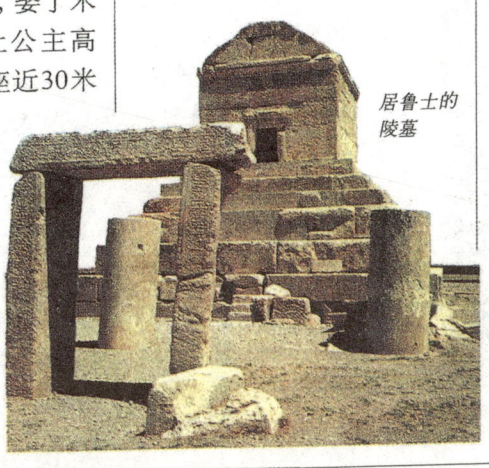

居鲁士的陵墓

美索不达米亚文明各时期

苏美尔文明
约公元前3100年～前2006年

苏美尔文明在两河流域兴起。它是两河流域最早的文明，也是世界最早的文明之一。

统一苏美尔城邦的国王萨尔贡的铜像

古巴比伦文明
约公元前1894年～前1595年

古巴比伦在汉谟拉比时期达到全盛。这一时期还颁布了重要的《汉谟拉比法典》。

古巴比伦市民

黑暗时代
约公元前16世纪初～前14世纪

赫梯人灭亡古巴比伦后，喀西特人统治了这一地区，史称"黑暗时代"。

赫梯的金属装饰

亚述帝国
约公元前13世纪～前612年

亚述人征服了两河流域的许多城邦，建立了强大的帝国。

亚述王的雕像

新巴比伦王国
约公元前626年～前539年

新巴比伦最著名的皇帝是尼布甲尼撒二世，他攻陷了耶路撒冷，灭掉了犹太王国。

尼布甲尼撒二世

古埃及

·像历史学家一样思考·

古埃及是东北非尼罗河下游的奴隶制国家。约公元前3100年，美尼斯建成统一的古埃及，以孟斐斯城为首都。古埃及的文明持续了3000年，它的文字、历法、科学和艺术对世界都曾有相当影响。

想一想 尼罗河对古埃及文明的形成有何意义？

法老图坦卡蒙的黄金面具

古埃及的统一
文明古国的诞生

公元前4000年左右，尼罗河两岸出现了几十个小国家。它们经过相互兼并，形成了上埃及和下埃及两个王国。北部下埃及的国王戴红冠，以蛇神为保护神，以蜜蜂为国徽。南部上埃及的国王戴白冠，以神鹰为保护神，以百合花为国徽。公元前3100年左右，上埃及国王美尼斯（一说纳尔迈）征服下埃及，实现了埃及的统一，建立了第一王朝。埃及早王朝统治时期开始，持续了约400年时间。

左塞和古王国的创建
王室专制时代的开端

公元前2686年左右，埃及早王朝被强大的左塞王的统治所取代；左塞是第三王朝的第一位国王及古王国的创建者。左塞的统治标志着一个国家权力空前加强和王室专制时代的开端。这方面最好的证据就是左塞主持修建了第一座金字塔。在左塞及其主要继承人的统治下，古王国法老的权力没有限制。法老被视为太阳神的后代，为了保持王室血统的纯洁，统治者娶其姊妹中的一位为妻。古埃及的宗教生活和政治生活没有根本区别。法老的主要臣属是祭司，而他本人是祭司之长。

埃及法老的塑像

古王国的结束与第一中间期

经过几百年的和平和相对繁荣之后，随着第六王朝的倾覆，古王国时期于公元前2181年走到了尽头。由于法老在建造工程上花费甚巨，以致政府财政枯竭，自然灾害也使粮食减产，这一切直接导致国力衰微。古王国灭亡后出现的时代被称为第一中间期。这一时期，各省贵族无视中央王权，建立起他们自己的诸侯国，沙漠各部落的入侵使政治混乱状态进一步恶化。第十一王朝兴起后，第一中间期方告结束。

中王国时期
黄金时代的王国

公元前2040年左右，第十一王朝以底比斯为根据地，恢复了中央集权统治。从此开始了中王国时期。公元前1990年左右出现的第十二王朝通过与中间阶层的结盟建立起强有力的统治，遏止了贵族势力，为史无前例的繁荣奠定了基础。在第十二王朝统治期间，社会发展迅速，文化成就果实累累，许多造福于全埃及人的公共工程如大型排水灌溉设施被修建。第十二王朝统治时期通常被视为埃及的黄金时代。此后，埃及进入内部秩序混乱、外部敌人入侵的第二中间期。

古埃及人的木雕像

新王国时期
雅赫摩斯开创的新时期

公元前1560年左右,最后一批异族征服者被逐出埃及。取得这场胜利的英雄雅赫摩斯建立了第十八王朝。埃及由此进入新王国时期。它始自公元前1567年,终于公元前1085年,历经三个王朝即第十八、十九和二十王朝的统治。这一时期,为了驱逐入侵者和扩张埃及领土,一个庞大的战争机器建立起来了。

图特摩斯三世
埃及帝国的完成者

第十八王朝的图特摩斯三世是埃及帝国的完成者。他一生征战,在北方击溃叙利亚联军,巩固了埃及在叙利亚的统治;在南方将埃及边境推进到了尼罗河第四瀑布以外。至此,埃及从公元前40世纪后期进入阶级社会,直至公元前15世纪中叶的图特摩斯三世统治的新王国时期,历时2000余年,走完了从小国寡民到强盛帝国的漫长道路。

波斯人的战车

拉美西斯二世的征战
重建埃及的法老

第十九王朝的法老拉美西斯二世(约前1304~前1237)即位不久,小亚细亚赫梯人的势力严重威胁埃及利益。拉美西斯二世调集军队与赫梯国王牟瓦塔尔开战,双方各有胜负。若干年后,为争夺对叙利亚地区的统治权,拉美西斯二世又出兵征讨赫梯,终于取得了胜利。

埃及独立的终结
异族的颠覆

公元前8世纪末,一批努比亚人自上埃及以东的沙漠地区入侵埃及,并进行短暂的统治。公元前671年,亚述人征服了埃及,但他们的统治仅仅维系了8年。亚述人的统治垮台后,埃及人重新获得了独立。公元前525年,波斯侵略者击败了埃及守军。埃及成了波斯帝国的一部分。后来又受到马其顿人和罗马人的统治,始终未能独立。

法老王朝

早王朝
约公元前3100年~前2686年

上下埃及统一,第一王朝建立。

敬神壁画

古王国时期和第一中间期
约公元前2686年~前2040年

这一时期埃及人建造了大量的金字塔。第一中间期法老统治不利,地方割据严重,尼罗河洪水泛滥。

法老的黄金面具

中王国时期和第二中间期
约公元前2040年~前1567年

第十二王朝统治时期是古埃及历史上的黄金时代。第二中间期,埃及受到外族的入侵。

新王国时期和第三中间期
约公元前1567年~前7世纪

雅赫摩斯驱逐入侵者,埃及帝国建立。

法老的头像

后埃及王朝时期
约公元前7世纪~前332年

埃及人多次被外族征服。公元前332年,马其顿亚历山大大帝征服波斯,也征服了埃及。

亚历山大大帝

早期宗教的演化
多神崇拜和一神崇拜

埃及早期宗教的演化经历了各个阶段：由简单的多神崇拜到现知最早的一神崇拜形式，随后又回到多神崇拜。随着国家的统一，所有的地区保护神都合并为伟大的太阳神瑞。在中王国时期，这一神被称作阿蒙或阿蒙·瑞。作为植物生长之自然力化身的神祇则合并为尼罗河河神奥西里斯。

芳缇斯女神

埃及众神
动物形象的诸神

宗教信仰是古埃及人生活中一个非常重要的部分，他们供奉数以百计的神灵。有些神，如太阳神阿蒙·瑞，受到全国的尊崇膜拜。古埃及诸神常以动物的形象出现，例如掌管爱情和快乐的神贝斯特以猫的形象出现，知识与智能之神托特则长着朱鹭头。诸神亦有家庭，奥西里斯与伊西丝二位神是夫妇，他们的儿子叫荷鲁斯。

侍奉神灵

古埃及人相信诸神的灵魂住在庙宇中。庙宇是各社区精神文化活动的中心。这些庞大的建筑群需要大量人手管理和维护。每座庙宇的中心都设有内殿祭坛，安放供奉神灵的塑像。只有法老和高级祭司可以进入庄严神圣的内殿。高级祭司均为男性。

埃赫那吞的王后

埃赫那吞宗教改革
功败垂成的宗教革命

新王国建立后，僧侣集团对王权构成的严重威胁导致了阿蒙霍特四世的改革。他把祭司从神庙里赶走，把传统神的名字从公共纪念物上面铲除，并倡导崇拜一个他称之为阿吞的新神。他还将自己更名为"埃赫那吞"，即"阿吞的侍奉者"之意。尽管埃赫那吞不遗余力地推行其宗教改革，但结果仍然失败了，因为普通群众仍然尊崇旧有的神。

法老的三重棺椁

冥间世界
对再生的企盼

古埃及人热爱现实生活，希望把人世间的种种物品带往冥世继续享用。他们相信人的生命由两个重要的灵性部分组成："卡"是与生俱来的生命力，"巴"是灵魂。人死后要将"卡"和"巴"重新结合在肉体里，因此必须妥善保存遗体。所以，穷人死后都葬在沙漠里，使遗体在沙堆中得以保持干燥。而富人的遗体则被制成不腐的木乃伊，永久保存。

制作木乃伊
最重要的永生准备

古埃及人制作木乃伊时首先掏出一部分脑浆并且把一些药料注到脑中清洗。然后，把内脏完全取出来，把腹部弄干净，将香料填到里面去，再照原来的样子缝好。缝好的尸体被搁在硝石当中放置70日。之后他们便将这个尸体清洗干净，并用绷带将它包裹起来。外面再涂上树胶。然后放到特制的人形木盒子里去。木乃伊就这样制成了。

门卡乌拉王的金字塔
门卡乌拉王后的金字塔
吉萨三大金字塔

第一具木乃伊的故事

最初,太阳神瑞派奥西里斯与伊西丝前往埃及教导埃及人美和善。奥西里斯被妒忌心重的兄弟塞特杀害了。塞特把他的尸体肢解成14段,分别抛弃于各地。伊西丝遍寻全国,找回每一段并将之连接起来,用布条包扎好,制成一具木乃伊。随后伊西丝变成鸟,用翅膀拥抱奥西里斯,使他复活再生。

金字塔
法老的陵墓

法老的遗体被制成木乃伊之后,就永远安息在巨大的金字塔中。每一座大金字塔都有一个墓室藏在深处。墓室周围放满供法老在冥间享用的物品。最初的金字塔建造成一层层的阶梯模样,这是让法老上天的巨型天梯。后期的金字塔有平滑的斜面,是法老登天所需的路径。建造金字塔是一项十分费时费力的艰巨工程。

狮身人面像

狮身人面像
引人遐想的斯芬克司

狮身人面像是金字塔群建筑中的重要遗迹,坐落在哈夫拉金字塔的东侧。相传它是为了守卫金字塔而造的,因为信仰太阳神,所以脸朝东方。这半人半兽的斯芬克司怪物已成为与金字塔不可分割的标志性建筑。

胡夫金字塔
最大的金字塔

约4500多年前,胡夫国王在吉萨修建了一座金字塔。在规模、结构上,它堪称金字塔之首,素有"大金字塔"之称。这座耗时30年之久才完成的巨型金字塔,外观巍峨雄伟,内部结构复杂精密。它高达148.5米,底面呈正方形,边长230余米。整个建筑用去了230万块共600万吨石块。

胡夫王的金字塔又叫"大金字塔"

哈夫拉王的金字塔

宏伟的神庙
法老与神的精神祭坛

不少法老在统治期间下令兴建庙宇,这些庙宇有些是为自己建造的,也有些是为供奉诸神而建的。庙宇建筑群多由巨像、高柱、仓库、工作坊及宽敞开阔的花园组成。最令人叹为观止的是建于尼罗河上游的阿布辛拜勒神庙。

阿布辛拜勒神庙

阿布辛拜勒神庙
影响力最大的神庙

拉美西斯二世在埃及建造的许多巨大建筑物中影响力最大的是阿布辛拜勒神庙。神庙外部高33米、宽38米的岩石上雕刻着四尊巨大的雕像。经过精密的设计,在春分和秋分两天,阳光可以从神庙的入口处一直照进60米深的祭台。这充分体现了古埃及人的建筑智慧。

埃及象形文字
发达的文明符号

埃及的象形文字从一开始就可以说是十足的书写文字。首先，它几乎能记录全部的口语；其次它既能表现具体事物，也能充分表达抽象观念。在埃及所发现的无数碑刻文献让人们得以多方位地认识这个高度发达的文明。有了文字，古埃及人开始记载他们自身的世界和生活，尤其是记录下了他们的历史。

用象形文字写成的咒语

纸莎草

很久以前，尼罗河两岸和三角洲的沼泽长满了纸莎草，古埃及人用纸莎草制造精美的纸张。他们将这种草压平晒干，用来记录象形文字，然后把它们卷成筒状储存起来或传送出去。纸草卷使用起来非常轻便，因而它们不仅成了古埃及的通用书写材料，而且通过古埃及人的传播为古希腊人和古罗马人所采用。

用象形文字进行记录的书写者形象

解读象形文字
古埃及文字之谜

埃及被罗马帝国吞并后，文字全面受禁。人们日渐忘却象形文字的书写方法，再往后连阅读它的技能也失去了。结果古埃及象形文字成为一种无人能解的文字。罗塞塔镇出土的石碑为后人解读古埃及文献和金字塔内的铭文提供了很重要的线索。石碑上端刻着古埃及象形文字，中段是接近希腊文的通俗古埃及文字——僧侣文字的变体，下部是希腊文。这样人们可以几种文字对照来读。

胡夫墓中的太阳船

古埃及的天文和历法
先进的天文历法

在天文学领域，埃及人的最大成就是制定了比苏美尔人的太阴历更为准确的历法。在公元前2000年左右，埃及人就注意到，天空中最亮的那颗星即天狼星在每年一度与太阳成一直线时就会在早晨升起。他们根据这一观测结果制定了一个历法，把"元旦"定在天狼星与太阳成一直线之日，以此预报尼罗河开始泛滥的日期。

古埃及的医学
独到的医学思想

古代埃及人在医学方面的独到之处在于他们认为疾病是自然因素而不是超自然因素造成的，因而医师可以对疾病做出准确的诊断，并对症下药。诊断的方法包括号脉和听心跳。古埃及的医生还懂得怎样处理骨折，他们用木夹板将断骨定位，用绳子扎紧。他们还会用刀、钳子或木探针进行简单的外科手术。

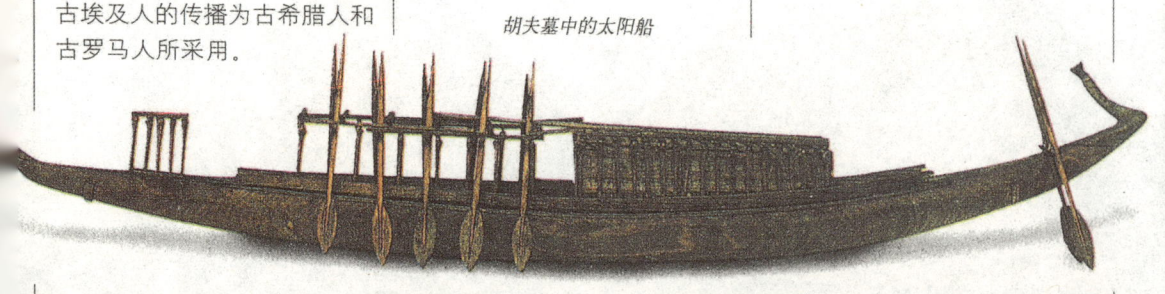

尼罗河与古埃及
古埃及之母

尼罗河是古埃及交通和贸易的重要干线，提供了富饶的禽畜水产，如鱼、鸟和河马。它滋养了沼泽中的纸莎草与莲花，芦苇间又有水禽供人捕猎。它提供宝贵的水源，供人饮用和洗涤。每年泛滥的河水从它的源头——东非的山泉和湖泊，流往尼罗河的支流，带来肥沃的淤泥。尼罗河把古埃及农民的年历分成三季：泛滥季节、退水季节、收获季节。

美丽的尼罗河养育了这片土地上的人们。

古埃及人的劳作
分工鲜明的劳动

在古埃及，人们利用运河和水渠引河水灌溉农田。农民种植大麦、小麦、蔬菜和水果，亚麻也是主要作物。收割通常是男人的任务，埃及妇女从来不碰锋利的工具。她们负责筛小麦，把麦粒扬向空中，让风把轻的碎屑吹到远处，与较重的麦粒分开。妇女还协助酿酒，用坚果和植物榨油。

埃及人的起居生活
贫富有别的居住条件

古埃及人大多数聚居在村庄里，房子用晒干的泥砖砌成，邻里住得很近。这些房子一般都有带小窗和平顶的正方形房间，这些房间通常用做厨房。有能力雇佣仆人的富人则住在带花园的大宅里。普通人家，特别是穷人家中，一般只有很少的家具，通常是床、凳子和小桌子。有靠背的椅子是身份的象征。

埃及皇族专用的黄金椅

古埃及人的装束
质地自然的服饰

古埃及人穿亚麻布做的轻软麻质衣服。织工为有钱人用亚麻编织近乎透明的细麻布；一般人则穿粗麻布衣服。麻布通常都是白色，用淀粉浆出来的褶是最主要的装饰，但有时也用线纺出图案。仆人与奴隶穿着织有图案的粗糙布料制成的衣服。埃及男人腰上缠布，穿褶裙和长及膝盖的短袖束腰外衣；女人穿盖住脚踝的简单贴身连衣裙，天凉时则披上披肩或斗篷。孩子们通常一丝不挂。

身着白色衣衫的埃及王后诺芙雷特

古埃及的贸易
种类繁多的货物交流

尼罗河上满载商品的船只往来不绝。古埃及虽然富庶，但还是有不少物品无法在国内得到。尼罗河两岸树木不多，必须从北方的比布鲁斯（今黎巴嫩）进口建筑用的木材。通过与努比亚王室的贸易，法老能买到非洲内陆的产品，比如黄金、宝石和珍禽异兽。战败国和希望与埃及保持友好关系的国家，经常向法老进贡一些贵重的物品。

进贡给法老的水晶护身符

古印度

• 像历史学家一样思考 •

古印度文明是人类最古老的文明之一，充满了东方魅力。雅利安人、梵文、"瓦尔那"制度、婆罗门教和佛教智慧等，均表现出古印度文明的独特性。古印度人在文学艺术和自然科学方面取得的辉煌成就，成为人类社会宝贵的文化遗产，在人类文明史上占有重要的地位。

孔雀王朝的标志性装饰

想一想 古印度文明为何能孕育出佛教文化？

哈拉帕文明
达罗毗荼人的奇迹

古印度文明的起源可上溯到公元前3000年左右。从20世纪20年代开始，考古学家在印度河流域陆续发掘出上百座青铜文化遗址，其中哈拉帕和摩亨佐达罗两城遗址最大，所以这一文化也被称为哈拉帕文化。这一文明是由印度最早的居民达罗毗荼人创造的，大约在公元前21世纪中期衰亡。

早期印度·雅利安人
父系氏族的社会

大约从公元前21世纪中叶起，属于印欧语系的雅利安人开始侵入印度。他们征服了当地的达罗毗荼人，定居在印度河流域，进而迁入恒河流域。早期印度·雅利安人拥有单一的但规模巨大的畜牧经济，驯养绵羊、山羊和马。其社会基本单位是父系家庭，妇女在家庭中处于从属的地位。

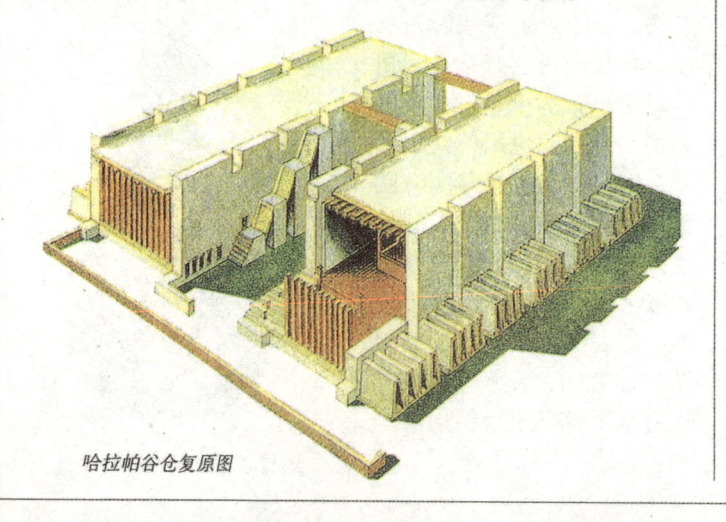

哈拉帕谷仓复原图

吠陀时代的陶器

吠陀时代
雅利安人的文化与宗教时代

雅利安人入侵印度，并由印度河流域向东南发展的时期，在印度历史上被称为"吠陀时代"或"史诗时代"。因为这一时代留下了反映印度社会与文化发展状况的四部吠陀。四部吠陀反映了公元前1500～前600年或更晚时期的印度历史。在吠陀时代，印度·雅利安人的氏族社会已经出现裂痕，并逐步向国家过渡。同时，瓦尔那制度（种姓制度）也开始形成了。

难陀王朝
九难陀之治

约公元前364年，出身寒微的摩诃波德摩·难陀建立了难陀王朝。据佛教文献记载，难陀王朝共历九王，皆为兄弟，称为"九难陀"，统治40年左右。难陀王朝进行了大规模的扩张，其领土占据了南亚次大陆北部的主要地区。此期间，难陀王朝还阻挡了马其顿亚历山大向恒河流域的推进。

孔雀帝国
孔雀家族的帝国

公元前324年，旃陀罗笈多在西北印度自立为王。然后，他迅速东下，推翻了难陀王朝的统治。据说，旃陀罗笈多出身在一个养孔雀的家庭，故他所建立的王朝称为"孔雀王朝"，其帝国亦名"孔雀帝国"。约公元前273年，阿育王继位，国势日强。阿育王大举征服南印度的羯陵伽，将版图扩展至除南端外的整个南亚次大陆，并占领了阿富汗的一部分，成为古代印度历史上第一个幅员辽阔的奴隶制大帝国。孔雀帝国建都华氏城，以佛教为国教。阿育王死后，帝国逐渐分裂。

难陀王朝时的保护神——毗湿奴

阿育王
孔雀之王

阿育王

阿育王是孔雀帝国的创始人旃陀罗笈多之孙。他早年致力于扩张领土。在征服南印度强国羯陵伽后，他悔悟战争灾难，皈依佛教。阿育王在位期间，为了巩固专制帝国的统治，采取了一系列发展社会经济的措施：扩大灌溉工程，修筑道路，建立医院，从而使孔雀帝国进入鼎盛时期。

笈多王朝
月护王开创的王朝

公元4世纪初，北印度小国林立。与孔雀帝国开创者同名的一个小国国王旃陀罗笈多占据华氏城，建立了笈多王朝，自称月护王。他在位15年，使邻近各小君主服从他的统治。他的儿子沙摩陀罗笈多更进一步向北扩张，开拓了贸易领地。从376~415年，在沙摩陀罗笈多的统治下，印度成为当时亚洲最大的国家。后继的笈多国王继续维护这个帝国。公元500年以后，佛陀笈多在位期间，印度内部矛盾尖锐，王朝统治趋于瓦解。

种姓制度
界限分明的等级划分

公元前11世纪，古印度社会内部产生了种姓制度。该制度属于对社会群体的宗教划分，将古代印度人分为四个种姓，各对应四个等级：婆罗门居种姓之首，是掌握神权的祭司贵族集团；刹帝利为第二种姓，是军事贵族集团，包括国王及其下属的各级官吏；第三个种姓吠舍代表平民；第四个种姓首陀罗多为奴隶。种姓制度给每一个印度人打上了宗教和等级的烙印。

古印度主要时期

哈拉帕时期的小印章

哈拉帕时代
约公元前30世纪~前21世纪

这一时期，古印度进入青铜时代，手工业发达。

正义之神雕像

吠陀时代
约公元前1500年~前600年

这一时期瓦尔那制度萌芽，婆罗门教流传。

难陀王朝
约公元前364年~前324年

难陀王朝在其统治时期进行了大规模的领土扩张。

孔雀王朝
公元前324年~前187年

阿育王统治时期，孔雀王朝进入鼎盛阶段。

孔雀王朝时期的石狮柱

笈多王朝
公元4世纪初~540年

这一时代被称为"黄金时代"，文化兴盛，发展迅速。

笈多时期的铜像

印度·雅利安人的宗教
对自然力的神化崇拜

印度·雅利安人的神祇——天神或"发光者"是大自然威力的拟人化。他们没有神像或庙宇，拜神主要靠奉献牺牲。最佳的奉献是苏摩，这是一种用山区植物发酵制成的饮料。神灵被看作是巨大的有威力的动物。他们具有人类的特征，但只要喝了苏摩就会长生不老。如果神圣的仪式受到祭司的精确引导，那么祭司能够强迫神来服从自己的意志。

婆罗门教
吠陀泛神的演化物

婆罗门教是印度古代宗教之一，约形成于公元前7世纪。它是由雅利安人的原始宗教中对自然神的崇拜同其他宗教信仰加以融合而形成的一个具有完整体系的宗教。婆罗门教信奉多神，其中有三主神：婆罗贺摩、毗湿奴和湿婆。公元前6世纪～前5世纪时，因佛教和耆那教的广泛传播，婆罗门教渐趋衰落。公元8～9世纪时，婆罗门教经过改革后，改称印度教。

破坏神湿婆

佛教的创立
世界三大宗教之一的诞生

在印度奴隶制大国竞相崛起的列国时代，释迦牟尼创立了佛教。佛教信徒赴印度各地，广传佛法。佛教不仅在印度盛行一时，后来又成为世界三大宗教之一。

古印度的医学
发达完善的古代医学

古印度的医学比较发达。古印度的重要医学文献《阿达婆吠陀》中已记载有如发烧、咳嗽、水肿、肺病等疾病名称，还记载了一些治病的方法。古印度的另一部很早的医学著作《阿柔吠陀》中提出了躯干、体液、胆汁、气和体腔是人体的五大要素的主张，认为躯干和体腔是稳定因素，而体液、胆汁和气则是活泼因素等理论。这些论述成为古印度医学理论的基础。书中还记载有内科、外科、儿科等许多疾病的治疗方法和药物。另据考证，在公元前5世纪时，印度就有了较为完善的医学系统，并建立了医院收容病人。

释迦牟尼讲经图

古印度的数学成就
影响深远的数学研究

古印度在数学方面取得了辉煌的成就，首推起源于印度的"阿拉伯记数法"。古印度人很早便采用了10进制记数法，到公元前3世纪左右，出现了数的记号，后来这种记数法经阿拉伯人传到欧洲，成为著名的"阿拉伯记数法"。另外，一本公元前6世纪的古籍中甚至列出了最早的三角函数表。

乔达摩·悉达多

佛教的创始人乔达摩·悉达多生于尼泊尔的兰毗尼，为释迦族的王子，后来被称为释迦牟尼，意为"释迦族的隐修者"。29岁那年，他发现了年老、疾病、死亡和贫穷等痛苦，开始思索人生的意义。传说他坐在一株菩提树下，经过长时间的静思默想，终于彻悟，成为"佛陀"，即"觉者"或"悟者"。后来，他与众弟子一起云游印度北部各地，传授他的教义。

古印度的天文历法
成就卓著的古代历法

古印度人很早就开始了天文历法的研究。早在古印度吠陀时代，人们就把一年定为366日，并确定了置闰的方法。为了观察日月的运动，古印度人还把黄道附近的恒星划分为27宿，以区分月亮在天空中所处的位置。这表明印度的天文历法已经达到了相当高的水平。但由于印度天文历法的研究受到宗教的影响，长期以来发展比较缓慢，到后期已逐渐衰落。

佛塔建筑
佛教胜地

佛塔是存放舍利的地方。印度最早的佛塔建筑除了祇园精舍外，便是释迦牟尼成佛后传教的第一站鹿野苑的达麦克塔了。此塔原高47米，现在仅存20米。菩提伽耶塔是在释迦牟尼成佛之地修建的。公元前5世纪，这里就被当成圣地。桑奇大塔是存世的早期佛塔中最大、最完整、最著名的塔。

桑奇大塔

阿旃陀石窟
"无想""无思"之窟

阿旃陀石窟位于印度文达雅山的悬崖上，是印度古代佛教徒建造的佛殿和僧房。"阿旃陀"一词来源于梵文，意思是"无想"、"无思"。相传阿旃陀石窟的开凿始于孔雀王朝时期，当时阿育王将佛教定为国教。石窟的开凿和兴盛大约持续了近1000年。唐代高僧玄奘在《大唐西域记》中记载了阿旃陀石窟的全貌。

阿旃陀石窟中的卧佛

古印度史诗
文学创作的素材宝库

《摩诃婆罗多》和《罗摩衍那》是古印度最为著名的两部史诗。《摩诃婆罗多》共18篇，长达10万颂（每颂两行诗，每行16个音）。这部史诗讲述的是婆罗多王族的两支后裔居楼与般度争夺王位的故事。《罗摩衍那》意为"罗摩的漫游"，全诗共7篇，24万颂。这些史诗汇集了当时印度的政治、社会、经济、历史、宗教、伦理、文学、哲学等多方面的知识，成为印度后世文学艺术创作汲取素材的宝库。

《摩诃婆罗多》史诗中的战斗场面

《罗摩衍那》

史诗《罗摩衍那》所描述的故事发生在俱卢王国的东部。它讲述了罗摩王子和他的美丽妻子悉达的历险故事。悉达由于落入苛毒的继母所设的圈套而遭放逐，被锡兰的魔王抓走。最后，罗摩在忠实的盟友——神猴哈努曼的帮助下，救回了悉达。但一个阴谋使悉达陷入不平静的生活。由于被怀疑在被监禁期间贞洁遭到玷污，悉达企图自焚。但火神阿耆尼拒绝伤害她，她的纯洁由此得到证明。《罗摩衍那》的主人公罗摩和悉达被视为古代印度英雄的典型和妇女美德的楷模。

《罗摩衍那》插图

中 国

· 像历史学家一样思考 ·

从整个世界文明的起源和发展来看，中国古代文明虽稍晚于古巴比伦、古埃及，但中国文明从诞生起直到现在，一直绵延不绝。大量的考古发现证明，中国文明是多元发生的，黄河流域、长江流域、珠江流域、辽河流域等都是中国文明的发祥地。它们以黄河流域为中心，汇聚成以华夏文明为核心的悠久博大的中华文明。

想一想 中国古代文明为何能在众多古文明中后来居上？

西周时期的青铜器

大禹治水图

夏朝的兴起
华夏民族的第一个王朝

约公元前21世纪初，聚居在黄河中下游两岸的夏部族建立了中国历史上第一个王朝，史称夏。"华夏"这一名称，与禹建立的夏朝有关。禹就是以治水闻名的大禹。夏部落的发祥地在夏水流域，并以华山作为自己的活动中心，所以称为华夏族。而"华夏"由此成为中国或中华民族的代称。

涿鹿之战示意图

尧舜时代
实行禅让的圣贤时代

尧舜时代是中国历史上的一个重要时期，大约处于父系氏族社会晚期。在这一时期，中国古代社会开始进入了严格意义上的文明时期。唐尧称陶唐氏，建都平阳（今山西临汾西南）。尧年老后，召集各部落首领商议选择继位者，部落首领们一致推举舜。尧禅位给舜。舜在位48年，定都蒲坂（今山西永济蒲州镇），于南巡中死于苍梧之野（今湖北宁远九嶷山郊野）。

山西临汾的尧庙

始祖黄帝
华夏民族的共同祖先

黄帝是传说中的中原各族的共同祖先。他生于轩辕之丘，称轩辕氏，又称有熊氏。在各部落首领的支持下，他与炎帝战于阪泉之野（今河北涿鹿东南），大败炎帝。后来，他又联合诸部落与蚩尤大战于涿鹿之野（今河北涿鹿），杀死蚩尤。此后，他被众首领推举为部落联盟领袖，称黄帝。

商朝的建立
早期国家的重要发展阶段

夏朝末年，居于黄河下游的商族，其势力发展到黄河中游，渗入夏的统治地区。约在公元前17世纪初，汤灭夏建立了商朝。商代是中国早期国家的一个重要发展阶段。在商代，国家机器不断强化，经济和文化取得了巨大的成就，活动地域和影响远远超过了夏代，为中国古代文明的进一步发展奠定了基础。商朝最初建都于亳，最后定都于殷（今河南省安阳市），前后历时600余年。

西周
奴隶社会的全盛时期

约公元前11世纪，周武王起兵灭商，建立周政权，定都镐京，史称西周。西周政权借鉴夏商两代的历史经验教训，确立了礼刑并用的早期法律体系；制定周礼，开宗庙祭祀之风。在政治上，西周实行宗法制，以加强王室的统治；推行分封制，作为维护奴隶主贵族和奴役平民的统治工具。西周是我国奴隶社会的全盛时期，其各项制度，对于后世有着肇始开端的作用。公元前771年，诸侯申侯等联合犬戎，入攻西周，杀死幽王于骊山下，西周灭亡。

分封制与宗法制

西周实行分封制度。武王灭商后即开始分封。所谓分封就是周王把兄弟、亲戚、功臣等分派到各地做诸侯，建立诸侯国。诸侯在其封国内拥有政治、经济和军事大权，职位世代相袭。在实行分封制的同时，西周统治者又建立了一套以姬姓为中心的宗法制度。依据宗法制度，王位由嫡长子继承，是天下的大宗，其余诸子分封到各地去做诸侯，是小宗。

春秋战国
奴隶制与封建制的交接时期

公元前770年，周平王把都城从镐京迁至洛邑（今河南洛阳）。至此，西周结束，东周建立。东周分为春秋和战国两个阶段。公元前770年至公元前476年的春秋时期，是中国奴隶社会的瓦解时期。那时一些较大的诸侯国不断进行兼并战争，胜者为"霸主"。公元前475年前后，以田氏代齐和韩、赵、魏三家分晋为标志，中国历史进入了"战国时期"。

春秋时期孔子讲学图

春秋五霸与战国七雄

春秋时期，一些较大的诸侯为争夺土地、人口以及对其他诸侯的支配权而不断进行兼并战争。胜者召开诸侯国会议，强迫大家承认他的霸主地位。先后当上霸主的有：齐桓公、宋襄公、晋文公、秦穆公、楚庄王。历史上称之为"春秋五霸"。战国开始，诸侯国已经为数不多，其中主要有齐、楚、燕、韩、赵、魏、秦七国，历史上叫"战国七雄"。

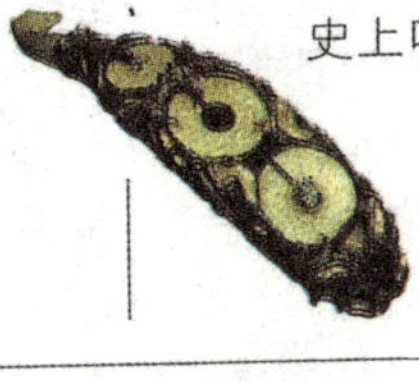

战国时期魏国的鎏金嵌玉镶琉璃银带钩

秦始皇

秦朝
中国历史上第一个统一的封建王朝

在经过春秋战国约550年的战争和纷乱后，强大的秦国统一了中国。秦王嬴政自称"始皇帝"，意思是第一个皇帝，神圣的统治者。秦始皇不仅在中国建立了第一个统一的封建王朝，还制定了严格的法律，建立了普遍的税收制度，并统一了文字。他命令臣民修建道路和运河，并将原先各国的长城连成一道抵御外敌入侵的万里长城。秦始皇死后不久，他建立的王朝也随之崩溃了。

统一币制、度量衡

统一以后，秦始皇废止战国时各国货币，改以黄金为上币，以镒为货币单位；以秦国旧行的圆形方孔铜钱为下币，称半两。秦始皇用商鞅时制定的度量衡标准统一全国的度量衡。货币、度量衡的统一，为社会经济的发展提供了有利条件，促进了统一国家的发展。

汉朝
政治制度进一步完善的朝代

汉朝从公元前206年刘邦入关中，到曹丕代汉称帝止，分为西汉和东汉两个时期。中国的封建专制制度在这一时期得以确立。西汉在汉武帝刘彻的统治时期达到全盛。丝绸之路的开辟促进了经济的蓬勃发展。公元9年，王莽篡汉，结束西汉统治。公元25年，汉光武帝刘秀重建汉朝，史称东汉。东汉末年，黄巾起义大爆发，东汉统治名存实亡。

汉光武帝刘秀

楚汉之争

秦朝末年出现了许多反秦武装集团，项羽和刘邦是其中两支主要力量。公元前206年至公元前202年，刘邦和项羽苦战了5年。刘邦在一再失败之后，逐渐转为优势。公元前202年底，刘邦汇合诸将，合围项羽于垓下，项羽走投无路，拔剑自刎。楚汉之争是由秦末农民战争直接演变而来的争夺封建统治权的角逐战。

景帝时期的陶仓模型

文景之治
奠定西汉盛世的基础

西汉文帝、景帝为稳定和巩固地主阶级的统治，在汉初社会经济衰敝的情况下，采取"与民休息"、"轻徭薄赋"的政策，使生产逐渐得到恢复和发展。文帝和景帝在位的近40年间，耕地大量被开辟，人口增加。在自然灾害不严重的年份，人民自给自足，生活颇有保障。这就是历史上有名的"文景之治"。

汉武帝的统治
西汉盛世的来临

公元前140年，汉武帝刘彻即位。他在位54年，为统一的多民族封建国家的巩固和发展做出了重要贡献。文景之治为武帝时期国家的昌盛准备了物质条件。在前朝打下的基础上，汉武帝统治时期实现了中国历史的一次重大转变。汉武帝兴修水利，移民西北屯田，实行"代田法"，有利于农业生产的发展。他还加强了对西域的统治。武帝时期，西汉成为亚洲最富强最繁荣的多民族国家。

光武中兴
东汉的盛世时期

汉光武帝刘秀建立东汉后，提倡节俭，注意兴修水利，发展生产，精简官吏，惩处贪官污吏。这些措施对恢复发展农业生产和缓和阶级矛盾起了一定的作用。在他统治的十几年中，国内出现了较为安定的局面，历史上称作"光武中兴"。

东汉陶制院落模型

三国鼎立
三分天下局面的形成

东汉末年，黄巾起义酝酿成群雄争霸的混乱，最后形成魏、蜀、吴三国鼎立的局面。这是中国历史上一个动荡不安又有较大发展的时期。三国因各自力量的平衡而暂存，也必将因平衡格局的打破而走向统一。

三国赤壁之战

西晋时期的瓷像

两晋
西晋和东晋

公元265年，司马炎取代魏政权，建立晋朝，定都洛阳，史称西晋。西晋统治者实行与民生息的政策，恢复社会经济，安定社会秩序。但司马炎死后，发生"八王之乱"，中国再一次陷入分裂。317年，西晋皇室成员司马睿在南方称帝，定都建康，史称东晋。东晋时，社会经济得以正常发展。中国的经济重心从此开始南移。

商代的行政管理
较为完善的官僚统治机构

商朝的奴隶主为了巩固统治，不断强化国家机器。商王是全国的最高统治者，其王位继承在盘庚迁殷以前大多是"兄终弟及"，以后则大多是"父死子继"。商王朝已有较为完善的官僚机构，拥有管理宗教事务、管理军队事务以及管理农业与手工业生产的各级官吏。

商代的军事
国家军队颇具规模

商王朝一方面要抵御强敌入侵，包括支援诸侯国抵抗外族的侵犯，另一方面又要征伐一些诸侯国的反叛，所以战争时有发生。在商代，不论王室还是诸侯，都掌握了相当数量的军队。不过，商王室虽然有直属军队，但还未正式建立常备军，其兵源主要依赖地方邦国提供。

战时为兵　农时耕种

商王朝的族兵制示意图

商代青铜文化
商代艺术家创造的典范

商代青铜器可分为早、中、晚三期。早期器物较少，礼器种类单调。中期器物的胎质一般较薄，只有单线条的花纹带。晚期器物厚重，花纹繁缛，并带有铭文。商代的青铜器造型在中国工艺美术史上具有永久性的典范意义。

*禹鼎
内有铭文，记述了西周晚期一次重要的平叛战役。*

刻有甲骨文的龟甲

商朝的文字
刻在龟甲和兽骨上的甲骨文

甲骨文是商朝的文字，距今约有3600多年的历史。商代统治者迷信鬼神，常常用龟甲兽骨占卜吉凶，还在甲骨上刻卜辞，其文字称甲骨文。因其大多出自殷墟，故又称殷墟文字。它记载了3000多年前中国社会政治、经济、文化等各方面的情况。

西周的军事制度
以"军"为单位的军队部署

西周时期，周王和诸侯都拥有军队。周王的军队主要有三支："西六师"，驻守在镐京附近，保卫京师，是周的主力军；"殷八师"，主要用于镇压平民的反抗或诸侯的叛乱；"东八师"，驻守在新都洛邑。西周后期，随着阶级矛盾的加剧，军队组织逐渐扩大。军队的最大单位为"军"，据估计一军有12500人。

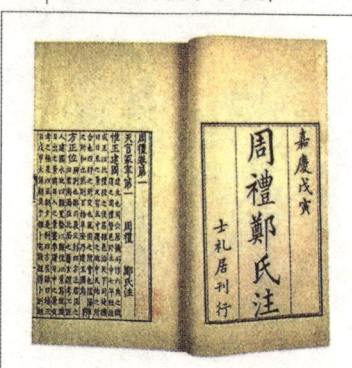

周礼的形成
早期礼仪系统的制定

西周初年，周公姬旦制定了完整的周礼系统，成为西周及东周数百年间占统治地位的国家政治体系。这套周礼体系将商人的宗教、政治制度和周人自己的宗教、政体、信仰传统融为一体，形成了青铜时代的中华文明。

《周礼》书影

祭祀所用的人头青铜钺

西周的宗庙祭祀
国家政治统治的一种方式

周代推行以礼治国的方针，因此宗庙祭祀成为国家政治生活的一项重要内容和政治统治的一种方式。当时产生了专供祭祀使用的建筑群，并且建立了祭祀活动规范的礼仪制度，形成了一套完备的宗庙祭祀体制。由国君亲自主持祭祀天地、宗祖和社稷的礼仪制度在周代正式形成。这些都被后世历代封建王朝所沿用和发展。

春秋时期的教育
私学的兴起

西周时期的学校教育被贵族控制，称为官学。到春秋时代，大批士人流落民间，讲课授徒，学术开始扩散。当时，诸侯争霸，需要大量人才。私人办学满足了统治者对人才的需要，因此，私学得以迅速发展。私学的产生，是中国教育史上的一次重大改革，从而带来了春秋战国时期文化的繁荣。

百家争鸣
思想大讨论

春秋战国时期，历史经历着划时代的变革。各阶级、各阶层都需要有自己的思想家和代言人，由他们来表达本阶层的政治主张和愿望，因此出现了"百家争鸣"的局面，在中国学术史上写下了灿烂的篇章。这一时期，学术思想流派日益增多。战国时，除儒家、墨家等显学之外，还有道、法、阴阳、名辨等家。正是这种争鸣，大大促进了学术思想的活跃和繁荣，也促进了社会的文明进步。

百家争鸣图

孔子
万世师表

孔子名丘，字仲尼，春秋时期鲁国人，伟大的思想家和教育家。他在经历周游列国的磨难后，专力于著述和教学，编定五经，奠定了儒学基础，使儒家成为汉代以后的文化主流。

孔子

秦朝三十六郡分布图

秦代郡县制的确立
统一的地方政权组织的形成

郡县制将地方政权分为郡、县两级，是古代中央集权制在地方政权上的体现。它在春秋战国时期就已出现，但在秦代时才被正式确立下来。秦统一中国后，将全国分为36郡，后又增加到40多个郡，郡下设县，郡县长官均由中央政府任免。

古代时期 | 33

气势雄伟的长城

长城
屹立不倒的军事工程

公元前214年，秦大将蒙恬率30万大军大举征伐匈奴，收复河套南北的广大地区。为了巩固这一地区，秦始皇将原秦、赵、燕等国的长城，随地形修筑连接，重新加固，修建成举世闻名的万里长城。长城西起临洮，东至辽东，对于抵御匈奴的侵扰，保障内地人民生产和生活的安定，起了重要作用。它是中国历史上最伟大的建筑之一和世界七大奇迹之一，充分体现了古代中国劳动人民的高度智慧和无限的创造力。

兵马俑
庞大的地下军队

兵马俑是秦始皇陵陪葬的兵马陶塑群，于1974年在陕西临潼县秦始皇陵东侧出土。这些兵马俑都是按秦军将卒的形象塑造的，生动逼真，是精美的艺术品。兵马俑的发现，对于研究秦代政治、军事、经济、文化、艺术及科学技术等，提供了极为重要的实物资料。仅一号坑的发现，就震动了世界考古界，被誉为"世界第八大奇迹"。

兵马俑中的武士俑

董仲舒

汉武帝独尊儒术
儒家思想开始统治中国社会

公元前136年，汉武帝为了进一步加强学术思想上的统一，采纳董仲舒的建议，罢黜百家，独尊儒术，使儒家哲学成为衡量文化思想的唯一尺度。他还兴建太学，以《诗》、《书》、《礼》《易》、《春秋》五经来培养专门的儒生。从此以后，儒家学说几乎完全统治了中国封建社会的整个思想文化领域。

丝绸之路
川流不息的驼队商道

公元前139年，汉武帝派特使张骞出使西域，以求购马匹。但他在半道上被匈奴俘获。13年后，张骞回到中国，带回了有关西部国家的重要信息。从此，沟通中国与西方的通道开辟了。汉朝的商人沿着这条路把珍贵丝织品运往西方，当时，一匹丝绸的价格相当于360千克稻米的价格。这条往西的陆路商道就是著名的"丝绸之路"。在相当长的一段时间内，骆驼商队在这条商道上川流不息。

汉朝百戏
壮观的汉代庆典演出

汉朝的各种宫廷庆典和民间节日庆典中，都常以百戏表演助兴，即数百人乃至数千人同台演出，载歌载舞，场面热烈壮观。随着西域胡风的渗入，百戏被赋予了更加活跃的生命力。西汉时，由宫廷乐府主持的百戏集演，每年举办一次，相沿成习，直至东汉。此外，百戏还是朝廷接待外国宾客的重要表演项目。

洛阳白马寺是我国的第一座佛寺，始建于东汉明帝时期。

汉代的佛教
佛教正式传入中国

佛教在西汉末期已从西域传入中国。公元64年，东汉明帝派使者前往天竺求佛经。公元67年，两名天竺僧人带着佛像和佛经随使者来到洛阳，受到汉明帝的接见。汉明帝为他们仿照印度祇园精舍的构造建造了住所，天竺僧人便在此翻译佛经，传授佛教礼仪。他们译的《四十二章经》是中国现存的第一部汉译佛典。佛教由此正式传入中国。

盛酒漆器

汉朝的漆器
取代青铜制品的器皿

漆器是中国在化学工艺及工艺美术方面的重要发明，其生产和艺术水平在汉代达到了高峰。汉代的漆器产品种类繁多，制作精美，在西汉早期主要以供应皇室为主，只有少量流入市场。西汉晚期，漆器产量增加，价格下降，成为中下阶层的日常生活用具。西汉漆器的普及，冲击了旧有的青铜礼器，并逐步取代了青铜礼器的地位。但到东汉以后，漆器就被新兴的瓷器逐渐取代了。

造纸术的发明
"蔡侯纸"的产生

在纸出现以前，书写记事用的是丝织物品和竹木简。东汉时期，宦官蔡伦用树皮、麻头、破布、渔网等原料，经过挫、捣、抄、烘等一系列工艺，制造出了植物纤维纸。公元105年，蔡伦向汉和帝献纸，造纸术于是广泛传播开来。蔡伦造的纸被称为"蔡侯纸"。造纸术的发明是中国古代最伟大的发明之一，也是人类文明史上一项杰出的成就。

地动仪的发明
世界上第一架测震仪器出现

公元132年，东汉著名科学家张衡发明制造了地动仪。这是世界上第一架可测地震方位的仪器，它是利用倒立惯性震摆的原理制成的，其基本构造符合物理学原理，能探测到地震波的主冲方向，是现代地震仪的先驱。

张衡的地动仪

张 衡
张衡（78～139），字平子，南阳西鄂（今河南南阳县石桥镇）人。他是我国东汉时期伟大的天文学家。张衡观测记录了2500多颗恒星，创制了世界上第一架能比较准确地表演天象的漏水转浑天仪和第一架测试地震的仪器——候风地动仪。张衡共有科学、哲学和文学著作三十二篇，其中天文著作有《灵宪》和《灵宪图》等。

蔡伦造纸的工艺流程

竹林七贤图

建安文学
三国时代文学的主要代表

三国时代的文学在两汉的基础上有了很大的发展，以建安文学为主要代表。这一时期的社会大变动，为文学的发展提供了丰富的现实基础。建安文学最有成就的是诗歌。建安时的三曹父子（曹操、曹丕、曹植）和"建安七子"（孔融、王粲、刘桢、阮瑀、徐干、陈琳、应玚在五言诗方面都有很高的成就。

洛神图
在建安文学的代表人物曹植的作品中，以《洛神赋》最为有名。

竹林七贤
竹林七贤是魏晋之际代表一种特殊风格和思想的名士团体，成员有嵇康、阮籍、山涛、阮咸、向秀、王戎、刘伶。他们生活在魏末晋初，正值司马氏集团与曹魏集团斗争激烈的时期。其主要思想趋向是崇尚老庄，高谈玄理。但由于个人遭遇不同，也表现出不同的政治倾向和思想风貌。

魏晋时期的绘画
绘画艺术步入新阶段

魏晋时期，绘画艺术进入了一个新的发展阶段。这一时期的绘画开后代山水画和卷轴画的先声，有诸多创新。在绘画技巧上，恰当处理了空间结构；在绘画内容上，注意对复杂景物的集中概括；在绘画思想上，体现了画家的内在精神，抒发了美好的情感，具有独特的艺术成就。

魏晋时期的书法
中国现代书法的初步形成时期

魏晋时期的书法绚丽多彩，字体由篆书、隶书转变到楷书，还有草书和行书作为补充，在中国书法发展史上占有重要地位。中国现代书法形成的基础即于此时奠定。当时的书法大家既注重作品的章法，更重视作者的情趣。他们通过书写来表露风流儒雅的气质和潇洒飘逸的风度，着意追求书法的韵律。魏晋时期著名的书法家有钟繇、陆机、王羲之、王献之等。其中，以王羲之的影响最为深远。他使楷书、今草、行草形成新的体式，从而在新书体的成熟和完善方面做出了非常重要的贡献。今天流传下来的王羲之书法作品中，最著名的当属《兰亭序》，除此之外还有《快雪时晴帖》等。

中国古代的农业
历史悠久的农业生产

中国农业生产的历史非常悠久。据考古资料显示,在距今七八千年前已有相当发达的原始农业。在距今四五千年前,黄河、长江流域已较普遍地形成了以原始种植业为主,兼营家畜饲养和采集渔猎的综合经济。春秋战国是中国社会发生大变革的时期,农业生产的发展进入了一个新的阶段。铁器自此广泛使用,牛耕逐渐推广,社会生产力有很大提高。秦和两汉是种植业迅速发展的时期,农耕区向西北方面有了新的扩展。东汉末至三国、两晋、南北朝时期,黄河流域由于长期战乱,古代农耕的中心地区遭到严重破坏。长江以南、五岭以北的广大地区和巴蜀之地,逐渐发展成为比较重要的农耕区。

中国古代的医术
中医学的源头

古代中国人相信锻炼和服用草药有益于健康。东汉的华佗根据虎、鹿、猿、熊和鹤的动作,发明了一套强身健体的五禽戏。中医主要运用三种疗法:草药疗法、针灸疗法和艾灸疗法。艾灸疗法就是点燃一种叫艾的草药,把它放在针灸的部位,以便让温热之气传遍全身。中华民族是世界上最早研究医学的民族之一。

中国古代的天文观测
占卜吉凶的天文研究

古代的中国人认为,星象会预示地上将要发生的事。宫廷的占星术士研究星象,为皇帝进行各种预测。汉墓中发现的天文学文献表明,当时人们对金星、木星、水星、火星和土星等行星天体的知识已了解得很详细。

汉代的长信宫灯

中国古代的社会等级
森严的等级制度

进入封建社会以后,仕农工商组成了古代中国的基本社会等级。读书人和士绅是地位最高和最受尊重的等级。读书人因为能识文断字而备受尊敬;农民是国家的衣食所依,是仅次于士绅和学者的第二等级;手工匠人制造人人必需的物品,如武器、工具和炊具等等,地位次于农民;最低的等级是商人,被视为不事劳作,而通过做生意致富。法律对社会各阶层的生活方式都作了严格的规定。官员们房屋的规模和装饰也要根据他们的品位而定。

中国古代的节日
含义丰富的特殊日子

中国的传统节日形式多样,内容丰富,是中华民族悠久的历史文化的一个组成部分。春节是迎接新年的节日。在这个节日里,人们可以看灯会,放爆竹,品尝美酒佳肴。春节过完后,人们就迎来的春季。春季的重要节日有社日、寒食节、清明节、浴佛节。端午节是夏季最重要的节日,而七夕、中元、中秋、重阳四大节则构成了秋季节日的主体。

中国古代的服饰
等级的标志

在古代中国,服装是等级的标志。布料的质地、色彩及装饰、首饰、帽盔和鞋履,无不反映穿戴者的身份和社会地位。高级官员在正式外出或参加庆典时,穿着精致的丝绸服饰,居家则穿较低档的衣服。普通人穿着用植物染料上色的布衣。

中国古代的游戏与娱乐
种类繁多的传统游戏

古代的中国人喜欢各种各样的娱乐活动，有戏剧、魔术、杂技、比武、舞蹈和音乐等节目。乐器有金属或石头制成的编钟、竹制笛萧、木制古筝、琵琶和胡琴等。这时的人们也很喜欢玩马球。这是一种骑在马背上玩球的竞技游戏，在后世的宫廷里颇受欢迎。早期足球运动——蹴鞠，此时开始流行。

蹴鞠

"蹴"，踢；"鞠"，球，即古代足球。汉朝时，足球活动较为盛行，有专门供足球竞赛活动的场地。当时所用的球，外部用皮革制成，内部填满了毛发之物。东汉时期，女子也加入了足球游戏中。一些古庙中还留有绘有清晰的女子踢足球内容的壁画。

汉代木雕乐俑

中国古老的神话
远古时代的艺术想像

神话表明了远古的人们对自然的理解与想像。中国神话丰富多彩，按地域系统可分为西方昆仑神话、东方蓬莱神话、南方楚神话及中原神话等。按所表现的内容，则有关于天地开辟、人类起源的，有关于日月星辰、自然万物的，有关于洪水和部族战争的等等。这些神话呈现出中国古代人对天地万物的天真美丽富有趣味的艺术想像。

这个白瓷瓶的柄就是龙形的。

龙文化

在中国文化中，龙有着重要的地位和影响。在距今7000多年的新石器时代，先民们就有了对原始龙的图腾崇拜，到今天人们仍然多以带有"龙"字的成语或典故来形容生活中的美好事物。上下数千年，龙已渗透到中国社会的各个方面，成为一种文化的凝聚和积淀。对每一个炎黄子孙来说，龙的形象是一种意绪、一种血肉相连的感情。

先秦至两晋时期

先秦时期
约公元前21世纪～前221年

先秦时期的古人视玉为宝。

玉刀

秦代
公元前221年～前206年

秦始皇统一了度量衡和汉字，大大促进了经济发展。

秦代铜量

汉代
公元前206年～公元220年

汉朝分为西汉和东汉两个时期，其中西汉是中国历史上的强盛王朝。

西汉的马踏飞燕

三国两晋时期
220年～420年

三国两晋时期是中国书法史上的一个承前启后时期。

王羲之的《雨后帖》

古希腊

· 像历史学家一样思考 ·

从公元前3200年左右到公元前31年,古代希腊人以巴尔干半岛、爱琴海诸岛和小亚细亚沿岸为中心,在包括北非、西亚和意大利半岛南部及西西里岛的整个地中海东部地区建立起一系列奴隶制国家,发展出了辉煌的古代文明。

想一想 为什么人类文明的摇篮出现在希腊?

描绘荷马史诗故事的罐子

克里特文明
希腊最古老的文明

克里特文明是希腊最早的文明。存在于公元前30世纪~前15世纪。约公元前3200年,克里特出现了最初的国家。克里特的农业、手工业和海外贸易都很发达,并以宏伟华丽的王宫建筑、精美的工艺品和强大的海上霸权而著称。另外,此时还出现了书写古代克里特语的文字——"线形文字甲种"。公元前1450年前后,米诺斯王宫被来自希腊半岛的迈锡尼人占领。

线形文字

考古学家把在克里特文明中发现的线形文字称作"线形文字甲种",而把迈锡尼文明的线形文字称作"线形文字乙种"。1952年,英国人迈克尔·文特里斯成功地释读了线形文字乙种,证明它是希腊语的一种早期形式。但线形文字甲至今无人破译。

迈锡尼文明
青铜时代晚期的古希腊文明

迈锡尼文明是指南希腊的迈锡尼、派罗斯等早期城邦文明。迈锡尼文明是希腊语人的一支——阿卡亚人创造的,其存在时期约为公元前1500~前1200年。在迈锡尼文明遗址发掘出的青铜武器和工艺品极其精美。迈锡尼一度很强大,曾攻打过埃及、赫梯和特洛伊。公元前1200年,迈锡尼人被多利亚人所灭。希腊历史进入了"黑暗时代"。

米诺斯皇宫的遗址

特洛伊战争
古希腊吟游诗人们传颂的传奇

据荷马史诗记载,希腊第一美人海伦被特洛伊王子帕里斯诱拐后,海伦的丈夫斯巴达国王美内劳斯立志报仇。其兄长迈锡尼国王阿伽门农拔刀相助,提出自任统帅,组建希腊联军远征特洛伊的计划。经过几年筹备,共征集了战舰1000艘,将士10万人。公元前13世纪中叶,联军从落拉米斯的奥立斯扬帆出港,开始远征小亚细亚名城特洛伊。希腊联军与特洛伊的战争持续十年之久。最后希腊人采用"木马计",攻陷了特洛伊。

木马计

"木马计"是古代战争史上使用突袭和诈败战术最著名的一个战例。公元前1183年,希腊军队围攻特洛伊城,久攻不下。希腊人制造了一个巨大的木马,里面装满了士兵。其余的希腊军队佯装驶离海岸。特洛伊人以为希腊人已逃之夭夭,便将木马拖进了城里。藏身在木马里的希腊人在夜里离开藏身之所,打开了城门,将返回来的战友放进城内。特洛伊城因此失陷。

特洛伊木马

黑暗时代

没有文献的时代

公元前1200年左右，由于多利亚人的入侵，很多迈锡尼人逃往外地，希腊进入了"黑暗时代"。由于人们至今仍未发现当时的文献，所以一般认为这是个没有文字的时代。这个时代接近尾声时，希腊人把腓尼基字母加工后用到自己的语言中，记录下本民族口耳相传的作品，其中留存下来的最优秀的作品当属荷马史诗《伊利亚特》和《奥德赛》。随着人们重新掌握读写技能，希腊黑暗时代结束了。

城邦的兴起

一种崭新的国家雏形出现

古代的希腊人讲同样的语言，崇拜同样的神，有许多共同的风俗习惯。但在公元前8世纪时，一些独立的城邦开始形成，它们被海洋和山脉等自然障碍分割开来。大多数城邦如科林斯、底比斯和雅典，既有城墙围绕的城市，又有环绕城市的乡村，人们可以种植庄稼、饲养牲畜。城邦有各自的政府体制和运作方式。他们将某个神选为特别的保护者，并在城中建起神庙，以供奉此神。

斯巴达人的生活

斯巴达城邦

斯巴达城邦位于伯罗奔尼撒半岛的拉哥尼亚平原，由于被山脉围绕，因而不需要防御城墙，但它是唯一拥有常务军的城邦。斯巴达战士是古希腊最出色的士兵。所有斯巴达男童都归国家所有，他们在七岁时就要进行艰苦的军事训练。即使结婚后，斯巴达男子仍要住在军营中。

雅典卫城

雅典卫城是雅典城邦防御敌人进攻的城堡。公元前5世纪，卫城建设起独具风格的建筑群，成为当时希腊建筑和雕刻艺术最高成就的代表，被誉为建筑史上的杰作。卫城建筑与周围的自然环境协调一致。其中主要建筑是帕特农神庙、提秀斯神庙以及雅典卫城正门，显示了城邦极盛时期人们的创造才能。耸立于卫城广场和帕特农神庙大厅的雅典娜雕像，代表了希腊雕刻艺术的最高水平。

夕阳下的卫城

古希腊各时期

早期（黑暗时代）
约公元前1200年～前750年

荷马史诗是这一时期留下来的重要文献，相传为盲诗人荷马所作。

盲诗人荷马

古朴时期
约公元前750年～前500年

这一时期希腊人除建成自己的城邦外，还进行了大规模的海外殖民活动。

古朴时期的裸男雕像

古典时期
公元前500年～前323年

古典时期的陶器

这一时期，希腊的哲学和艺术获得了很大的发展。

大殖民运动

希腊的扩张

公元前8世纪，不断增长的人口使希腊大陆显得拥挤不堪。为此，希腊人进行了大规模的殖民运动。殖民地在东北方扩展到黑海沿岸，在西方到达意大利南方，有的甚至远至法国和西班牙。大部分殖民地是农业社会，但也有一些是作为商站建立的。

希波战争
希腊人与波斯人的战争

公元前500年,波斯统治区发生起义,雅典派兵给予援助。波斯以此为借口渡海入侵希腊。公元前492年,第一批波斯海陆军南下。历史上一般以此役作为希波战争的开始。主要的战斗发生于公元前490年和公元前480～前479年的两次波斯大军入侵期间,直到公元前449年希波双方缔结和约才告结束。

希腊武士像

雅典海上同盟
雅典施行霸权的工具

公元前478年底～前477年初,雅典组织中希腊、爱琴诸岛和小亚的一些城邦结成同盟,目的是为了联合起来继续对付波斯。最初入盟之邦有35个,后来愈聚愈多,最后达到近250个邦,几乎包括了爱琴海和西亚的全部城邦。这个同盟的军事外交必须听从雅典指挥,实际上是雅典施行霸权的工具,亦称"雅典海上同盟"。

伯罗奔尼撒战争
城邦之间的战争

希波战争结束后,日益强盛的雅典成为希腊的最大势力。这引起斯巴达和它领导的伯罗奔尼撒同盟的敌视。从公元前457年起,由雅典领导的雅典海上同盟同以斯巴达为首的伯罗奔尼撒同盟兵戎相见,进行了多年的战争。公元前431年春,加入伯罗奔尼撒同盟的中希腊城邦底比斯袭击了雅典的盟友普拉提亚,成为战争的导火线。引起战争的另一个原因是雅典与科林斯为争夺殖民地而发生纠纷以及墨加拉事件。公元前431年6月,斯巴达军队侵入雅典,战争遂全面爆发。

战争的第一阶段

战争的第一阶段为公元前431年～前421年,双方互有胜负。在公元前422年的安菲玻里战役中,雅典损失惨重,致使雅典主和派势力大增。双方遂于公元前421年缔结《尼西亚和约》,规定各自退出占领对方的领土,交换战俘,保持50年和平。但实际上双方互占之地都未退还,矛盾仍然存在,只是暂时休战而已。

雅典海上同盟态势图

战争的第二阶段

战争的第二阶段以雅典发动西西里远征开始。当时西西里岛最大的城邦叙拉古与斯巴达为盟。雅典想以空前规模的海上远征夺取叙拉古。结果事与愿违,雅典全军覆没。公元前404年,斯巴达在波斯的资助下彻底击败雅典,雅典无条件投降。伯罗奔尼撒战争使整个希腊民穷财尽,政治走向无序,文化遭到破坏。希腊文明从兴盛走向衰落。而此时,希腊北部的马其顿小国趁机兴起,一跃成为希腊地区的霸主。

奥运会的起源

传说古希腊有一个叫波沙的国家,国王艾诺麦有一爱女基波达来娅。国王许诺和自己赛车获胜的人将得到公主并继承王位。公主的恋人皮罗西赢得胜利后,在奥林匹亚举行了盛大的庆祝宴会,并安排了角力、赛车等项目的比赛。奥运会便由此开始。

雅典的民主政治
奴隶制国家的民主政治

根据现存的文献,雅典的民主政体允许每个公民对国家事务发表意见,不过只有出生于城邦的非奴隶男子才能成为公民。雅典每年要从公民中抽签产生一个由500人组成的委员会,负责新法律、新政策的提议工作。公民在集会上进行表决,决定接受、修改还是拒绝这些提案。由200多位公民组成的陪审团负责审判雅典大部分的案件,陪审员也由抽签产生。当时没有律师,只有公民才能在法庭上发言。

梭伦改革
大快人心的变革

梭伦改革前的贵族大辩论

梭伦是古代希腊著名的政治家和诗人。公元前600年左右，他被选为执政官。梭伦上任后推行许多改革措施，他宣布：凡是立在债务人土地上的债务碑石立即拔除；因为欠债卖身为奴的公民一律释放；所有债契全部作废，被抵押的土地归还原主；因欠债被卖到外邦作奴隶的公民，由城邦筹款赎回。梭伦运用他的权威迫使贵族们让出了一部分特权。

希腊戏剧
人类文明史上伟大的戏剧时代

古希腊戏剧是人类戏剧史上难以逾越的一座艺术高峰，分为悲剧和喜剧。悲剧的前身是酒神颂歌，流传至今的有埃斯库罗斯、索福克勒斯和欧里庇得斯三大悲剧诗人的作品。喜剧的前身是民间的祭神歌舞和滑稽戏。阿里斯托芬被誉为古希腊的"喜剧之父"。

希腊神话
人类童年时期的文学样式

由于当时的生产力水平极端低下，人们的知识有限，对许多自然现象难以理解。因此古希腊人把许多自然现象理解为神力的作用，并借助想像赋予各种自然力以人的形象，从而产生了各种自然神（如日、月、海、雷神等）和各种关于神的故事。希腊神话包括神的故事和英雄传说两大部分，内容丰富，富于想像力，成为后世艺术作品取之不尽的题材。

荷马史诗
希腊远古的记录

《荷马史诗》包括《伊利亚特》和《奥德赛》，最初是以说唱形式流传下来的希腊远古时代关于人与神的传说。其内容包括天文、地理、历史、哲学和艺术等各方面的知识，记录了当时希腊丰富的社会生活。大诗人荷马生活在大约公元前9～前8世纪之间，很有可能是小亚细亚地区爱琴海一带的人。据说他是一名双目失明的职业乐师，背着希腊古代的七弦竖琴，四处飘泊，把自己的诗吟唱给人们听。

荷马吟诵史诗图
荷马吟游各方，边弹边唱，用人们喜闻乐见的形式讲道理、说历史。

希腊众神

- 赫斯提 家庭女神和灶神
- 波塞冬 地震、海洋、牛、马之神
- 宙斯 天神和雷神
- 阿波罗 太阳、音乐和诗歌之神
- 阿耳忒弥斯 月神、狩猎女神，女孩的保护者
- 阿芙罗狄蒂 爱与美之女神
- 赫耳墨斯 众神的使者，旅行者的保护人
- 阿瑞斯 战神
- 雅典娜 智慧、艺术和战争女神
- 赫拉 婚姻和生育女神
- 赫菲斯托斯 火和锻冶之神
- 得墨忒耳 司农女神，特别是粮食之神

希腊哲学

西方哲学的发源地

古希腊的公民有独立思考的自由，可以公开讨论政治和哲学。古希腊一些伟大思想家的思想深深启发了现代人的思想。苏格拉底研究人的行为；柏拉图思索统治国家的最好途径；亚里士多德的著作则涉及植物学、动物学、物理学、数学、天文学、政治学和诗歌等领域。

柏拉图和亚里士多德

苏格拉底

苏格拉底是古希腊的著名哲学家。他反对民主政治，认为理性是人生的根基，知识是最高的善，而哲学是最高的知识。他第一次提出了逻辑学上的归纳和定义的方法。他认为"一般"先于"个别"，概念产生事物。公元前399年，他被雅典民主派以不敬和败坏青年的罪名控告，并被雅典法庭处以死刑。苏格拉底的哲学思想对柏拉图有很大影响，在西方哲学史上也占有重要地位。

苏格拉底之死

亚里士多德

亚里士多德于公元前384年出生。他的父亲是马其顿国王的御医。17岁时，亚里士多德到雅典的柏拉图学院学习，前后长达20年，直至柏拉图去世。亚里士多德是欧洲科学史上的里程碑，也是古代知识的集大成者，被人们称作"百科全书式的大学者"。

柏拉图的理想国

柏拉图认为一个国家应有三等人：一是有智慧之德的统治者；二是有勇敢之德的卫国者；三是有节制之德的供养者。这三个等级就如同人体中的上中下三个部分。如果在上者治国有方，在下者不犯上作乱，就可以达到正义，达到理想国的境界。

希腊雕刻与建筑

人神合一的雕刻和神庙建筑

希腊人最初制作石像时以埃及雕刻为师，受程式手法的束缚。公元前6世纪开始，希腊雕刻家转而面向自然。到6世纪末，其作品在真实生动方面已超越埃及。雅典的著名雕刻家有米隆、波吕克利特和菲狄亚斯。公元前5世纪，以雅典为中心的建筑艺术也取得了很大的成就。希腊的大型建筑主要是神庙。神庙殿堂通常为长方形，周围环以圆柱柱廊。

马其顿士兵的头盔

马其顿的兴起

征服整个希腊的城邦走向强盛

马其顿是希腊北部一个贫瘠落后、默默无闻的城邦。腓力二世时，这个城邦走向强盛。公元前388年，腓力二世击败反对他的希腊联邦，真正确立起他在全希腊的霸主地位。公元前336年，腓力二世在他女儿的婚礼上被波斯派来的刺客杀死。腓力二世被害后，被征服的希腊城邦认为这是摆脱马其顿帝国控制的天赐良机，纷纷起义暴动，但年轻的亚历山大国王在短短的两年里就平息了骚动，稳定了君权。

亚历山大大帝

帝国的缔造者

亚历山大是古代马其顿国王、杰出的军事统帅，少年时代曾师从于哲学家亚里士多德。他在位仅13年。在这期间，他率领马其顿军队横穿小亚细亚、埃及、美索不达米亚、波斯与阿富汗，直抵印度边境，在横跨欧、亚、非三大洲的广大地区内，建立起庞大的亚历山大帝国。亚历山大的征战虽然给东西方各国带来了不幸，但在客观上促进了东、西方文化交流。

亚历山大大帝

希腊化世界

广为传播的希腊风格

亚历山大死后，他的三位将领安提柯、塞琉古和托勒密瓜分了帝国。安提柯统治马其顿和希腊其余地区，建立了安提柯王朝。塞琉古占据了小亚细亚、波斯和其他东方国家，开始了塞琉王朝的统治。托勒密则统治着埃及，他是托勒密王朝的首任君主。当希腊的风俗和思想观念在其国境之外传播时，希腊化时代就开始了。希腊化时代的城市建筑都采用了希腊的风格，一些地方还使用希腊的法律和语言，并在剧场和体育场中开展希腊式的文娱活动。

希腊化的托勒密王朝

公元前323年，在亚历山大大帝死后，埃及的政权被他的部将托勒密篡夺。公元前305年，正式成为埃及国王的托勒密把首都移至面向地中海的亚历山大城，使这里成为当时古代世界最重要的贸易和学术文化中心之一。托勒密王朝使埃及人深受希腊文化的浸染。从公元前285年起，托勒密和他的儿子托勒密二世共同执政。托勒密二世在父亲死后，确立了垄断的经济体制，迎来了全盛期。公元前31年，埃及女王克里奥佩特拉被屋大维的罗马舰队打败。埃及沦为罗马的属州，托勒密王朝从此结束。

希腊化帝国的终结

帝国的冰消瓦解

亚历山大大帝创建的帝国被他的将领分割后，希腊人在古代世界的地位削弱了。从公元前509年起，一个新的强国——罗马在意大利逐渐壮大起来。罗马人将自己的统治逐步扩展到希腊化世界。在公元前148年至公元前146年之间，马其顿和整个希腊南部变成了罗马帝国的一部分。公元前31年，罗马皇帝奥古斯都（即屋大维）打败了埃及，埃及就作为希腊帝国中的最后一个行省落入罗马手中。希腊化帝国土崩瓦解，而古罗马文明日渐强大。

亚历山大大帝疗伤图

古罗马

· 像历史学家一样思考 ·

从公元前5世纪初起，罗马开始逐渐征服意大利的其他城邦国家，到公元前1世纪时，终于成为一个横跨欧、亚、非三大洲的庞大帝国。公元前27年以前，罗马帝国一直是奴隶制共和国，在元老院授予屋大维"奥古斯都"和"大元帅"的尊称后，共和制才逐渐为君主制所取代。

想一想 古罗马时期的国家制度对今日世界政治有何影响？

奴隶起义领袖斯巴达克的塑像

王政时代的钱币

古罗马的王政时代
七王的统治

罗马建城之前，氏族部落处于分散状态，各有自己的首领（勒克斯）。后来，各部落经过联合和统一，结成公社和部落联盟，部落联盟首领就转变为王。据历史学家考证，从公元前753年罗慕洛斯建城起到公元前510年"高傲者"塔克文被推翻，先后有7个王统治罗马。这个时期称为王政时代，是罗马从原始社会到奴隶社会的过渡时期。

七丘之城
古罗马的形成

罗马古城是古罗马帝国的发祥地，位于意大利中部亚平宁山脉西麓。整个城市建筑在俯瞰台伯河的7座美丽山丘上，素有"七丘之城"的称号。至公元前8世纪，这7座山丘上已散布着许多氏族部落。这些部落逐渐合并成罗马城，变得强大而富裕起来。强大起来的罗马城邦建立了训练有素的罗马军团，征服了意大利的许多地方。

母狼的传说

相传小亚细亚的特洛伊城被希腊人攻陷后，该城的英雄伊尼亚来到意大利海岸一个叫拉丁的地方建立城市，世代为王。当国王努米多尔在位时，他的弟弟阿穆留斯篡夺了王位。不久，努米多尔的女儿西尔维娅与战神马尔斯生了一对孪生兄弟。阿穆留斯下令把这对孪生子投入台伯河，谁知孩子们被水冲到了河滩上。饥饿的婴儿号啕大哭，引来了一只母狼。可母狼不但没有伤害他们，反而用乳汁喂养他们。后来，一位牧人将他们抱回家抚养。兄弟俩长大后，杀死阿穆留斯，夺回了王位。公元前753年，兄弟俩在台伯河畔建起了一座城市。哥哥罗慕洛斯以自己名字给新城命名为"罗马"。从此，人们将兄弟俩奉为罗马城的创建人，视母狼为恩兽。

人们根据传说制作了青铜雕塑《母狼》。

古罗马的共和时代
贵族统治的共和国时期

从公元前509年开始，罗马人结束了王政时代，进入共和时期。主持国家行政的两名执政官由百人团大会（有财产的男性成年公民组成的团体）从贵族中选举产生，任期一年，退职后进入元老院。遇到战事，由元老院从执政官中选举一人为"独裁者"，总揽一切军政大权，为期半年。罗马共和国实际上是由贵族阶层共同掌握政权的贵族共和国。

罗马称霸地中海
不断征战的成果

公元前5世纪末到公元前4世纪中期，罗马人战胜了伊达拉亚人，占领了台伯河北部的大片土地。通过与萨莫奈人的战争，罗马又占领了意大利中部地区，基本统一了意大利半岛。此后罗马与迦太基为争夺地中海西部霸权，先后进行了三次战争。最终，罗马打败迦太基，将其变为自己的行省。此外，罗马还征服了希腊半岛、小亚细亚等地，基本上统一了整个地中海区域，使地中海变成了罗马的内湖。

马其顿战争
罗马征服东部地中海的战争

在征服东部地中海的过程中，罗马同马其顿发生了三次战争。第一次和第二次马其顿的战争分别始于公元前215年和公元前200年，两次战争均以马其顿的失败而告终。公元前168年，罗马猛将保鲁斯在马其顿南部沿海的皮得纳打败了马其顿军队，马其顿终于向罗马屈服。公元前167年，罗马将马其顿划分为四个自治区，受罗马统治。

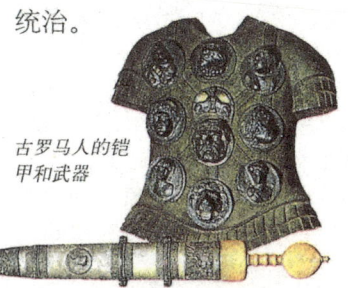

古罗马人的铠甲和武器

布匿迦太基遗址

布匿战争
征服西部地中海的战争

罗马征服意大利半岛后，与占据西部地中海的强国迦太基发生了冲突，两个强国为争夺西部地中海的霸权而爆发了战争。在罗马史上将这场战争称为"布匿战争"。第一次布匿战争以迦太基失败而结束。公元前219年，第二次布匿战争爆发。交战双方在迦太基南部的扎玛附近进行决战。罗马大胜，迦太基被迫求和。

奴隶的劳动非常艰苦。

古罗马奴隶制的繁荣
压迫与反抗的交织

在长期的大规模战争中，罗马把大量战败国的居民变卖为奴隶，使得罗马的奴隶制繁荣起来。在奴隶市场，有时一天成交的奴隶就达上万人。那些身强力壮的奴隶被训练成角斗士，被迫相互残杀或与饥饿的野兽搏斗，供奴隶主取乐。奴隶们忍无可忍，纷纷起来反抗。

古罗马各时期

王政时代
公元前753年~前509年

罗马最早期的政治传统对其后来的发展产生了巨大影响。据传，罗马城的创建者罗慕洛斯创建了元老院制度。

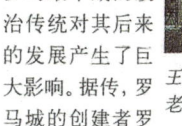

王政时代的元老院

共和时代
公元前509年~前31年

这一时期贵族们推翻了专制的国王，创建了共和制。

古罗马的一位执政官

帝国时期
公元前31年~公元305年

这一时期，古罗马经过了由盛至乱，最后衰败的过程。

罗马帝国皇帝哈德良

西罗马时期
305年~476年

罗慕洛斯·奥古斯都是最后一位西罗马皇帝，于公元476年被废，西罗马随之灭亡。

古罗马微雕艺术

前三头同盟
势均力敌的三大实力派结盟

克拉苏是罗马首富，借残酷镇压斯巴达克起义而攫取了政治资本。庞培系前执政者苏拉的部将，公元前70年任执政官。他以恢复苏拉以前的制度而赢得政治威信。而恺撒则赢得了平民和下层社会的支持。公元前60年，这三位政坛实力派人物组成三头同盟，共同统治罗马共和国，史称"前三头同盟"。

恺撒大帝
影响深远的古罗马统治者

恺撒是在罗马社会的动乱年代出现在政治舞台上的一个人物。公元前58年，他通过对高卢的战争，大大提高了实力和声望。此后，恺撒取代了"三头同盟"，独掌大权。他还进行了顺应罗马历史发展的改革。但是受打击的元老贵族已经不能再容忍。

公元前44年，恺撒在元老院被以布鲁图为首的反对派刺死。恺撒一生奋斗的事业，对欧洲乃至整个世界的历史都有着重大而深远的影响。

恺撒

后三头同盟
三权分治

恺撒的惨死重新引起罗马的内部纷争。而这时恺撒的法定继承人屋大维也开始出现在罗马的政治舞台上。公元前43年，屋大维与恺撒的旧部安东尼和雷必达公开结盟，获得公民会议的承认，并取得统治国家五年的合法权力，史称"后三头同盟"。此后，他们三分天下，划定了各自的势力范围。

屋大维元首政治
君主专制的统治

公元前31年，屋大维大败安东尼，使罗马结束了内战时期，进入帝国时代。屋大维采用"元首"的名义进行统治。他将共和时代的统治机构完全保留，利用旧的统治形式，行君主独裁之实。这种用共和制的外衣掩盖的君主制，被称为"元首政治"。公元前27年，屋大维宣称把共和国交还给元老院和罗马人民。元老院为了回报屋大维，正式赐给他"奥古斯都"的称号。

屋大维

古罗马的和平时代
奥古斯都皇帝开拓的太平时期

奥古斯都皇帝为罗马帝国带来了和平与秩序，统治期长达40年（公元前27～公元14年）。他把莱茵河、多瑙河、幼发拉底河等流域定为国境线，加固防守；用漂亮的建筑物来装饰罗马城；建设了四通八达的道路网；继承了恺撒的改革事业等等。从公元前27年奥古斯都皇帝受封至公元180年马可·奥里略皇帝死去的近200年，被称作"罗马的和平时代"。

罗马元首顾问会

罗马帝国的创建者奥古斯都为强化其个人的统治地位，设立了由效忠于元首的元老、执政官和亲属组成的20人委员会，为其决策起咨询作用，但当时尚无固定的组织形式。这便是元首顾问会的前身。奥古斯都的继承者提比略统治时期（14～37年），元首顾问会变成较固定的机构，经常处理重要事件，权力逐渐增大。到哈德良统治时期（117～138年），元首顾问会最后建成，正式成为中央政权的官僚机构。

古罗马的黄金时代

安东尼王朝的统治

于公元96年建立的安东尼王朝以皇权极盛、统治稳固著称，被称为帝国的"黄金时代"。罗马和平地治理着一个广袤的帝国。地中海当时处于它的控制之下，在近一个世纪内没有发生过一次海战。在陆地上它则统治着自苏格兰边境到波斯国境的大片地区。

古罗马侍从宫

3世纪危机

内外交困的时期

公元2世纪末～3世纪末，罗马奴隶制社会爆发了全面危机，经济迅速衰落，政局一片混乱，内战不断发生，社会动荡不安。罗马陷入内外交困的境地，逐渐走上了衰亡道路。这次危机在罗马历史上称为3世纪危机。

古罗马衰亡的原因

元首制时期罗马宪政方面最明显的缺陷是缺乏明确的继承法。帝国的大多数人是根本不参与政治的臣民。经济问题也是导致罗马帝国覆灭的因素之一。罗马最严重的经济问题肇源于奴隶制度和劳动力短缺。到图拉真时期，乡村生产出的可以供应城镇的剩余产品也越来越少。劳动力不足以及公元2世纪和3世纪的瘟疫使人口大大减少，实在是雪上加霜。

从元首制到君主制

戴克里先夺权

公元284年，近卫军长官戴克里先取得了罗马帝国的政权。他废止了屋大维的元首制，将元首称号改为"君主"，正式确立起君主制的统治形式。他仿效波斯君主，身穿黄袍，要求所有觐见皇帝的人必须行跪拜之礼，敬奉他为神明。戴克里先对内严厉镇压人民起义，迫害基督教徒；对外与日耳曼人、波斯人进行战争。305年，戴克里先退位。君士坦丁夺得了王位。

君士坦丁的统治

重新统一帝国

公元305年，戴克里先退位后，他的两位副手继承了王位，不久就爆发了内战。这一时期，一位副手的儿子君士坦丁脱颖而出。自312～323年，君士坦丁仅仅统治着帝国的西部地区。后来，君士坦丁废除了分享权力的做法，独自治理一个重新统一的帝国。

君士坦丁大帝

迁都君士坦丁堡

罗马帝国中心的东移

公元323年，君士坦丁成为罗马帝国的统治者后，帝国的经济和文化中心已逐渐转移到东方。君士坦丁于执政的第二年，在具有战略地位和经济意义的拜占庭遗址上建立了新都。330年，君士坦丁将罗马首都迁至拜占庭，并将新都命名为君士坦丁堡。

古罗马社会各界层的人们

古罗马帝国的分裂
东罗马帝国和西罗马帝国的诞生

3世纪危机之后，罗马帝国奴隶制经济继续衰落：农村劳动者逃亡；农田大量荒芜；城市工商业凋零；罗马奴隶制生产关系已经腐朽没落。君士坦丁死后，帝国统治集团内部为争夺皇位于公元339年又爆发了长期的混战。皇帝狄奥多西死后，把帝国分给两个儿子。于是，罗马于395年正式分裂为东、西两个帝国。至此，统一的罗马帝国在历史上不复存在了。

罗马人的战斗场面

西罗马帝国的灭亡
西欧北非奴隶社会的终结

公元5世纪中叶，奴隶、隶农不断起义。西罗马帝国边境的蛮族也相继入侵。476年，日耳曼雇佣军首领奥多亚克废除了帝国最后一个皇帝罗慕洛斯，西罗马帝国灭亡了。西罗马帝国的灭亡是西欧、北非奴隶社会历史结束的一个标志。从此，这些地区进入了以封建制生产关系为主导的历史阶段。

基督教的兴起
"救世主"的诞生

基督教于公元1世纪产生于散居小亚细亚的犹太下层人民中间，不久便迅速传播至整个罗马帝国。早期基督教的"救世主"观念和思想来自犹太教。基督教还吸收了在埃及、叙利亚、小亚细亚和伊朗等东方地区广为流传的宗教思想，主要是一神教的观念和神为了拯救众生死而复活、赎罪献祭的思想。希腊、罗马的哲学对基督教的形成也有重要影响。后来，基督教与佛教、伊斯兰教并称为世界三大宗教。

耶稣受难塑像

圣奥古斯丁的神学理论

圣奥古斯丁是基督教历史上影响最大的思想家，也是西方神学政治法律思想的创始之一。他的神学理论围绕着人天生有罪和神无所不能的原则进行。他认为只有上帝才能预定一部分人得救，其余的人只能进入地狱。其主要神学著作有《上帝之城》、《忏悔录》、《论三位一体》等，内容涉及宗教、哲学、政治和法律等方面。

文学的黄金时代
三诗人的杰出成就

公元前1世纪～公元1世纪，具有独特民族风格的罗马文学正式形成，罗马文学史上的黄金时代出现。代表这一时期文学最高成就的是维吉尔、贺拉斯和奥维德三大诗人。维吉尔的代表作是史诗《埃涅阿斯纪》，这是欧洲文学史上第一部文人史诗；贺拉斯的代表作是诗集《歌集》和文艺理论著作《诗艺》，他的"寓教于乐"等主张对后代欧洲文学产生了巨大影响；奥维德的代表作是诗体故事集《变形记》，它是希腊罗马神话传说的汇编。

圣奥古斯丁手稿中的一页插图

维吉尔乡土诗中描写的田园风光

角斗比赛
野蛮残酷的娱乐

角斗是罗马统治者的一种最野蛮、最残酷的娱乐方式。角斗时，经过专门训练的角斗士在角斗场上互相殴斗、残杀，或与饥饿的猛兽格斗，以博得看台上奴隶主们的欢乐。许多强壮的战俘都被训练成角斗士。

角斗士头盔

古罗马竞技场
残酷娱乐的见证

古罗马竞技场也叫做弗拉维奥剧场，可以容纳至少5万名观众。竞技场的主要用途是进行残酷的角斗表演。其基本结构是拱券结构，一系列的拱、券和恰当安排的椭圆形建筑构件使整座建筑极为坚固。

古罗马竞技场的遗址

古罗马的猛兽贸易

古罗马人喜欢看野兽之间或者野兽与角斗士之间的搏斗，这直接带动了猛兽贸易的繁荣。他们从亚洲进口老虎，从北非运来犀牛，从爱尔兰弄来狼，熊则来自苏格兰。非洲一些城镇因专门出口猛兽而兴盛起来，莱普提马哥那就是其中之一。

古罗马的建筑与工程
先进建筑文明的体现

在公元2世纪，罗马人研制出一种混凝土，凝固后就像岩石一样坚固。有了混凝土，建筑巨大、坚固的穹顶就成为可能，罗马万神庙的穹顶就是其中之一。工程师们还建造了有效的供水、排水系统，发明了磨粉机、人力水车。罗马的很多皇帝参与了工程的组织工作。奥韦斯巴宪负责了罗马大竞技场的修建工作，图拉真则下令建造巍峨的胜利纪念柱。哈德良在建筑方面的功绩很多，其中包括他在蒂沃利的豪华别墅，还有位于不列颠北部的防御城墙。

万神庙
穹顶的大神庙

万神庙又名潘翁神庙，始建于屋大维统治时期，到哈德良时期才建成，前后共用了150年时间。万神庙正面是16根科林斯式列柱构成的门廊，后面是一穹顶的圆庙。圆庙殿堂的直径和高度各为43.5米，圆顶中央有一直径为9米的采光口，上面装饰着琳琅满目的浮雕。万神庙在中世纪改为基督教堂后使用至今。

古罗马神话中的怪兽

古罗马的道路
科学实用的交通网

罗马道路是士兵和奴隶修建的，供军队、信使、旅行者和商人使用。这些笔直平坦的大道沿着最直的路线修建，碰到山就挖凿隧道，遇到河则修建桥梁。由此形成的道路网使军队可以迅速开拔到目的地，并把各个城镇和港口同罗马帝国的首都和贸易城市连接起来。有的古罗马大道保存了数个世纪，现在，欧洲的很多公路仍遵循着古罗马的路线。

玛 雅

·像历史学家一样思考·

玛雅文明是拉美大陆上神秘而辉煌的古代文明，主要分布在墨西哥、洪都拉斯、危地马拉境内。玛雅人在既没有金属工具，也没有运输工具，而仅仅采用新石器时代的生产工具的情况下，创造出了灿烂的文明。作为世界上唯一一个诞生于热带丛林而不是大河流域的古代文明，玛雅文明的衰亡和消失与其奇迹般地崛起和发展一样，都充满了神秘色彩。公元9世纪，玛雅文明开始衰落，文字的失传使之成为一段湮没的历史。

想一想 玛雅文明走向衰亡的真正原因是什么？

玛雅帝国
历史悠久的文明

早在公元前2000年，玛雅人就已经出现了。在数百年中，玛雅人排疏沼泽地，建造灌溉系统，因此他们的农业很发达，生产的粮食能养活大量人口。在公元前300年到公元300年期间，玛雅人在危地马拉、伯利兹和尤卡坦半岛上建起了许多城市，每个城市都有着自己的特点和艺术风格。城里有金字塔神庙、壁垒森严的宫殿、市场、作坊和居民区。

统治者雕像

玛雅前古典时代
玛雅独立文明的开始

这是玛雅文明的早期。在这一时期，随着玛雅早期居民不断对农耕技术进行改进和对农作物进行改良，人口密度较高的村落开始在玛雅高原和低地分散出现。公元前1000年前后，人们就已开始制作陶器。玛雅南部的贸易中心开始发展和繁荣。大约在公元前300年至公元250年间，大型城市如纳贝克、米拉多和蒂卡尔已初具规模。

刻有神话图案的古玛雅器皿

玛雅古典早期
庙碑林立的时代

在公元317年左右，玛雅文化进入古典早期。这一时期，蒂卡尔和其邻邦乌亚克屯已经成为玛雅中部低地地区主要的经济、政治中心。社会阶层开始出现，包括高高在上的特权统治阶层，以及农夫、手工艺者和其他工匠。自该时期开始，被奉为神明的国王开始兴建神庙金字塔，竖立起刻有纪念他们本人和王朝的雕像和铭文的纪念碑。为了供奉诸神，玛雅人开始举行放血和人祭仪式。

玛雅的纪念碑

玛雅古典后期
玛雅文明新的颠峰期

公元600年前后，玛雅古文化进入了一个新的颠峰时期——玛雅古典后期。曾一度衰落的蒂卡尔重新焕发了它昔日的风采。在此时期，其他城市中心也开始日趋繁荣。位于玛雅西部的帕伦克在巴加尔国王的统治期间步入其鼎盛期。玛雅东南部城市科潘在统治者烟豹长达67年的统治期间也于公元7世纪走向了辉煌。

古代时期 | 51

奇琴伊查神庙壁画

玛雅宗教
虔诚的信仰

宗教在玛雅人的日常生活中占有极端重要的地位。他们人口密集的中心不是城市，而是神庙位居顶端的金字塔所在地。神圣仪式在此举行。玛雅人的主要神是森林和天空中的神灵以及对确保作物收成至关紧要的雨神。有时要将人祭献给雨神，具有代表性的是把一个处女扔进井里。非常受人尊敬的是有翼的或带有羽毛的蛇神，它是天神和雷神。在托尔特克和阿兹特克人中被称为"魁扎尔科亚特尔"，但在玛雅人中被称为"库库尔坎"。他们认为这位神祇是仁慈的。根据玛雅人的传说，库库尔坎曾作为一个人在世上生活，传授给其先祖文明的技艺，将来某一天会再次降临人间，拯救他的子民。

玛雅各时期

前古典时期
约公元前1500年～公元317年

这一时期玛雅人进入定居的农业生活时代。

绿玉面具

古典早期
约317年～600年

玛雅文化进入了一个鼎盛时期。

调制金器

古典后期
约600年～889年

艺术在这一时期蓬勃发展。玛雅的能工巧匠们为特权统治阶层制作了大量精美的手工艺品。

陶塑头像

后古典时期
889年～1697年

在这一时期，玛雅文化逐渐衰退，最终被西班牙殖民者灭亡。

人牲之神

玛雅后古典时期
城市神秘衰亡期

玛雅文化进入后古典时期后逐渐衰退。10世纪后，托尔特克人入侵玛雅，建立了一些新的城市。其中，代表城市科潘在由克库姆家族统治了近250年之后，于1441年毁于敌人手中。玛雅文明在此后陷入了混乱之中，并很快面临更大的灾难：西班牙人于16世纪初踏上了这片土地。之后，玛雅文明逐渐走向了衰亡。

玛雅黄道十二宫图

动物图腾崇拜

玛雅人有强烈的图腾崇拜观念，心灵手巧的玛雅工匠常常用动物形象来装饰建筑。大寺庙的玄武岩横梁上的雄鹰石像，就是那些被称为"雄鹰武士"的人所刻的。他们将其作为自己骁勇善战的标志。美洲豹则是"美洲豹武士"的图腾。蛇图腾则被赋予了最丰富的象征意义：它蜿蜒爬行的样子代表着流水和肥沃的土地，它不断蜕皮的生理特征则表示事物的新陈代谢。

刻有人祭图案的金盘

人祭仪式
血腥的祭祀

人祭是玛雅人用来祭祀神灵的一种方式。为了感谢诸神为人类所作的贡献，也为了填饱恶魔们贪婪的口腹以延缓世界末日的到来，玛雅人在一系列特别的日子里举行盛典，祭祀各路神灵，而用来献祭的最珍贵的供品就是人的鲜血。玛雅人不仅在祭坛上摆放俘虏的头颅，国王、贵族们也必须在自己的舌头等敏感部位忍痛放血作为祭品，或者伤残四肢，忍受苦刑，自我牺牲。

科潘城内的球场

古城科潘
玛雅王国的首都

古城科潘是玛雅文明的象征，直到19世纪才被挖掘出来。古城的遗址坐落在一个长13千米、宽2.5千米的峡谷地带，占地面积约为15公顷。公元前200年左右，科潘是玛雅王国的首都，也是当时科学文化和宗教活动的中心。遗址的核心部分是宗教建筑，主要有金字塔祭坛、广场、庙宇、石阶、石碑和雕刻等；外围是十几组居民住房的遗址。离宗教建筑最近的是玛雅祭司的住房，其次是部落首领、贵族及商人的住房，最远处则是一般平民的住房。这反映了阶级社会中等级制度的宗教特点和宗教祭祀的崇高地位。

科潘神庙

在科潘古城遗址上，有一座纪念性神庙建筑。它的台阶上有两个狮头人身像，嘴里衔着一条蛇。石像的一只手攥着象征神祇的火炬，另一只手握着几条蛇，艺术特色非常鲜明。在一座神庙前的石阶上，站立着一个代表太阳神的巨大人头石像，威武庄严。令人惊讶的是这个石像身上竟然雕有金星图案。

玛雅金字塔
玛雅文明的象征

金字塔是玛雅古典时期的重要建筑。埃及的金字塔是法老的坟墓，而玛雅的金字塔则是祭塔。它用磨平的巨大石头筑成，雄伟壮观。塔的四周有阶梯，塔顶是祭神的庙坛，通往金字塔的阶梯上装饰有浮雕。金字塔神庙祭坛现在已成为墨西哥的国宝。

金字塔和塔顶的羽蛇神庙

羽蛇金字塔神庙
双重风格的神庙

公元9世纪，托尔特克人迁徙到奇琴伊察后，融合玛雅和托尔特克的建筑艺术特色，建造了羽蛇金字塔。这座金字塔边长55.5米，高30米，共有9层。台上建有神庙。每边正中各有梯道通往神庙。在北面梯道两边的墙的最下面，雕有狰狞的蛇头。该神庙已成为奇琴伊察城的标志性建筑之一。

用玛雅文字写成的著作

玛雅文字
未能完全解读的方块字

玛雅的文字像中国文字一样呈方块状。它们有些是数字符号，有些是象形文字，一般写法是从上而下，然后从左到右。在殖民地时代，西班牙传教士愚昧地认为玛雅典籍是异教邪物，把许多书都烧掉了。因而玛雅文字到今天还未能完全解读。

玛雅人的天文学
玛雅人的天象与占卜

玛雅祭司很早就已开始研究天体的运行情况。他们笃信观察到的天象是神传下来的旨意，为了识别这些天象和破译它们的含义，祭司们创建了一门深奥的天文学。他们把观察到的高深莫测的天文现象和结论逐一记载在古抄本上，但幸存至今的只剩残余不全的四本了。

玛雅人的观象台

《布布尔·乌赫》

《布布尔·乌赫》是一部著名的玛雅史诗，原著是用象形文字写成的，16世纪时被译成了西班牙文。据一些学者研究考证，这部史诗大约是在纳贝克城正进行改建时写成的。

玛雅历法
精确的太阳历

玛雅天文学家算出了一年的时间为365.2420日，精确率远超过当时的世界水平。他们将一年分为18个月，每月20天，再加上5天禁忌日，共365天。玛雅的历法与农业季节的联系相当紧密，有"播种月"、"收割月"、"举火月"等。

玛雅的艺术
形神俱备的珍品

玛雅的艺术集中体现在壁画和雕塑上。玛雅的艺术珍品多不胜数。其创作初衷主要是为了在祭祀仪式上敬献给诸神和受人崇拜的国王。这些传世之作造型各异，形神兼备，异常生动。其原材料也丰富多样，有的是陶制的，有的则采用石头、贝壳雕琢而成。

玉石艺术

玛雅人喜欢用玉做各种小艺术品。玉石因其美丽、罕见而受到玛雅人的推崇，玛雅人深信它所具有的神奇魅力。他们用粗线加上湿沙在玉的表面来回摩擦，形成深槽，如此把大块的玉分割成两半、四份或薄片。他们用木质锯和骨质钻头来雕凿线条和其他图案。颜色和质地均佳的玉块被加工成护身符或雕像。玉的粉末也被用来当作磨蚀剂。

玛雅卷云纹彩陶杯

音乐和舞蹈
另一种祭神形式

音乐和舞蹈是玛雅人社会生活中非常重要的部分，在赞美、祈求和答谢诸神时都少不了它们。登基典礼、战前动员、打猎和耕种以及和诸神对话时都伴有不同的音乐和舞蹈。尽管玛雅音乐的声音和节奏已经失传，但是演奏者和舞者栩栩如生的身姿，至今还留存在表现宫廷生活的壁画、花瓶绘画和雕刻上。

祭神的乐舞图

中世纪时期
拜占庭帝国

> **像历史学家一样思考**
>
> 拜占庭帝国是西罗马帝国崩溃后依然存在的罗马帝国的东半部，即东罗马帝国。拜占庭帝国鼎盛时期的疆域从西部的西班牙延伸到东部的亚美尼亚境内的山脉，北起黑海与多瑙河，南至非洲海岸。帝国的心脏是小亚细亚地区。
>
> **想一想** 与西罗马帝国相比，拜占庭帝国拥有千年辉煌的根本原因是什么？

罗马皇帝的诏书

拜占庭帝国的建立
东罗马帝国登上历史舞台

拜占庭原是一座靠海的古希腊移民城市。公元330年，罗马皇帝君士坦丁一世将之改建重修后，作为罗马帝国的新都，并改名为君士坦丁堡。395年，庞大的罗马帝国饱受各路蛮族的侵扰，帝国一分为二。东部帝国以君士坦丁堡为首府，因此又称为拜占庭帝国。476年，西罗马帝国灭亡，拜占庭遂成为唯一的罗马帝国。

拜占庭皇帝的王冠

君士坦丁大帝
拜占庭之父

拜占庭千年辉煌，历经88位皇帝，其中君士坦丁大帝成就卓越。君士坦丁大帝在其于公元313年颁布的"米兰敕令"中给予"基督徒及所有人宗教信仰的自由"。这一做法开创了整个欧洲精神改宗的先河。

查士丁尼一世继位
基督徒统治的开始

公元527年，虔诚的基督徒查士丁尼一世成为皇帝。为阻止日耳曼民族的入侵，查士丁尼一世在首都君士坦丁堡修建了宏大的城墙、塔楼。通过一系列的扩张战争，他建立起一个庞大的基督教国家。

拜占庭帝国各时期

创建年代
395年

从这个时候开始，帝国被称为东罗马帝国或拜占庭帝国。

拜占庭皇帝雕像

早期时代
5世纪~7世纪

查士丁尼一世时期，拜占庭帝国十分兴盛。

拜占庭皇冠

希腊化时代
7世纪~9世纪

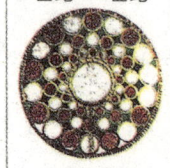

君士坦丁堡教会和罗马教廷决裂后，成立了希腊东正教。

镶嵌艺术品

黄金时代
9世纪~11世纪

这一时期，拜占庭帝国的发展达到了顶峰。

拜占庭时期的雕像

帝国末日
12世纪~15世纪

拜占庭帝国的力量被削弱，陷入四分五裂中，并最终灭亡。

拜占庭的基督教雕刻艺术品

拜占庭帝国瓦解

地中海大帝国的崩溃

在公元7世纪和8世纪，阿拉伯人开始不断蚕食拜占庭帝国的领土，小亚细亚的沦陷使拜占庭帝国失去了最重要的食物和马匹的供给来源。同时，拜占庭帝国还要应付意大利盟友的突然反叛。14世纪，土耳其人占领了埃迪尔内。1453年，土耳其军队攻陷了君士坦丁堡。拜占庭这个盛极一时的地中海大帝国终于土崩瓦解。

查士丁尼一世和修士

查士丁尼一世的法典改革

在查士丁尼一世时代，法律庞杂，相互重复矛盾。为巩固国内秩序，查士丁尼一世决心改革法制。公元528～534年，他任命法学家特里波尼安主持修编法典，把罗马帝国的历代法令和法学家著作汇集成《罗马民法汇编》。这是欧洲历史上第一部系统完备的法律文献。它对近代西方社会的法治传统有着巨大影响。

参加理事会的查士丁尼一世

火攻
希腊燃烧剂是拜占庭人在战争时使用的致命武器。希腊燃烧剂发明于公元7世纪，能够在水上使用，有效地攻击敌人。941年，希腊燃烧剂被用来攻击上万艘驶向君士坦丁堡的战船，这些船全部着火沉没。

征服东哥特

重收意大利

公元535～554年，拜占庭皇帝查士丁尼一世先后任用贝利撒留和纳尔塞为统帅，对意大利的东哥特王国进行了长期的征服战争，以实现他光复罗马帝国的雄心。贝利撒留率部在西西里登陆，迅速征服了意大利南部，并夺取了罗马城。后来，东哥特人重新控制了这些地区。552年，纳尔塞率领大军由北方陆路进入意大利，在塔吉纳附近歼灭东哥特人的军队，使意大利又处于拜占庭的控制之下。

拜占庭时期的浅浮雕

拜占庭外交艺术

拜占庭人是外交大师。外国使节访问帝国时，将由专人迎接，并被护送到君士坦丁堡，在那里有仆人侍候。接见仪式上，外交官将国书呈递给皇帝，并转达本国君主对皇帝的问候，然后开始讨论国事。之后，皇帝设宴款待使节，并邀请其他贵宾参加。最后，使节满载礼物，满意地离开帝国。

拜占庭时代宴会上的高脚玻璃杯

拜占庭的贸易
欣欣向荣的商品交易

在拜占庭时期,任何人迈入君士坦丁堡的市场,都立刻会知道他们身处在东西方贸易的十字路口。到1180年,已有6万外国人在该城的商业区居住经商。仓库和市场上堆满了豪华丝绸、珐琅金属工艺品、雕刻精美的象牙、香水、香料、皮革制品,以及各式各样的日用品和奢侈品。这一切都表明帝国贸易经济的繁荣。

拜占庭时期的青铜秤

丝绸生产

丝绸属拜占庭帝国最贵重的商品之列,与黄金等价,其生产和销售都由拜占庭的城市长官——郡长严格控制。只有极少数的人能够参与丝绸的生产和销售,它包括进口商、经销商、精整工、纺织工和制衣工。最初的丝绸样式很朴素,但到公元6世纪时拜占庭的纺织工开始用几种线反复刺绣的方法来织出图案较为复杂的丝绸。只有采用发源于中国的卧式织机,才能织出这种丝绸来。皇帝经常把最好的丝绸作为礼物送给外国使节或贵宾。

拜占庭的教育
特权阶层的专利

拜占庭人很重视教育。有幸可以上学的男孩子的前期教育分为三个阶段:基础、文法和修辞。基础教育通常从6岁开始,在家里进行,由母亲或教师教授阅读、写作和简单算术。特权阶层的孩子们在接受基础教育之后,再由教师教授文法和修辞,学习圣经和希腊经典著作。

拜占庭的妇女教育

拜占庭人允许女性受教育做法难能可贵。出身贵族或富人家庭的姑娘虽不能进校读书,但却可以在家通过家庭教师受到相当好的教育。拜占庭最著名的女学者是安娜·科穆宁娜。她撰写过一本传记,文词典雅优美,书中大量引用了荷马史诗和欧里庇得斯的作品。除了这类在文学上有所建树的女性外,拜占庭帝国中还有女医生。

拜占庭士兵

拜占庭的建筑和艺术
完美的典范

拜占庭在建筑和艺术领域的成就尤为人们熟知。拜占庭建筑成就的最佳典范是圣索菲亚(意为"神圣的智慧")大教堂,它大大改变了常见的希腊式建筑风格。拜占庭的镶嵌画——即用许多色彩斑驳的碎玻璃片和小石片镶嵌成的图案——也非常著名。这些镶嵌画构图巧妙,精美异常。许多人都把拜占庭富有艺术性的文化视为一种超越时间的完美典范。

查士丁尼一世向圣母玛利亚献上教堂模型。

圣索菲亚大教堂
拜占庭建筑的典范

公元532年，拜占庭皇帝查士丁尼一世下令在首都君士坦丁堡建造圣索菲亚大教堂。该教堂历经6年建造完成，后又经过不断修建，成为拜占庭建筑的典范。它是拜占庭帝国的主教堂，也是东正教的宗教中心。

圣索菲亚大教堂

拜占庭的手工艺
自成一派的风格

拜占庭人擅长象牙雕刻、手稿装裱和宝石加工。其手工艺技术和风格传及小亚细亚、巴尔干半岛、俄罗斯及意大利的部分地区。拜占庭的手工艺制作水平很高，无论是象牙制品还是金银珠宝制品皆工艺独到，对后世手工艺的发展影响颇深。

做工精致的拜占庭饰品

精美的金银制品
用途广泛的金属工艺品

拜占庭时期的金银制品不但数量多而且做工也非常精细。用贵重金属做成的物品在市场上可以当作货币流通。金银制器具如碗和水罐等，被用在对俄罗斯、西伯利亚和斯堪的纳维亚等地的贸易中。富裕的人家中有银匙、银质书封面和银质家具镶嵌品。拜占庭教堂内的圣坛上摆放着银质圣餐杯、圣餐盘及其他圣餐仪式器具。皇帝用餐时也使用成套的金制餐具。

拜占庭的黄金制品——海豚状的耳环

象牙装饰
贵重的装饰性工艺品

拜占庭时期象牙装饰的艺术水平和制作水平都很高。早在公元428年，《狄奥多西法典》就免除了象牙雕刻师身上的所有公民义务，以便使他们能够专心投入工艺研究与制作中，以提高雕刻技术。619年，亚历山大港被波斯攻占后，象牙贸易难以维系，拜占庭的象牙雕刻停止了。9世纪末，列奥六世在位的时候才恢复象牙贸易。但那时候，象牙已经很贵重了，一般只用来制作帝国徽章和宗教工艺品。

驱鬼护身符

拜占庭各阶层的人都普遍相信世上存在着鬼怪。这些鬼怪是堕落的天使，横行世间，引发灾难。他们最喜欢的驱鬼方式是佩戴圣物护身符。护身符上装饰有各种形象——基督、圣母和宗教圣人。许多护身符还是昂贵的珠宝饰品。拜占庭人认为这些东西会保佑他们免受鬼怪的伤害。

拜占庭的医学
先进的教会医术

在拜占庭，医疗保健是教会的责任，修士会经营的医院遍布全国。拜占庭不仅继承了希腊、罗马丰富的传统医学遗产，也汲取了阿拉伯的医学专长。拜占庭的医生们有专业分工，如眼科医生、妇科医生和牙科医生等。但在这个基督教帝国中，疾病的产生经常被认为有超自然的原因，只有宗教疗法才能治好。结果，病人经常被引到某个圣人那里祈求救治。

手拿十字架和药箱的圣人像

法兰克王国

·像历史学家一样思考·

法兰克人是日耳曼人的一支。公元3世纪以后，他们定居在罗马、高卢东北部。476年，西罗马帝国沦陷后，西欧各民族纷纷举兵加入到争夺权力、抢占土地的行列，法兰克民族是其中最强悍有力的。486年，克洛维建立了法兰克王国。507年，克洛维南征西哥特王国，占领了高卢西南部地区，法兰克王国逐渐强盛起来。但真正使法兰克王国走向辉煌和鼎盛的是加洛林王朝的查理曼大帝。查理曼死后不久，帝国一分为三，奠定了今日法、德、意三国的雏形。

想一想 查理曼帝国三分后形成了哪几个国家的雏形？

宗教壁画

加洛林王朝
庞大帝国的创建

公元732年，加洛林家族的查理·马特率领法兰克人在普瓦蒂埃抗击入侵的穆斯林，由此掌握了政权。751年，查理·马特的儿子丕平执政时，加洛林家族代替墨洛温家族成为法兰克人的统治者，建立了加洛林王朝。768年，丕平的儿子卡洛曼和查理曼共同继承王位。771年，卡洛曼去世，查理曼完全掌握政权。查理曼首先征服了法国的其余各地区，然后征服了现在的德国、意大利和荷兰等地方，最终建立起一个庞大的欧洲帝国。

描绘法兰克武士的微型画

《萨利克法典》

《萨利克法典》是古法兰克萨利克部落的习惯法汇编。法典形成的时间约在公元5世纪末至6世纪初。法典表明当时的法兰克社会已出现阶级分化与等级分化。该法典是研究欧洲中世纪早期历史的珍贵史料。

矮子丕平与教皇国
教权的膨胀

公元747年，"矮子丕平"统治了整个法兰克，但名义上依然是宰相。"矮子丕平"为了篡夺王位，极力寻求教会支持。751年，他遣使问教皇扎迦利谁应做国王。这就开创了教皇废立君主的特权。同年，在苏瓦松举行的法兰克贵族会议上，丕平被推选为法兰克国王。加洛林王朝开始了。

丕平献土

公元753年，伦巴德人入侵罗马地区，丕平应教皇之请于754年和756年两度远征意大利，迫使伦巴德国王爱斯图放弃拉文那总督区至罗马的大片土地。丕平把这块土地赠给教皇，并帮助教皇在意大利中部建立起教皇国。教皇国的统治一直持续到1870年。

查理曼帝国
查理曼大帝的基业

公元768年，丕平死后，法兰克王国由他的两个儿子查理曼和卡洛曼共同继承。771年，卡洛曼去世，查理曼成为王国唯一的统治者。他在位46年间，曾参加53次战役。他东征西讨，统一了整个法兰克王国，把疆域几乎扩大了一倍。在查理曼统治时期，法兰克王国处于极盛时代。因此他在法兰克的历史上被称为"查理曼大帝"。

查理曼

查理曼的扩张
数十载争战的成果

公元774年，查理曼兼并伦巴德王国的领土，接着与阿拉伯人展开战争。查理曼一生最重要的战役是和萨克森人的斗争。他用30多年的时间才使萨克森臣服。785年，领导萨克森人起义的贵族威都金也投降查理曼，并接受洗礼。查理曼的一系列征服战争，形成东自易北河和多瑙河，南至比利牛斯山和意大利，西起大西洋，北至北海的强大帝国。

查理曼的宝剑

圣诞节加冕
查理曼接受教皇加冕

公元800年，法兰克国王查理曼带兵护送教皇利奥三世返回罗马，帮助他巩固了教皇的宝座。作为回报，在这年的圣诞节，利奥三世把皇冠加在查理曼的头上，尊其为"罗马人的皇帝"。

查理曼大帝骑马青铜像

查理曼帝国三分
法、德、意雏形的形成

公元814年，查理曼大帝的儿子"虔诚者路易"（814～840）继位。817年，"虔诚者路易"将国土划分给他的儿子们。829年，"虔诚者路易"推翻817年的划分，又为他后妻所生的小儿子"秃头查理"划出一部分领土，但直至843年才签订《凡尔登条约》。依据条约，帝国一分为三。这就构成了后来法、德、意三国的雏形。

查理曼之子路易

《凡尔登条约》

《凡尔登条约》由查理曼大帝的三个孙子在凡尔登缔结。条约规定：莱茵河以东归"日耳曼人路易"，称东法兰克王国；莱茵河以西，归"秃头查理"，称西法兰克王国；长孙罗退尔获得两国中间的狭长地带，并承袭帝号，但对两个兄弟无约束力。

加洛林时期的法兰克王国

丕平时代
751年～768年

丕平成为法兰克王国的统治者，创立了加洛林王朝。

法兰克工艺品

查理曼帝国时代
768年～814年

这一时期，丕平的儿子查理曼建立了一个庞大的帝国。

查理曼会见利奥三世的情景

金质胸针

帝国三分时代
843年～987年

公元843年，查理曼的孙子们将帝国一分为三。

建于9世纪的"查理塔"

北欧海盗

· 像历史学家一样思考 ·

公元8世纪末,斯堪的纳维亚海盗开始对欧洲各国进行海上贸易与抢劫商船活动。北欧海盗活动分东西两路,西路的丹麦和挪威海盗主要向不列颠诸岛扩张,东路的瑞典海盗主要向今俄罗斯地区发展。在西欧称北欧海盗为诺曼人,而北欧海盗自称维京人,"维京"在北欧语中有旅行和掠夺两重含义。9世纪中期,北欧海盗建造了海盗国的首都——都柏林(今爱尔兰的首都)。10世纪,北欧海盗进入鼎盛时期。11世纪后,北欧海盗渐趋衰落,直至覆灭。

想一想 海盗时代对欧洲列国以后的殖民扩张有何影响?

北欧海盗的头盔

海盗时代的来临
诺曼底大公的诞生

早在公元3世纪和4世纪,中欧的日耳曼部落就常常突破罗马帝国的边疆防御,长驱直入劫掠罗马,抢夺当地人民的财物。在查理曼大帝去世后的岁月里,北欧海盗活动频繁,他们的海盗船队侵袭了欧洲所有的滨海国家。793年6月的一天,北欧海盗在英格兰北海岸的林第斯法恩岛登陆,袭击并掠夺了该地区。这一事件在历史上宣告了海盗时代的来临。

北欧海盗的扩张
海盗势力的蔓延

北欧海盗在军事首领的指挥下,开始对外扩张。公元9世纪,挪威海盗控制了爱尔兰的大部分地区,并建立了都柏林和其他一些城镇。885年,丹麦人入侵塞纳河并围攻巴黎。10世纪初期,北欧海盗罗洛多次侵扰法国沿岸地区,并与法国国王达成协议。法国国王允诺把诺曼底地区奉送给他们。罗洛便定居下来做了"诺曼底大公"。

维京长船

"无骨者"伊瓦尔
狡诈的海盗头领

对于当时的英格兰人来说,"无骨者"伊瓦尔是最令人害怕的海盗。大约在公元865年前后,几个北欧海盗首领组成了一支"庞大的异教徒军队"。"无骨者"伊瓦尔便是首领之一。869年,伊瓦尔的手下抓住了东盎格利亚的国王埃蒙德,并残酷地处死了他。一年后,由于遭到当地人民的强烈抵抗,伊瓦尔返回爱尔兰,把由这一残暴举动引发的反抗行动留给了他人处理。

刻有阿尔弗莱德肖像的钱币

阿尔弗莱德
抵抗海盗的英格兰英雄

从公元851年开始,英格兰就遭到北欧海盗的入侵,2/3的国土沦陷。在这些王国中,只有韦塞克斯王国成功地抵御了外来侵略。英格兰第一位民族英雄由此产生,他就是阿尔弗莱德大帝。871年,阿尔弗莱德第一次对海盗军队作战,并取得了决定性的胜利。不久,阿尔弗莱德统一了英格兰,收复了伦敦。当他于899年去世时,他的后代统治的是一个完整的国家。

北欧海盗时代的车辆

哈拉尔德·哈尔拉迪
北欧海盗的首领之一

哈拉尔德·哈尔拉迪是个好战的冒险家，后来他成了挪威国王。根据历史的记载，当哈拉尔德和他的瓦朗吉亚卫兵在西西里岛作战时，他利用筑巢在城中屋檐下的鸟攻下了一座城池。他命令手下在鸟的身上绑上易燃物并点燃它们。放飞的火鸟引燃了屋顶的杉木材料，火焰迅速蔓延到周围的房屋。城中居民不得不打开城门，哈拉尔德不战而胜。

北欧海盗的覆灭
海盗时代宣告结束

在11世纪初期，丹麦人曾一度统治英格兰。挪威国王哈拉尔德·哈尔拉迪原本希望创造一番可与丹麦人相匹敌的伟大功业，但是他和他的军队并不适应英格兰的作战环境。结果，在斯坦福德桥一战中，哈拉尔德和他成百上千的士兵战死沙场。这一事件标志着在英格兰和整个欧洲大陆，北欧海盗的时代宣告结束。

水战霸主
精于造船航海的北欧海盗

北欧海盗最擅长的是水上功夫。他们善于在深海航行，溯河而上潜入敌境。在海上相遇时，北欧海盗会将船系在一起，依次上场单独决斗。北欧海盗的造船技术发展到了较高的水平。北欧海盗的船形体修长，人称维京长船，长度为10～30米，其平均排水量有50吨。高高的曲线型船头及吃水较深的船体使其具有良好的船舶操纵性。北欧海盗的龙头船不必掉头就能倒退航行：船首和船尾形状完全一样，只要朝反方向划桨就可以了。

北欧海盗皈依基督教
有所保留的信仰

北欧海盗时期的银质臂环

北欧海盗在接受基督教的过程中，即使他们已经正式接受了新的信仰，也还保留了一些古老的北欧宗教信仰的成分，并将之融入关于宗教的想像与知识中。基督教信仰与北欧传统信仰间的冲突起源于海盗时代的初期。尽管北欧海盗袭击修道院，但其中的一些还是因为对基督教的好奇而接受了它。不过，很少人会放弃对奥丁神、索尔神或其他北欧神的尊崇，而只信奉独一无二的上帝。

北欧口头文学
说唱口传的艺术

在11世纪之前，除了刻在石头上的古代北欧文字，几乎没有任何北欧海盗的文字记载。他们的文学、诗歌和故事都是口头流传下来的。13世纪，冰岛的僧侣将北欧的文学写在牛皮纸上，使它得以流传至今，不被遗忘。这种口头文学传统成为艺术。即使在偏远的村庄，人们也积极参与诗歌的创作。他们毫不厌倦地把上百段诗念给年轻的一代听，而这些听众又会继续口传下去。最擅长说唱口传文学的人以此为业，成了国王和富人的吟唱诗人。

刻有北欧文字的石头

北欧海盗大事年表

793	海盗时代来临了。
9世纪	北欧海盗修建了都柏林。
860	北欧海盗开始在波罗的海沿海地区定居；北欧海盗占据了罗斯的诺夫哥罗德。
874	首批北欧海盗到达冰岛，并定居下来。
10世纪	北欧商人到达君士坦丁堡，称其为米克拉古德。
11世纪	圣王奥夫统治末期，基督教成为挪威的国教。
12世纪	瑞典人是最后一个放弃原来的宗教信仰而皈依基督教的北欧民族。

十字军东征

• 像历史学家一样思考 •

巴勒斯坦是基督徒和穆斯林的圣地。几百年以来，两教的信徒一直去那里朝圣。11世纪初，塞尔柱突厥人占领耶路撒冷后禁止基督徒前往朝圣。1095年，教皇乌尔班二世呼吁基督教信徒起来解救穆斯林统治下的巴勒斯坦。响应号召的出征者很多，他们的衣服上都缝有一个"十"字，所以称为"十字军"。十字军先后进行了11次东征，持续了近200年。

想一想 十字军东征的本质是什么？它说明什么问题？

十字军的剑和徽章

十字军东征的起因
宗教矛盾的激化

一直以来，耶路撒冷既是犹太教、伊斯兰教的圣城，也是基督教的圣地。但当耶路撒冷控制在穆斯林突厥人的手中后，基督徒朝圣者被禁止进城朝拜。这一举动激怒了基督徒和东正教教徒。十字军东征由此开始。十字军东征名义上是为了宗教信仰而战，实际上是西欧天主教会、封建主和大商人打着夺回圣地的旗号对近东地区进行的侵略性宗教战争。教皇希望通过战争以武力传播天主教，而统治阶级则希望扩大势力，掠夺财富，缓和国内的阶级矛盾。

克勒芒城的宗教会议
教皇的东征号召

1095年，教皇乌尔班二世前往法国，同年11月在克勒芒城召开宗教会议。与会者主要是法国的大主教、主教和修道院院长，共600余人。会上拜占庭皇帝阿历克修斯一世的使者请求帮助抵御突厥人的进攻。11月26日，乌尔班二世在城外露天场所向与会者和来自法国各地的骑士、市民和农民发表著名演说，发出组织十字军远征东方的号召。

十字军的弩箭

东征的动力
利益驱使下的战争

十字军东征之所以能顺利进行，经济和政治因素起了很大作用。没有土地的贫民希望通过战争获得财富，而那些非长子的贵族则希望靠战功来获取领地。

耗资巨大的军事行动

参加十字军是一项耗费巨大的行为。很多骑士为参加十字军而寻找赞助人，其他人则需出卖或抵押土地，这种做法其实已将自己和家庭的未来置于危险之中。有的公爵为了参加第一次东征将领地都抵押了出去。对国王来说，参加十字军的代价也很高。在东征期间，法王路易承受着维持王室和他的骑士、弓箭手和步兵的财政负担，并且还得提供其他财政支持，以修建和维持十字军在圣地的军事堡垒。有关的记载表明，他在东征中的支出是其王室年收入的12倍。

十字军士兵

十字军比武

十字军第一次东征
多个军事王国的建立

1096年春，法、德的大批贫苦农民率先行动，在修士彼得和骑士华尔特带领下向东方进军，史称"穷人十字军"。十字军的主体——由诺曼底、洛林及法、意等国封建主组成的十字军骑士分四路进军东方，1097年在君士坦丁堡会师。1099年春，十字军骑士攻陷耶路撒冷，并在地中海东岸地区建立了耶路撒冷王国、安条克公国、特里波利伯国、爱德萨伯国四个军事封建国家。第一次十字军东侵至此结束。

十字军攻占安条克
侥幸的胜利

安条克是十字军在东方的重要据点。1097年，由德国人、佛莱芒人等组成的十字军向安条克进发。当他们抵达安条克时，已精疲力竭，且军需物资也消耗殆尽。在饥饿和寒冷的威胁下，十字军士气低落。这支队伍本来不可能攻下安条克，但由于守卫安条克的土耳其军出了内奸，使十字军得以顺利进城，攻占了安条克，并建立了安条克公国。

十字军的暴行
血洗圣城

1099年春，十字军占领耶路撒冷后，到宫殿、寺院和民居等处搜掠金银财宝。他们订下这样一条规矩：谁先闯进某家宅院，谁就是这座宅院的主人。继而他们又进行了屠城。屠城之后，他们用带血的剑把伊斯兰教徒的尸体剖开，取出被杀者在生前吞下去的金币。十字军们还把尸体堆积起来，然后烧成灰烬，从骨灰中把金币、黄金找出来。这种行为持续了许多天。

僧侣骑士团
献身上帝的骑士团

十字军控制耶路撒冷后，为了保卫圣地，教会从十字军中选拔优秀者组成几个僧侣骑士团，其中最出色的是医院骑士团和圣殿骑士团。医院骑士团又叫圣约翰骑士团，他们在耶路撒冷开办医院，收容患病的朝圣者。圣殿骑士团大本营设在耶路撒冷的古犹太神庙。像僧侣们一样，各骑士团一同吃饭，并参加各种宗教仪式。圣殿骑士团和医院骑士团听从各自大头领的指挥，积极投入献身上帝的神圣事业。

僧侣骑士团的骑士

圣殿骑士

西欧圣殿骑士团

1119年，帕扬等几位法兰西骑士组成了圣殿骑士团。耶路撒冷国王鲍德温二世把犹太教圣殿内的一部分王宫院落划与他们作为驻地。1128年，骑士团获教皇批准。骑士团成员遵循《本尼迪克会规》，身着白袍，佩戴红十字。不久，该团迅速发展成为强大的军事力量，后因其在法国支持教皇和法王的冲突，被法王腓力四世指控为异端。骑士团大部分成员被逮捕，财产被没收。1312年，教皇克力莱门五世应腓力四世之请，解散了圣殿骑士团。

即将出征的骑士跪在僧侣面前接过神圣的十字架。

萨拉丁
杰出的阿拉伯首领

1171年，出身于阿拉伯叙利亚库尔德族的军事将领萨拉丁（1139～1193）在近卫军的支持下推翻法蒂玛王朝的哈里发阿迪德，自立为苏丹，建立了阿尤布王朝。萨拉丁有杰出的军事和政治才能。他在位时期，领导埃及穆斯林对进入西亚地区的十字军和十字军国家进行了长期战争，取得了辉煌的胜利。

萨拉丁像

众王东征
十字军再次受挫

1187年，穆斯林在萨拉丁的领导下重新占领了耶路撒冷。圣城陷落的消息震动了欧洲。新任教皇格利高里八世呼吁采取行动。德意志皇帝腓特烈一世、英格兰国王"狮心王"理查、法兰西国王腓力一世决定发动第三次十字军东征。1189年，德皇腓特烈一世首先率军出征。英王理查和法王腓力一世于次年出征。但由于腓特烈一世在征战途中意外身亡，而英法两个国王因领地争执不和，未能夺取耶路撒冷，东征再次失败。

狮心王理查
战争狂人

参与第三次十字军东征的理查一世是英国金雀花王朝的第二代国王。他是一个战争狂人，被英国人称为"狮心王"。在位的10年间，他倾力于十字军东征和欧洲大陆的军事冲突。10年间，他在自己的王国只呆过两次，加在一起仅半年左右的时间。1199年，理查一世在他发动的英法战争中受伤而死。

战败的"狮心王"理查

腓特烈一世
残忍好战的"巴巴罗萨"

参与第三次十字军东征的德意志皇帝腓特烈一世也是一个战争狂。据说他身材高大，容貌奇伟，长着一脸红色的胡须，人们称他为"巴巴罗萨"。他于1152年继承王位，此后征战一生。据说他曾命令士兵砍下俘虏的头颅当球玩耍，以培养他们残忍好斗的野蛮精神。

君士坦丁堡之灾
东征真面目的暴露

1202年，罗马教皇英诺森三世再次组建十字军。东征的原定目标是埃及，但在威尼斯商人的利益诱惑下，十字军把矛头指向了与自己有共同信仰的拜占庭。1204年4月，十字军攻陷了君士坦丁堡，对这座历史名城进行了洗劫，无数文化珍品化为乌有，造成了欧洲文化的一次大浩劫。

儿童十字军

最后几次东征
消灭异己的战争

1213年，教皇组织第五次东征，以保护十字军在圣地耶路撒冷建立的政权。随后的近200年里，欧洲各国又陆续进行了许多小规模的十字军远征或"圣战"，许多圣战是为了攻击对基督教有潜在危险的国家或地区。

抗击图

儿童十字军

在十字军东征的低潮中，出现了所谓的"儿童十字军"。在罗马教皇和封建主的哄骗、煽动下，大约有五六万儿童参加了十字军。但实际上，这些儿童大多被当作奴隶卖到了东方。儿童十字军的骗局更说明了教会和封建领主号召的东征的非正义性。

返乡十字军的遭遇
东征的代价

当十字军战士返回家乡后，许多人发现他们的家园和牲畜都被贪婪的亲戚和邻居抢夺了。幸存回乡的战士除了十字架外没有更多东西拿给他们受苦受难的亲人。当整个十字军东征失败后，所有人都承受罪过，因为人们相信是由于自己的罪恶使上帝在这场冒险中未赐福于他们。

东征之果
两种文化的交融

东征使阿拉伯国家和欧洲基督教国家之间的关系一度紧张。但十字军定居下来之后，他们逐渐学会尊重他们的穆斯林邻居，学会与他们友好相处，并开始学习阿拉伯人的知识。其实，在此之前，穆斯林入侵西班牙、西西里时，两派教徒便有了接触，穆斯林文化从那时开始影响基督教文化。东征期间及东征之后，穆斯林物品如丝绸、衣服、食品和新型饰品等源源不断地涌入欧洲，甚至欧洲语言也因此得到丰富，新词迭出。

十字军运动与教皇制
教皇制的兴与衰

十字军运动的兴衰与中世纪盛期教皇统治制度的命运密切相关。第一次十字军东征是由教皇发起的。它的成功是教皇统治制度在早期的一次胜利。但是后来十字军运动的衰落却是侵蚀教皇世俗权力的一个促进因素。从某种意义上说，十字军开创了西方殖民主义历史的第一篇章。

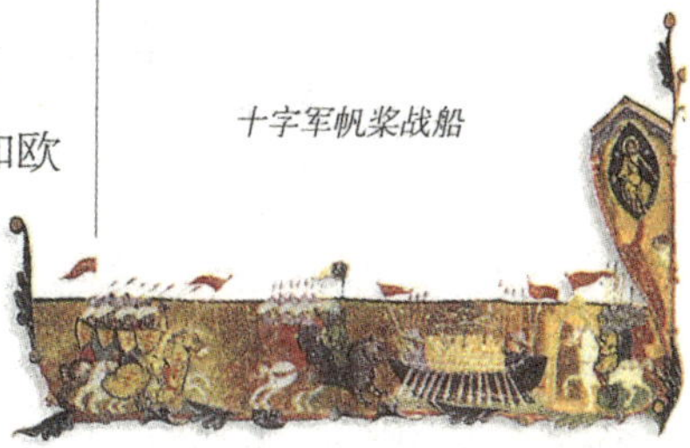

十字军帆桨战船

大石弩与航海新技术

十字军返回欧洲后，带回许多东征期间学来的新技术，大石弩就是其中一种。大石弩是阿拉伯人发明的一种进攻武器，可以射出石头等物。大石弩在公元8世纪出现在阿拉伯，直到12世纪由十字军传入欧洲，欧洲人才开始使用。穆斯林人钻研星象、通晓天文，他们用星盘来测定轮船在海上的位置。十字军学会了星盘技术，并将之运用于航海。

十字军东征大事年表

1095	十字军第一次东征，攻取了巴勒斯坦和叙利亚。
1187	萨拉丁夺回耶路撒冷。
1189	十字军第三次东征。
1202	第四次东征开始。在这次东征中，十字军攻占并洗劫了君士坦丁堡。
1221	十字军第五次东征，攻打埃及苏丹。
1228	第六次十字军东征，以穆斯林交出耶路撒冷而告终。
1244	穆斯林夺回耶路撒冷。
1248	法国国王路易九世亲率第七次十字军东征。
1270	法国国王路易九世亲率第八次十字军东征，在突尼斯感染瘟疫而死。大批士兵也死于此次瘟疫。
1291	十字军退出在东方的最后一个据点——安条克王国。

十字军战士

百年战争

• 像历史学家一样思考 •

法国封建主诺曼底公爵威廉于1066年率军渡海征服英国，当上英国国王，建立了诺曼底王朝；但他仍以法王附庸的身份在法国享有封建领地。1328年，法国加佩王朝最后一个国王查理四世死后无嗣，当时的英王爱德华三世想以外甥身份继承法国王位，遭到法国贵族反对。他们选举查理四世的侄子腓力继承王位，称为腓力六世。这就种下了战争的种子。不久，两国又开始争夺法国北部富庶的纺织业地区佛兰德尔，终于引发了长达100多年的"百年战争"。

14世纪时英国人制作的黄金领圈

想一想 百年战争对英法的历史进程有何影响？

英法战争中激烈的战斗场面

英法百年战争爆发
争夺王位的斗争

1328年，没有子嗣的法国国王查理四世去世。瓦洛亚家族的腓力登上王位，是为腓力六世。英王爱德华三世是查理四世的妹妹所生，所以要求以外甥身份继承王位，被法国贵族拒绝。1337年，英王爱德华三世自称法兰西国王，战争由此正式爆发，到1453年结束，史称"百年战争"。

克雷西战役
新型武装的胜利

1346年7月，爱德华三世由诺曼底登陆，引军北上。法王腓力六世也率大军赶到法国北部。同年8月，两军在克雷西附近交战。战斗一开始，骑马披甲的法国骑士就被英军密集的弓箭打乱了阵脚。法军遭到惨败。英军乘胜北上，于次年攻陷加莱。这是西欧历史上一次著名的战役，是一场以新型武装战胜沿袭几百年的传统封建骑士武装的战役。

克雷西战役

扎克雷起义
战争催生的民众反抗

百年战争期间，沉重的租税、巨额的军费以及被俘国王和贵族的赎金，几乎全部压在法国人民身上。战争使农民陷入贫困破产的深渊。人民忍无可忍，终于1358年5月爆发了扎克雷起义。"扎克雷"意为"乡下佬"，是贵族对农民的蔑称。起义农民高呼"杀死全国贵族，直到最后一个！"的口号，在领袖卡尔的领导下，四处袭击贵族。起义浪潮席卷法国北部。后来，封建主以和谈为名诱捕了卡尔，并对起义军发动突然进攻，起义者惨遭屠杀，卡尔被折磨致死。

少年国王与和约
20年的和平

14世纪70年代末80年代初，英法两国的王位传到了两位少年的手中，分别是法国的查理六世和英国的理查二世。1396年，理查二世迎娶查理六世的女儿——伊莎贝拉公主，两国缔结了休战协定。这个协定给两国带来了20年的和平。

瓦特泰勒起义
被镇压的反抗

百年战争也给英国人民带了沉重的苛捐杂税，阶级关系日趋紧张，1381年5月，英国东南部两个郡的农民首举义旗杀死税吏，起义很快发展到英国的大部分地区。起义军在泥瓦匠瓦特·泰勒的率领下，占领伦敦，杀死了反动大臣和法官。国王理查二世也被困在伦敦塔里。在与国王进行谈判时，瓦特被伦敦市长刺杀，农民受骗还乡，随即遭到骑士追杀，这是中世纪英国历史上最大的一次农民起义，影响深远。

理查二世

圣女贞德
奥尔良女儿

1428年10月，英军重兵围攻法国中部城市奥尔良。奥尔良是卢瓦河上的要冲，一旦失守，南部法国就会尽为英王所有。1429年初，当奥尔良城危在旦夕之时，法国农村姑娘贞德觐见国王，获准率领军队解救奥尔良。5月间，年少的贞德带动了广大的爱国人士，英勇奋战，终解奥尔良城之围。贞德威名远扬，被人们尊称为"奥尔良女儿"、"奥尔良英雄"。

辛勤劳作的英国农民

贞德之死

1430年5月，贞德在康边战役中被法国投降派勃艮第党人所俘，并以万金之价卖给了英国人。1431年5月24日，贞德以女巫罪名被押赴法国卢昂广场执行火刑，年仅20岁。1920年，天主教会取消了异端宣判，追谥贞德为圣女。

在查理七世加冕典礼上的贞德

百年战争的结束
英国的溃败

贞德的英雄精神鼓舞了法国人民的抗英斗志。法国军民连续打击英军，不断收复失地。1435年9月，勃艮第派臣服法王查理七世，法国反英力量加强。此后8年，法军光复北方大部领土。1444年，双方在图尔签订为期5年的停战协定。1449～1450年，法军收复诺曼底。1453年10月，法军收复波尔多，百年战争结束。英国在法国的领地只剩加莱港一地。百年战争使法国经济衰落，但促进了法兰西民族意识的觉醒，为此后民族国家的建立创造了条件。

贞德就义图

百年战争大事年表

1340	这期间发生四次战役，分别是斯卢斯海战、克雷西战役、加莱战役和普瓦蒂埃战役，英国全部取得胜利。
1372	英法进行了拉罗歇尔海战，法国取得了胜利。
1415	英法进行了阿金库尔战役，英国取得胜利。
1428	从这一年开始，先后发生了奥尔良战役、福尔米尼战役、波尔多战役。法国取得胜利。

黑死病与欧洲

·像历史学家一样思考·

自1300年前后到15世纪中后期,欧洲各地灾难频繁发生。首先是大饥荒,饥荒之后,出现了最为可怕的自然灾难,即一场被叫做"黑死病"的大瘟疫。1350年夏天,黑死病传播到欧洲大部分地区,到14世纪末,欧洲三分之一以上的人都被黑死病夺去了生命。

黑死病人唯一的墓碑——十字架

想一想 黑死病给当代社会的启示是什么?

黑死病泛滥
死神笼罩下的欧洲

黑死病是流行性淋巴腺鼠疫。它以老鼠和跳蚤为传播媒介,传播速度极快,死亡率较高。因患者有淋巴腺脓肿及皮肤出现黑斑症状,故名黑死病。1348~1390年,黑死病在欧洲各地泛滥。此病于1347年由亚洲经地中海各港口传到西西里岛,进而传遍整个欧洲。黑死病的泛滥给欧洲带来了一系列社会问题:城乡劳动力锐减、物价上涨、剥削加重、社会动荡等,对欧洲社会产生了重大影响。

黑死病入侵意大利

1347年10月,一队商船停靠在西西里岛的一个港口,船上的鼠类将黑死病带给了这里的人民。几周内,瘟疫传遍西西里岛各处。3个月后,意大利本土也遭受传染。这场瘟疫被称为无形杀手,许多人入睡时还很健康,次日清晨就已染病死去了。感染疫病者浑身发冷,腋下和腹股部位出现肿块,最后抽搐而死。意大利作家乔万尼·薄伽丘在描绘黑死病的肆虐时写到"兄弟失去兄弟,妻子失去丈夫,而且……父母失去自己的孩子。"

黑死病使死亡降临到每个人头上。

黑死病的传播路线
横贯亚欧大陆

黑死病这场灾难始于东南亚地区,穿过中亚,沿着"丝绸之路",被军队和商船带到了巴格达和克里木半岛。1347年,黑死病经海路传到意大利热那亚,然后向西和向北蔓延。1348年,传到巴黎和伦敦。1349年,又传到斯堪的纳维亚半岛和俄罗斯北部。人们没有任何防护措施,无论富人还是穷人都不能幸免于难。

护身符

中世纪的医生

黑死病对人口的影响
人口数量的急剧下降

黑死病造成了人口的大量削减。1335年,图卢兹城共有人口3万人左右,到1380年锐减到了2.6万人,1430年仅剩下8000人。东诺曼底的人口在1347~1357年间减少了30%,到1380年又递减了30%。在皮斯托亚城郊的农村里,1340~1404年间人口减少了60%。总的来说,西欧人口总数在1300~1450年间减少了至少一半。

黑死病的传播过程

1344	东南亚地区爆发黑死病。
1347	黑死病传播到意大利的热那亚，并蔓延到欧洲各地。
1353	黑死病疫情慢慢减弱，欧洲近2000万人死于这次瘟疫。
1400	黑死病从这一年起渐渐消失。

中世纪农庄的日常生活

黑死病对经济的影响
经济危机的加深

许多人虽然没有死于黑死病，但他们的生活却更为艰难困苦。被黑死病吓坏了的人们都希望避开传染源。许多人抛弃了手中的活计，寻找与世隔绝的地方。城镇居民逃到了乡村，乡村居民也在四处躲藏。由于大批人丧生或逃离工作岗位，成熟的作物无人收割，制造业陷入停顿状况，运输系统瘫痪。社会基本商品日渐减少，价格飞涨。由于这些原因，欧洲经济危机的程度大大加深了。

黑死病的长期影响
病后世界的新变化

黑死病传布很广，动摇了许多人对上帝的信仰。因为好人和坏人一样死去，上帝显得毫无道理。土地荒芜，教堂无人。在受到黑死病的袭击之前，欧洲一直是劳动力过剩，工资很低，但现在劳动力短缺，导致工资上涨。很多农村人口开始为赚取工资而干活。已经走向衰落的封建制度土崩瓦解。因为到处爆发农民起义，欧洲和穆斯林世界处于震荡之中。随后的100年里，世界发生了许多变化。当疫病流行的中世纪成为历史时，人们迎来一个富有探究精神的全新时代。

农业专门化

黑死病过后，欧洲人大大减少。随着生产逐渐恢复正常，主要食品价格开始下跌。由于谷物价格较低，人们可以把更多的收入用在购买较奢侈的物品上，如乳品、酒类、肉类。这一趋势促进了农业专门化的产生。英格兰部分地区转而饲养绵羊和酿制啤酒；法国部分地区集中生产葡萄酒，瑞典则用牛油换取德意志价格低廉的谷物。

中世纪的意大利市场

城镇重要性的增强

黑死病在经济方面产生的另一个影响是城镇的重要性相对增大了。与地主相比，城镇的制造商能够更为灵活地适应急剧变化的经济环境。他们以较快的速度恢复元气，用高工资吸引农村的劳动力。这样，农村人口逐渐向城镇转移，城镇变得日益重要起来。

黑死病笼罩下的城镇

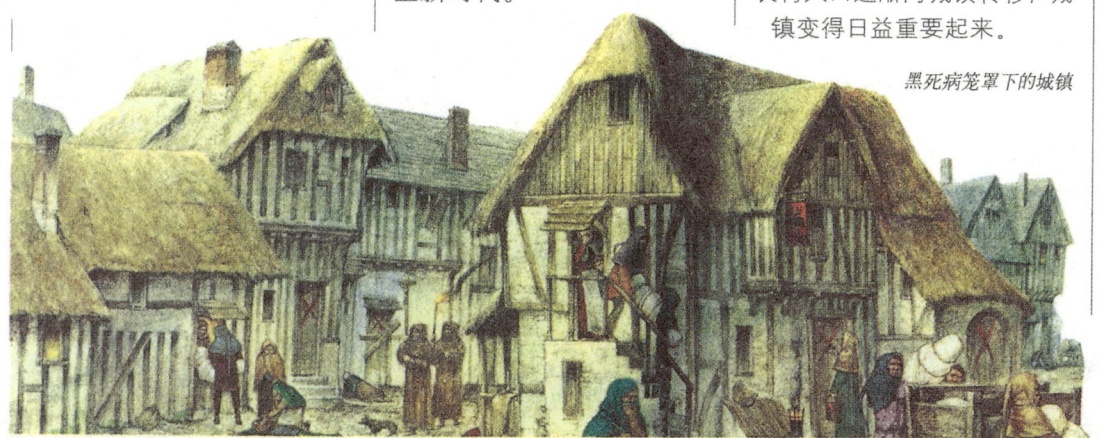

阿拉伯帝国

像历史学家一样思考

在7世纪30年代，阿拉伯半岛建立了一个统一的阿拉伯国家。到7世纪末，这个国家先后占领巴勒斯坦、埃及、利比亚和伊朗，奠定了阿拉伯帝国的基础。至8世纪中叶，终于形成地跨欧、亚、非三洲的阿拉伯帝国。

想一想 阿拉伯统一帝国是怎样产生的？

伊斯兰文字题词

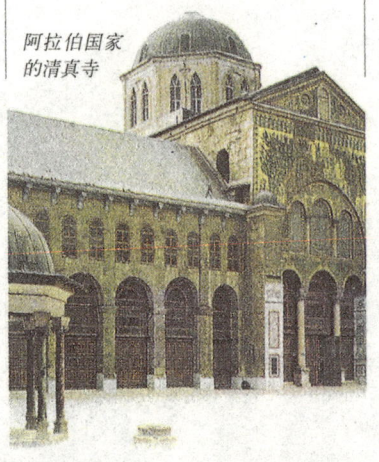

大马士革的古老城墙

倭马亚王朝
大食帝国的建立

摩阿维亚即位为哈里发之后，把首都从麦地那迁到大马士革，将选举制度改为世袭，自此开始了倭马亚王朝的统治。倭马亚王朝不断向外扩张，到8世纪时，已建立起一个西起大西洋，东到印度河，横跨亚非欧三大洲的封建帝国。中国史书称之为大食帝国。

古代阿拉伯人的置书匣

贝督因人
沙漠之子

阿拉伯半岛大部分地区是沙漠和草原，居民是逐水草而居的贝督因人，意为"沙漠之子"。半岛南部自古就是东西方商路的枢纽。在商路旁边兴起了麦加和雅特里布等一些城市。公元6世纪，拜占庭和波斯为争夺阿拉伯商路，刀兵相见。战争使许多贝督因人因负债而沦为债奴，贫民和贵族之间的矛盾日益尖锐。阿拉伯贵族迫切需要一个强大的政权稳固局势，贝督因人也非常渴望建立统一的国家。

阿拉伯帝国的建立
政教一体的帝国

阿拉伯帝国的创立者穆罕默德于公元622年以麦地那为首都，建立起了统一的阿拉伯国家。到632年穆罕默德逝世时，阿拉伯半岛已经基本统一。在以后的几任哈里发（阿拉伯帝国统治者的称号）统治时期，阿拉伯发动了大规模的对外战争，很快发展为一个强大的封建军事帝国。

阿拉伯国家的清真寺

黑衣大食
阿拔斯王朝的统治

倭马亚王朝后期，统治日趋腐败。公元747年，阿拔斯派的宣教士阿布·穆苏里姆在呼罗珊发动起义，经过三年苦战，推翻了倭马亚王朝。阿拔斯派首领在库法宣布为哈里发，建立阿拔斯王朝。中国史书称它为"东大食"或"黑衣大食"。第二任哈里发统治时迁都巴格达。8世纪中叶到9世纪中叶是阿拔斯王朝最繁荣的时期。都城巴格达不仅是政治、宗教、工商业中心，也是当时国际贸易的中心之一。

白衣大食
后倭马亚王朝

阿拔斯王朝建立后，对倭马亚家族大肆捕杀，仅有阿卜杜·拉赫曼侥幸脱险。他经北非逃到西班牙，于公元756年宣布独立，建立了后倭马亚王朝，建都科尔多瓦。中国史书上称为"西大食"或"白衣大食"。10世纪时，科尔多瓦已有居民约50万。1492年，西班牙收复失地运动取得成功。阿拉伯人被赶出西班牙。

阿拔斯宫殿的壁画

智慧馆和翻译运动
阿拉伯文化的奠基运动

公元830年，哈里发为了组织全国的翻译和科学研究活动，下令在巴格达建立智慧馆，广泛收集世界各地的图书，供学者研究和翻译，并附设天文台。智慧馆中的几十名学识渊博的语言学家翻译出希腊语、波斯语、梵语等著作达数百部。翻译运动保存了古代文明的丰富遗产，并为阿拉伯文化的发展和繁荣奠定了坚实的基础。

《天方夜谭》

《天方夜谭》又名《一千零一夜》是公元8世纪开始流传于阿拉伯帝国境内的民间故事集。全书包括134个故事。它们主要来源于古波斯、伊拉克和埃及。故事描绘了中古时期阿拉伯世界的社会状况、风俗人情和宗教信仰等，因此享有"阿拉伯古代社会生活百科全书"的美誉。

绿衣大食
法提玛王朝的兴起

10世纪初，穆罕默德之女法提玛的后裔攻陷了北非突尼斯城，建立起萨拉森王国，史称法提玛王朝。此时，阿拉伯帝国在事实上已分裂为三个部分。这个王朝衣色尚绿，中国历史上称之为"绿衣大食"。10世纪末，王朝统治阶层辗转至埃及建立法提玛王国，定都开罗，亦称南大食。法提玛一度成为西亚北非的一大强国。

正在进行研究的阿拉伯学者

阿拉伯帝国各时期

四大哈里发时期
632年~661年

最初的四大哈里发是由穆斯林公社选举产生的。

哈里发时期的丝织物

倭马亚王朝时期
661年~750年

到8世纪中叶即倭马亚王朝后期，阿拉伯帝国已成为地跨亚、非、欧三大洲的庞大封建军事帝国。

阿拉伯人的星相书

阿拔斯王朝时期
750年~1258年

阿拔斯王朝建立后的最初近百年，是阿拉伯帝国的极盛时代。

阿拔斯人狩猎石雕

法提玛王朝
909年~1171年

法提玛王国在11世纪时成为西亚北非的强国之一。

法提玛时期的象牙盒

强盛的中国

像历史学家一样思考

隋朝结束了200余年的混战,重新统一了中国,社会经济渐趋恢复。但隋炀帝的残暴统治最终激起人民的反抗。公元618年,李渊建立唐朝。唐朝是中国封建社会的鼎盛时期,政权巩固,经济文化繁荣。在唐太宗李世民和唐玄宗李隆基执政期间,出现了"贞观之治"和"开元盛世"的局面。"安史之乱"后,唐朝由盛而衰。960年,宋太祖赵匡胤发动"陈桥兵变",建立了宋朝。宋朝分为北宋和南宋两个时期,与两宋并立的还有辽、夏、金等少数民族政权。南宋灭亡后,蒙古族建立了元朝,其疆土范围空前广大,超越以往任何朝代。

想一想 强盛的唐朝为什么爆发安史之乱?

唐代首饰

隋朝
南北分裂局面的结束

公元581年,北周贵族杨坚夺取政权,建立隋朝。589年,隋灭陈,统一全国,结束了中国270余年的南北分裂局面。隋朝建立后,在中央实行三省六部制,在地方实行州、县两级制,地方官吏由中央任免,并开始施行科举制。隋朝时减轻赋役,发展生产,使农业、手工业和商业都获得了较为迅速的发展。但是,后期统治集团日益腐化,尤其是隋炀帝统治时期,大兴土木,穷兵黩武。最终,隋政权被起义军推翻。

唐代镶金牛首玛瑙杯

唐朝
中国封建盛世的来临

公元618年,起兵反隋的李渊逼隋恭帝退位而自称皇帝。李唐政权建立。此后,又经过长达10年的战争,唐王朝逐步削除了各方割据势力,使中国历史进入又一个统一强盛的时期。唐朝是中国历史上影响最大、国力最强、历时最长的王朝之一。它的疆域在极盛时东北到达日本海,西北到达里海,北界包括贝加尔湖和叶尼塞河上游,南至今越南。唐朝的东、西两京是长安和洛阳。西京长安兴盛繁华,是当时中国的政治、经济、文化中心,也是中世纪时期世界上最大的城市。东京洛阳则为交通枢纽,是漕运粮食、物资至西京的必经之路。

唐太宗
功勋卓著的大唐皇帝

唐太宗名为李世民,是李渊的第二个儿子。他曾劝父亲起兵反抗隋朝暴政,并在以后的征战中立有许多战功。李渊称帝后,李世民担任尚书令,获"秦王"封号。武德九年(626),他发动玄武门之变,迫使李渊立其为太子,继承帝位,史称唐太宗。在他统治期间出现了"贞观之治"的清明盛世。

唐太宗李世民

贞观之治
盛唐基业的奠定

公元627~649年,唐太宗在位期间,社会稳定,生产迅速发展。因太宗年号"贞观",所以历史学家把这一时期称为"贞观之治"。唐太宗实行了一系列的开明政策和措施,政绩卓著。他善于纳谏,并拜敢于直言进谏的魏征为宰相。他采取了有利于经济发展的"休养生息"政策,使经济得到较快的恢复和发展。唐太宗还十分注重与各民族的关系,促进了民族之间的经济文化交流。

中世纪时期 | 73

繁华的长安西市

女皇武则天
中国唯一的女皇

武则天是唐高宗皇后，经常参预朝政，逐渐掌握大权。公元690年，她自封为女皇，并改国号为周，历史上称为"武周"。武则天开创殿试制度，提拔大量普通地主做官，打击了门阀贵族。她还重设安西等四个藩镇，有效地保卫了边防，对唐代政治、经济、文化的发展做出了贡献。

开元盛世
盛唐的颠峰时期

公元712年，李隆基即位，史称唐玄宗。他先后任用姚崇、张九龄等人为相，进行政治改革，精简朝廷机构，限制寺院经济的扩张，兴修水利，发展农业生产。这些措施使社会经济迅速发展。在唐玄宗统治前期，唐朝进入全盛时期。因为唐玄宗统治前期年号为开元，所以这一时期被称为"开元盛世"。

唐代鎏金捧真身菩萨

安史之乱
唐由盛而衰的转折点

唐玄宗统治后期，朝政混乱，政治极度腐败。地方节度使总揽军、政、财大权，逐渐形成地方割据势力。公元755年，三镇节度使安禄山与部将史思明起兵反唐，攻占了洛阳和长安。唐朝大将郭子仪、李光弼等人奋起平叛，收复两京。后来叛军发生内讧，安禄山、史思明相继被杀。在唐军的反攻下，叛军兵败，安史之乱始告平息。安史之乱后，唐朝由盛世走向了衰落。

唐朝灭亡
朱全忠代唐称帝

经唐末黄巢起义的打击，唐王朝已名存实亡。公元904年，唐将朱全忠杀死宰相崔胤，逼唐昭宗迁都洛阳，同年8月立李祝为傀儡皇帝。907年，朱全忠自立为皇帝，国号梁，历史上称为后梁。历时290年的唐朝灭亡了。

隋朝至元朝时期

隋朝
581年~618年

隋朝初期经济、农业皆有一定发展，国内外贸易往来频繁。

隋代绿玻璃瓶

唐朝
618年~907年

刻花玉杯

唐朝是中国封建社会的鼎盛时期。

北宋
960年~1127年

北宋时期，经济繁荣，文化兴盛。

北宋文人苏轼的隐逸生活

南宋
1127年~1279年

南宋时期，少数民族政权勃兴。南宋一度与金、西夏对峙。

南宋女词人李清照

元朝
1206年~1368年

元朝疆域空前扩大，经济和对外交往达到了空前繁荣。

元世祖忽必烈

五代十国
唐宋之间的混乱割据时期

公元907年，唐朝灭亡以后，中国社会陷入了一个纷乱割据的时期。在北方，有后梁、后唐、后晋、后汉、后周五代更替；在南方，则有前蜀、后蜀、吴、南唐、吴越等十国割据，故统称为五代十国。五代十国是一个大混乱大破坏时期，但这一时期又是走向统一安定的时期，后周柴荣的十年统一战争为北宋统一北方奠定了基础。

五代时的彩绘文官陶俑

辽代
契丹族建立的王朝

公元907年，契丹族领袖耶律阿保机在统一契丹各部后称帝，国号契丹，建都皇都（今内蒙古巴林左旗南波罗城）。947年，改国号为辽，改皇都为上京。辽与北宋对峙，是统治中国北部的一个王朝。1125年，辽为金所灭。辽共历九帝，统治时间达210年。

契丹牵马图

北宋
高度集权化的封建社会时期

北宋王朝是中国结束了五代十国分裂局面后，建立的相对统一的王朝，由宋太祖赵匡胤于公元960年发动陈桥兵变后建国。北宋采用王安石的变法思想，加强了中央集权。这一时期，社会经济、农业都有很大发展。然而，由于加强中央集权的种种措施矫枉过正，使统治阶级的内部矛盾无法调和。1127年，金人南侵，北宋灭亡。

西夏
西北党项族建立的政权

五代十国时期，中国西北的党项族兴起，并建立了李氏政权。1038年，李元昊称帝，建立大夏国，宋人称为西夏。西夏建都兴庆府（今宁夏银川东南），与宋、辽、金多次发生战争。西夏与宋的经济文化联系极为密切，往来频繁。西夏后期，统治衰弱，最终于1227年被蒙古灭亡。

宋代伎乐俑

女真腰牌

金代
与南宋对峙的少数民族政权

公元1115年，女真族完颜部首领完颜阿骨打称帝，建国号大金，定都会宁（今黑龙江省阿城南）。金统治者广泛采用了辽、宋体制，建立起一整套封建专制主义的中央集权制度，发展迅速。1125年，金灭辽，次年进攻北宋。1127年，金灭北宋。以后，又先后迁都中都（今北京）、开封等地。金与南宋长期对峙。1234年，金在蒙古和南宋的联合进攻下灭亡。

靖康之变
金灭北宋

靖康元年（1126）10月，金兵进攻北宋。太原、真定相继失陷。11月中旬，西、东两路金军分别渡过黄河。钦宗奉上降书，正式向金投降。靖康二年（1127）3月，金人扶植的张邦昌傀儡政权正式成立。4月，金将完颜宗望、完颜宗翰带着被俘并被扣留在金营的宋徽宗、宋钦宗、赵氏皇后、皇孙、后妃、宫女等400余人以及掠夺的大量金银财宝返回金国。史称"靖康之变"。

南宋
偏安一隅的统治

1127年，北宋灭亡一个月后，宋高宗赵构在南京（今河南商丘）即位，重建宋朝。南宋由此开始。南宋自建立伊始就与金对峙。1141年，南宋王朝与金签定了《绍兴和约》，向金称臣，割地纳贡。南宋统治者苟安江南半壁江山，醉生梦死。南宋晚期，政治黑暗，农民起义此起彼伏。1271年，蒙古大汗忽必烈改蒙古国号为大元，发动大规模的对宋战争。1279年，南宋王朝随着幼帝投海自尽而宣告灭亡。

成吉思汗统一蒙古族
蒙古各部的统一

12世纪至13世纪初，蒙古部落在蒙古草原上逐渐强盛起来。蒙古贵族铁木真在长期的作战中壮大了自己的势力。1206年，铁木真结束了蒙古族长期分裂的局面，统一了蒙古各部落，在斡难河源做了蒙古大汗，被尊称为"成吉思汗"。

忽必烈开创元朝
中国再次统一

1260年，忽必烈在开平称帝，四年后迁都大都。1271年，改国号为元。1279年，元灭南宋。至此，元朝统一了原来西夏、金和南宋的辖区以及包括今新疆、云南、西藏等地在内的整个中国。

隋代的战船

隋代的造船技术
高超的战船和"龙舟"制作技术

隋代的造船技术有相当大的发展，当时的战船有五层，前后左右共设6个拍竿，拍竿高大坚固，在进攻中可以拍击敌船。隋炀帝游江都时所乘的船种类很多，其中"龙舟"的制作最为精妙。此船船身分为四层，上层有正殿、内殿和东西朝堂，中间两层共有120个房间，这足见当时造船技术之高超。

元朝战士的头盔

元代铜铳

京杭大运河
纵贯南北的动脉

为加强对河北、江南等地的控制,也为了将财富源源不断运往洛阳和长安,隋炀帝利用天然河流和旧有渠道,开通了京杭大运河。其工程分为永济渠、通济渠、邗沟和江南河四段。隋朝大运河成为沟通南北的交通动脉。

隋唐佛教
佛教宗派的出现

为了达到麻痹人民反抗意志、维护封建统治的目的,隋唐统治者大力提倡佛教。隋唐时期的寺院经济高度发达,甚至影响到封建国家的财政收入。这一时期,中国佛学开始出现了宗派。每个宗派不仅有自己的教义,而且有自己的寺院。隋唐时的主要宗派有天台宗、法相宗、华严宗、禅宗。

《大唐西域记》书影

唐时的雕塑飞天

玄奘西行

公元626年,僧人玄奘受唐太宗之命,从长安启程去天竺(印度的古称)游学。他途经今天的新疆及中亚各国,历尽艰险,最后到达了巴基斯坦和印度。645年,玄奘结束了历时19年的游学,回到长安,带回了梵文佛经657部。他还将各地区的风土、人情、物产、信仰和历史传说等,一一记载下来,撰写成《大唐西域记》十二卷。

唐代的科举制
科举制度的完善

科举制是封建王朝通过科举考试选拔官吏的制度,因分科取士而得名。科举制在隋朝时开始创立,但在唐朝时得以完善。唐朝的科举分常举和制举两种,常举分秀才、明经、进士、明法、明书、明算、道举、童子等科,其中以明经、进士两科最重要。武则天时还增设武举。唐代的科举选官制度有效地排除了门阀地主的残余势力,给一般地主以晋身的机会,有着一定的进步意义。

唐代武官俑

唐代绘画
全面提高的绘画艺术

唐朝是中国古代绘画全面发展的鼎盛时期。造纸等手工业的进步,为绘画提供了更多优良的绘画材料。物理、光学等科学知识水平的提高,有助于构图的平衡性与准确性。当时人物画中表现的人体解剖知识、楼阁画中表现的透视知识、山水画中表现的远近法,都达到相当高的水平。这一时期人物、山水、花鸟画都获得了新成就。

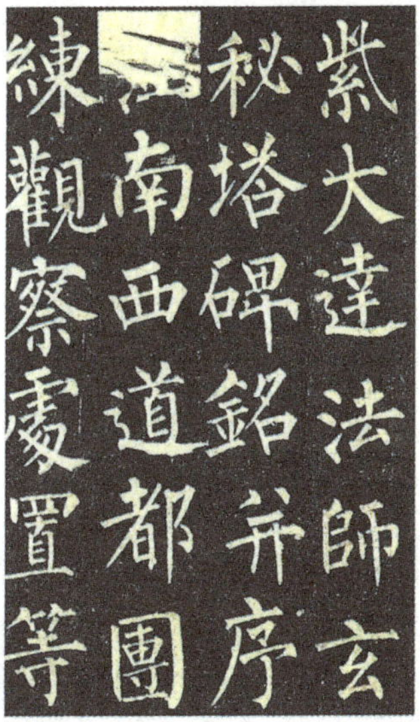

柳公权《玄秘塔碑》

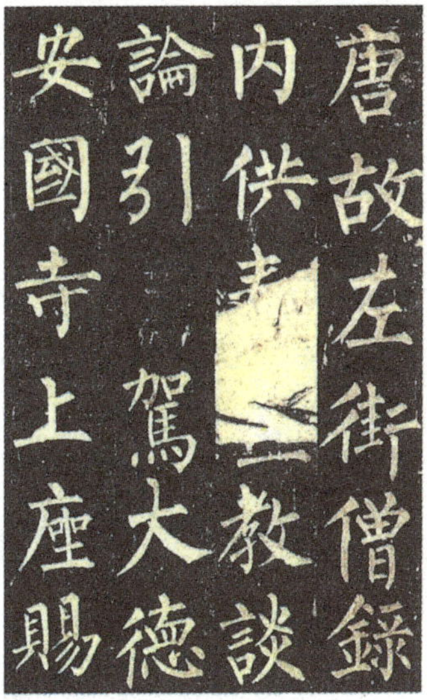

敦煌壁画天龙八部图

唐代书法
在法度中追求创新的书法艺术

初唐书法承袭隋朝书法清劲瘦挺的风格，发展出以褚遂良为代表的秀媚疏朗之气。盛唐时"纳古法于新意之中，生新法于古意之外"，产生了以颜真卿和柳公权为代表的楷书新风范。此时的草书追求浪漫狂放，从而在法度与创新之间，形成了巨大的艺术张力与审美空间。

唐代雕塑
技法高超的石雕和泥塑艺术

唐朝的雕塑艺术以石雕和泥塑最为著名。洛阳龙门石窟的唐代石雕造像造型雄伟，刻画细腻，具有很高的艺术价值。在陵墓石雕中，唐太宗墓前的浮雕石刻昭陵六骏最为著名。它刻画了六匹骏马的不同姿态、性格和神情，生动逼真，是唐代石雕中的珍品。

敦煌莫高窟

莫高窟位于甘肃省敦煌市，又称千佛洞。莫高窟是世界上面积最大、内容最丰富和使用时间最长的佛教艺术宝库之一。唐代是敦煌莫高窟塑像艺术的高峰时期，塑像数量最多。莫高窟洞窟的四壁布满了佛经故事和传统神话故事的壁画。这些壁画画面巨大、内容纷繁、构图紧密，充分显示出画工们高超的艺术才能。

唐代诗歌
盛唐之音

唐诗经过100多年的准备和酝酿，在唐玄宗开元、天宝年间，终于达到了全盛的高峰。许多千百年来脍炙人口、广为传诵的诗篇，便是在这一时期产生的。热情洋溢、豪迈奔放、郁勃浓烈的浪漫气质是盛唐诗的主要特征，但恬静优美之作也同样生气弥漫、光彩熠熠。这就是为后人所艳羡的"盛唐之音"，代表人物有李白、杜甫等。

洛阳龙门奉先寺的唐代石雕造像

唐代造纸

发达的造纸业

唐代的造纸技术十分发达，造纸业遍及南北各地。唐朝的造纸作坊多靠山临水，利用水力舂碓漂洗纸料，并广泛采用山区的原料，如麻、藤、树皮、竹、茧、麦秆等。由于用来造纸的原料非常丰富，成本降低，故而纸制品广泛普及于民间日常生活之中。

残存的唐代纸制品

唐代印刷

雕版印刷的发明和兴起

造纸术的不断提高，促进了印刷术的发展。唐朝时发明了世界上最早的印刷术——雕版印刷。雕版印刷术是直接把阳文反字刻在木板上，用刷子把墨刷在凸起的字上，然后印刷。全世界最早的有出版日期的印刷品应为1900年在敦煌石室内发现的唐朝刻印《金刚经》，卷末题"咸通九年四月十五日"，即公元868年。

唐与亚洲国家的交往

唐时的中日、中朝友谊

唐朝时期，中国和亚洲其他国家的经济文化交流十分频繁。唐朝时期，中国的天文、历法和医书传入朝鲜。日本的遣唐使、留学生、学问僧带来彩帛、香料、珍宝等，带回乐器、书籍、经卷、佛像等。日本人还利用草体汉字表示声音，创造了平假名；利用楷体汉字偏旁表示声音，创造了片假名。去日本传法的唐朝僧人鉴真对中日文化交流也有很大贡献。

鉴真

唐代的雕版印刷品

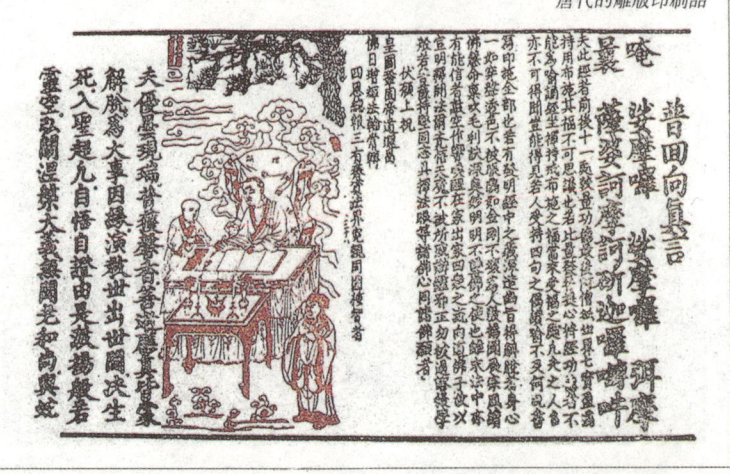

唐代的民族交流

宽松平等的民族政策

唐太宗一度被少数民族尊为"华夷"共同的君主，被称为"天可汗"。唐皇室也采用汉以来的和亲政策，将公主嫁给少数民族领袖，以巩固与各民族的关系。这对促进民族间的交流有重大意义。唐朝的民族政策较为平等，在朝廷中，有许多少数民族官员；在社会上，留居或入籍的外族人可保留自己的民族文化，在平等的环境中生活，与汉族交往融和。

文成公主入藏

松赞干布建立起统一的吐蕃政权后，为加强和唐王朝的关系、学习中原地区的先进文化，从公元634年开始就不断派遣使臣向唐朝进贡，请求通婚。640年，松赞干布派遣亲信重臣进献珍贵聘礼，唐太宗亲自接见使者并答应将文成公主嫁给松赞干布。文成公主入藏后，有力地促进了汉藏民族间的文化交流。

两宋的艺术
独树一帜的绘画与书法

中国宋代的绘画艺术在唐、五代的基础上有了较大的发展。唐代发达的宫廷人物画转向描绘市井风俗的宋代风俗画。山水、花鸟的写实艺术手段也远胜唐人。由于皇室对宫廷绘画的重视，宋代建立了翰林图画院，并确定了符合皇室审美意识的写实画风。在书法方面，北宋后期出现的苏、黄、米、蔡四大书法家，建立了抒发个性、纵恣疏放的书风，统领了南宋书坛并影响各代。

《清明上河图》局部

宋代理学的兴起
传统儒学理论的新变革

宋朝的儒学家大胆吸收佛教、道家的理论，使儒学变革成既具理论性又具思辨性的理学。南宋理宗时期，程朱理学（以程颢、程颐、朱熹等人的学说为代表）被正式确定为官方的统治思想。自此，理学成为中国的正统思想。它所提倡的忠义、贞节等道理观念，深深地影响了中国社会。

宋代天文学
成就丰富的天文学

宋代朝廷每年都颁布日历，让农民按照节气变化来耕作。宋朝实行过十八种历法。在1045年制订的《统天历》定回归年长度为365.2425日，是当时世界上的最准确数值。欧洲在1582年颁行的格里高利历中才采用同样的数值。此外，在手工业技术进步的情况下，宋朝的天文仪器也有很大发展，其中水运仪象台和假天仪是当时世界上最先进的天文仪器。

宋代官窑印花龙纹洗

宋代制瓷业
制瓷技术的突破与名窑的产生

宋朝瓷窑数量众多，遍及全国，规模也比以往更大。烧制瓷器开始采用"覆烧法"等新的技术，大大增加了瓷器的产量。由于市场竞争激烈，各地瓷窑为了标新立异，发展出不同的特色，形成了所谓"五大名窑"，即钧窑、汝窑、官窑、哥窑和定窑。宋朝时，瓷器已完全取代了漆器的地位，成为普通百姓主要的生活用具。

宋代的桥梁技术
高超的桥梁建筑艺术

宋代是中国古代桥梁发展的全盛时期。这一时期建造的桥梁不仅长度是空前的，而且种类更加多样，造桥技术日臻完善。最长的石墩梁桥、配以廊屋的木桥、无柱"虹桥"以及植蚌固基的石桥等，这些在世界桥梁史上占有一席之地的佳构都是宋代的杰作。

《清明上河图》

《清明上河图》是宋代名画，作者张择端。此画作于北宋晚期，描绘了当时汴京城（今河南开封市）清明时节人们前往汴河沿岸种种活动的热闹场面。它是中国古代风俗画的杰作。

活字印刷术的发明
印刷史上一次伟大的技术革命

活字印刷的方法是：先制成单字的阳文反字模，然后按照稿件把单字挑选出来，排列在字盘内，涂墨印刷，印完后再将字模拆出，留待下次排印时再次使用。北宋时期，中国工匠毕昇发明的泥活字标志着活字印刷术的诞生。

毕昇

指南针和火器
推动世界进步的技术发明

指南针在北宋一经发明，就很快被应用于航海，从而使人们获得了一种全天候航行的手段，这是航海技术史上的一个重大进步。南宋时，指南针经阿拉伯传入欧洲，为欧洲航海家环球航行和发现美洲提供了重要帮助。火药在唐代发明后，很快就用于战争。入宋以后，火药武器大增，成为最具杀伤性的新式武器。到宋末或元代，则出现了铜铸火铳，它已具备了近现代枪炮的雏形。火药武器伴随着蒙古人西征，先后传入阿拉伯和欧洲。

元大都的建成
规模最大的古中国新建城市

元代国都大都城，是唐以来中国规模最大的一座新建城市。明清北京城就是在元大都的基础上改建和扩建而成的。忽必烈于1267年开始在中都东北部修建新都，称作大都。大都城平面呈长方形，周长28000米，其南城墙在今北京市的东西长安街稍南；北城墙即现在的城北"土城"；东、西城墙与明清北京城东、西城墙重合。全城共有11门。大都城街道布局规整，皆呈正东西南北走向。若干小巷名曰"胡同"，这种名称流传至今。元大都的建成，是中国城市建设史上的里程碑。它是中国封建社会最后一座按照预先整体规划平地兴建的都城，也是13~14世纪世界上最宏伟壮丽的城市之一。

元代的经济
全面繁荣的元代社会

元朝统治期间，北方的农业得到恢复；农田面积有所增加；水利建设有所扩大；手工业也有新的成就，制瓷技术及产品的釉色都达到很高的水平。为了保证南北交通的畅通，元朝开辟了南粮北运的海上航线。国内商业的繁荣以及海外贸易的发达，带动了对外经济文化的交流。

元代的对外交往
征服与贸易的双重外交

元朝皇帝试图通过庞大的征服计划进一步扩大疆土范围。1274年和1281年，忽必烈征发中国和朝鲜舰船，两度试图侵入日本。但都遇到台风，船只损失大半，登陆的军队也被日本人消灭。幸运的是，中国与远近各国间的和平交往并未中断。蒙古人修建了一条通往中亚腹地甚而远至波斯的御道，促进了陆路贸易的发展。在这一时期，大批外国游客到达中国。这说明当时旅行是比较安全的。在当时，汉人受到歧视，不能经商，但外国商人却享有特权。

马可·波罗来华

马可·波罗是欧洲旅行家。1271年，马可·波罗随父亲、叔叔赴元朝面见元世祖。他们经由古丝绸之路，于1275年来到大都。马可·波罗侨居中国长达17年，曾经多次奉元世祖之命出使各地，后来因为参加威尼斯对热那亚的战争而被俘。在热那亚的监狱中，马可波罗向同狱的庇隆作家鲁思蒂廉讲述自己游历东方诸国的见闻。鲁思蒂廉把这些写成了一本书，取名为《东方见闻录》，又名《马可·波罗游记》。这本书流传很广，被译成多种文字。另外还有抄本、刊本多达百数十种。书中记述了元朝重大的政治事件、典章制度及各地风俗。

元代戏曲人物

元代艺术
戏剧与文人画的兴盛时期

元代文学以杂剧、散曲、南戏的成就最高。后人称之为"元曲"。这一时期是杂剧创作的兴盛时期，出现了众多的作家和作品，其中不乏优秀的传世之作。元代的绘画，以山水画为大宗，一方面继承了宋画的流派，一方面创立了新派。新派对于景物的描绘更经提炼概括，但另一方面又侧重笔墨情趣，影响了明清画风，成为"文人画"的范本。

简仪

简仪是郭守敬设计的，装置简单，效用广泛。它改进了环圈交错不便观测的的缺点，为近代测量仪器的雏形，在科学仪器发明史上占有重要地位。1900年八国联军侵入北京时简仪被掠，1905年回归中国。

简仪

元代科技
位居前列的天文和数学

元代对外经济文化交流频繁。科学文化具有多元性和融合性。天文学、数学的成就居于世界前列。值得一提的是元代科学家郭守敬。经他创造、改进的仪器有近二十种，其精确的程度在当时的技术条件下是十分可贵的。在他的主持下，全国建立了27个天象观测所，进行历法的改订工作。元代数学家王恂与郭守敬于至元十七年（1280）合编成精确的新历——《授时历》。

《授时历》

公元1280年，郭守敬等人奉诏编成新的历法《授时历》。次年，元世祖忽必烈诏令颁行全国。《授时历》是在郭守敬等创制的各种新仪器进行天文观测的基础之上制定的。它是当时世界上最精确的历法之一，也是中国古代使用时间最久的一种历法，在元明两代一共使用了364年。

《授时历》书影

元朝的纺织业
棉织业与丝织业并行发展

元朝是中国纺织业发展的重要阶段。棉花的普遍种植，改变了传统以麻布为主要衣着原料的习惯。棉织业的兴起，带来了一整套创新的设备和技术。丝织业虽然因为棉织业发达而有所衰退，但技术依然有进步。元朝在苏州平桥南设立织造局，开创了元、明、清三朝在江南设置织造局的先例。

元代纺织图

文艺复兴时期
欧洲文艺复兴运动

像历史学家一样思考

在13世纪，十字军东征把古代希腊、罗马以及拜占庭的文化典籍带回欧洲。1453年，拜占庭帝国灭亡后，许多学者带着古代典籍和文物逃到意大利。所有这些典籍和文物在西方人面前展示了一个新世界。当时资产阶级的思想家们高举"回到希腊罗马去"的旗帜，力图复兴古典文化。这就是著名的文艺复兴运动。但实际上，文艺复兴并不是要重建古代文化，而是要建立适应资本主义生产关系的新的意识形态。

有天使和圣徒的圣母子像

想一想 文艺复兴运动在欧洲文明史上有何重要意义？

文艺复兴运动开始
文艺复兴运动的起点

意大利位于地中海区域中央，这里是中世纪和文艺复兴时期世界上最大的贸易地区的心脏位置。佛罗伦萨、米兰和威尼斯都是著名的水陆交通枢纽和贸易的集散地，在那里最早出现工商业资本主义萌芽。中世纪末，拜占庭学者逃到意大利后提倡研究古希腊、罗马文化。佛罗伦萨成为新文化运动的中心，出现了文艺复兴的先驱者——但丁、彼特拉克和薄伽丘，从而拉开了文艺复兴的序幕。

"鲜花之城"佛罗伦萨

文艺复兴的摇篮：佛罗伦萨

早在12世纪中期以前，佛罗伦萨就建立了城市共和国，逐渐发展为欧洲著名的手工业、商业和文化中心。1321年佛罗伦萨大学建立，这里成为早期人文主义的发源地。14世纪，以大商人、工场主和银行家为首的新兴资产阶级掌握了城市政权。此后，这里就成为文艺复兴运动的中心。

文艺复兴代表人物贝尼尼的雕刻

人文主义
文艺复兴的指导思想

由于古希腊罗马文化在当时被列入人文学科，研究这些学科的学者被称为人文主义者，而他们所宣扬的思想便叫作人文主义。它是文艺复兴的指导思想。人文主义以人为中心，与教会以神为中心的世界观相对抗。人文主义主张以"人性"反对"神性"，以"人权"反对"神权"，以"人道"反对"神道"；反对禁欲主义、蒙昧主义和来世观念，歌颂世俗生活，赞扬人的价值，提倡人性解放。

但丁
一位承前启后的伟大诗人

伟大的诗人但丁(1265～1321)出生于佛罗伦萨一个没落的贵族家庭。但丁的第一部作品是抒情诗集《新生》，这是为他所倾慕的女子贝雅特丽齐而写的。后来，他因反对教皇干涉佛罗伦萨内政而遭放逐，于1321年9月客死于拉文那。但丁一生著作颇丰，代表作为流放期间所著的《神曲》。他被恩格斯称为"中世纪的最后一位诗人，同时也是新时代的最初一位诗人"。

但丁

彼特拉克
意大利伟大的抒情诗人

彼特拉克(1304～1374)是意大利杰出的人文主义诗人。他生于佛罗伦萨一个贵族之家，曾到欧洲许多地方搜集古希腊罗马的古典作品。他最早提出"人学"来与中世纪神学对抗，被称为"人文主义之父"和"桂冠诗人"。他的代表作是《歌集》，包括300多首抒情诗。他那轻快优美的十四行诗对欧洲诗歌影响重大。

彼特拉克

薄伽丘
博学的人文主义者

薄伽丘(1313～1375)生于富商家庭，曾在佛罗伦萨大学担任过《神曲》讲座教师，是著名的散文作家、诗人和人文主义者。其代表作是在口传民间故事基础上所写成的短篇小说集《十日谈》。它开创了欧洲资产阶级短篇小说的先河，在欧洲文学史上占有重要地位。

《十日谈》插图

佛罗伦萨画派
文艺复兴时期的第一个重要画派

佛罗伦萨画派是意大利文艺复兴时期的一个重要画派。早期代表画家有乔托、马萨丘、乌切洛等。这一画派在绘画艺术方面以人文主义思想为主导，运用科学方法认识造型规律，形成以集中透视来表现的具有明暗效果和三度空间感的绘画技法。题材虽多为宗教神话故事，但已用来表达新兴资产阶级的理想和愿望。16世纪下半叶后，随着佛罗伦萨经济衰落、政治反动的趋势，绘画艺术逐渐暗淡。

文艺复兴盛期
罗马成为文艺复兴全盛时期的中心

15世纪末到16世纪中叶是意大利文艺复兴的全盛时期。从15世纪中叶开始，佛罗伦萨开始失去它作为意大利经济、政治和文化中心的地位，取而代之的是意大利另一重要城市——罗马。盛期文艺复兴美术的三位主要代表是达·芬奇、米开朗琪罗和拉斐尔，合称"文艺复兴艺术三杰"。

文艺复兴时期画家波提切利的作品《春》

达·芬奇
一个天才的多面手

列奥纳多·达·芬奇(1452～1519)出生于律师家庭，不仅是艺术大师，还是科学家、发明家、哲学家。其艺术上的代表作是《最后的晚餐》和《蒙娜丽莎》，后者是世界美术史上最有代表性的肖像画之一。他一生完成的作品不多，但几乎件件都是不朽之作。其作品自始至终具有鲜明的个人风格并特别善于将艺术创作和科学探讨相结合，在世界美术史上堪称独步。

达·芬奇的代表作《蒙娜丽莎》

米开朗琪罗

文艺复兴时期雕塑艺术的最高峰

米开朗琪罗(1475~1564)出生于小贵族家庭,是文艺复兴时期的艺术巨匠。其雕塑代表作《大卫》、《摩西》均取材于《圣经》故事,其绘画杰作为《创世纪》和《最后的审判》两幅壁画。他还曾担任罗马圣彼得大教堂的总工程师,负责这座古今闻名的圆顶大教堂的工程建造和壁画绘制。此外,他还写过许多诗歌,是位颇有才气的诗人。

《大卫》

《大卫》是米开朗琪罗的成名作,取材于《圣经·旧约》中的神话故事。古代以色列的大卫王在少年时,有一次到前线给与敌人作战的哥哥们送饭,遇到敌方巨人哥利亚正在逞凶。在这危急时刻,大卫英勇地杀死了哥利亚。米开朗基罗把大卫塑成一位健壮的青年。他表情刚毅,目光炯炯有神,微低着头,侧目怒视前方,左手握着搭在肩头的"甩石带",似乎随时准备给敌人以致命的打击。雕塑表现了一位正义战士的勇气与力量。米开朗琪罗为这座雕像花去了大约3年的时间,使它达到了臻于完美的境界。

米开朗琪罗的代表作《大卫》

拉斐尔

文艺复兴时期绘画的最高水平

拉斐尔(1483~1520)出生于画家家庭,有"画圣"之称。他特别擅长画圣母像,其笔下的圣母恬静、秀美,具有真正的女性美,与达·芬奇笔下神秘莫测的、与现实人物有些距离的圣母迥然不同。著名作品有《西斯廷圣母》、《圣母子》、《椅中圣母》等。拉斐尔另一壁画名作是《雅典学院》,描绘了柏拉图、苏格拉底、赫拉克利特等古希腊哲学家、科学家共聚一堂,热烈讨论的场面。

丢勒

德国的艺术全才

丢勒(1471~1528)是德国文艺复兴时期最有成就的油画家和版画家。他广泛学习意大利文艺复兴美术的技艺和理论,并积极进行人文主义学术活动,而且在数学、透视、军事建筑、绘画理论方面皆有研究著述。他是德国文艺复兴的中流砥柱,其精细严谨、沉着雄浑的艺术风格成为后世追随的楷模。

丢勒的《自画像》

《四使徒》

《四使徒》是丢勒于1526年所作的最负盛名的杰作。这是一幅圣像画,描绘的是约翰、彼得、保罗和马可四位圣徒,构图具有宏大的纪念碑特点。这幅画虽然在人体塑造和衣褶的表现上还比较生硬,但总的说来笔法开阔,充满内在力量。在这幅作品中,艺术家达到了自己终身追求的目标,即把德国艺术的写实精神与意大利艺术的典型塑造结合起来。同时,艺术家也以纯朴正直并具有普通人气质的圣徒形象,批判了伪善丑恶的假先知——各种反动势力的代表。丢勒的艺术语言十分写实,有阴郁感和苦涩味,不同于意大利艺术的华丽、明快和富于幻想,是一种精细中见意蕴、含而不露的深沉艺术。

丢勒晚年的杰作《四使徒》

威尼斯画派
色彩华美、情调欢愉的画派

威尼斯画派是意大利文艺复兴盛期的美术流派。威尼斯画派既受佛罗伦萨艺术的影响，又有自身的个性，将美术题材由宗教拉向世俗，创造了一种生气勃勃、色彩华美的艺术风格和享乐主义情调。该画派创始人乔凡尼·贝利尼在创作中善于把富有诗意的自然景色同人体美结合起来。这种形式在其学生乔尔乔涅和提香的作品中得到进一步发展，使威尼斯画派进入辉煌时代。

提香的作品《酒神的狂欢》

文艺复兴晚期
新思潮遍布欧洲大地

16世纪中叶，文艺复兴的浪潮席卷了整个欧洲。新思想以较快的速度和较大的冲击力传播开来。欧洲出现了一系列著名的宗教改革家（如德国的马丁·路德）、文学家（如英国的莎士比亚）、自然科学家（如意大利的伽利略等）、哲学家（英国的培根等），在这些著名的文学家、艺术家和科学家的推动下，文艺复兴为世界文化增添了光彩，极大地推动了社会历史的进程。

莎士比亚

莎士比亚
英国最伟大的剧作家和诗人

威廉·莎士比亚（1564~1616）是欧洲文艺复兴时期伟大的戏剧家和诗人。他的作品深刻反映了英国由封建制度进入资本主义原始积累时期的社会生活，揭露了资本主义的发展引起的新矛盾，塑造了一系列在世界文学史上具有典型意义的人物形象。他一生共写了37个剧本（包括历史剧、喜剧、悲剧和传奇剧）、154首十四行诗和两首叙事长诗。莎士比亚是语言艺术的大师。他用诗体写作剧本，其十四行诗构思巧妙、音韵谐和、意境优美。

莎士比亚的悲剧和喜剧

英国剧作家莎士比亚的10部喜剧中最著名的有《仲夏夜之梦》、《威尼斯商人》等。剧中充满浓厚的生活气息和浪漫主义色彩，歌颂了爱情和友谊，宣扬了个性解放、恋爱自由和个人争取幸福的权利。莎士比亚最著名的四大悲剧是：《哈姆雷特》（1601）、《奥赛罗》（1604）、《李尔王》（1605）、《麦克白》（1606）。《哈姆雷特》是莎士比亚戏剧的王冠。该剧通过主人公哈姆雷特的复仇过程全面揭示了一个人文主义者的精神世界。

英国的戏剧演出

塞万提斯
骑士文学的终结者

塞万提斯（1547~1616）是文艺复兴时期西班牙最杰出的现实主义小说家。他出生于西班牙中部一个没落贵族家庭。1569年，他作为红衣主教的随从来到意大利，受到人文主义思想的影响。不久，他参加了西班牙驻意大利的军队。在战争中，他身负重伤，左臂残废。回国后他开始从事创作，曾因得罪权贵和教会而数次入狱。1605年，在狱中动笔的《堂·吉诃德》出版，轰动一时。小说尽情地嘲笑了骑士传奇，真实地反映了文艺复兴时期西班牙的现实生活，堪称当时西班牙社会的百科全书。

《堂·吉诃德》原书封面

培根
英国唯物主义的始祖

培根(1561～1626)是英国唯物主义哲学家,出生于新贵族家庭。他批判了当时居统治地位的神学和经院哲学,要求人们去研究自然、改造自然。他相信人的力量来自知识,知识可以变成力量。他第一次系统地提出了归纳法,对科学发展起了巨大的推动作用。马克思称他是"英国唯物主义和现代实验科学的真正始祖"。

笛卡儿
近代哲学之父

笛卡儿(1596～1650)是法国著名哲学家、近代西方哲学的创始人之一,同时也是位数学家和物理学家。他生于法国土伦省一个富有家庭,自幼身体孱弱,但天资聪慧。笛卡儿的哲学是一种典型的二元论哲学。他认为物质和精神彼此独立、互不影响;上帝是物质和精神的创造者;物质由运动着的粒子组成,物质和运动不可消灭,并由此提出了运动量守恒定律。

哥白尼
日心说的创立者

哥白尼(1473～1543)是波兰伟大的天文学家。经过30多年的天体观测和潜心研究,他提出了"太阳中心说":宇宙的中心是太阳,而不是地球,地球及其他星球都围绕太阳旋转。地球绕日运行产生了四季,自转则产生了昼夜。这一学说推翻了教会支持的托勒密的地球中心说,将宗教的天地观翻转过来,引起自然科学的一次划时代的革命。

布鲁诺
科学的殉道士

哥白尼死后,意大利天文学家布鲁诺(1548～1600)捍卫和发展了哥白尼的理论。布鲁诺出生在意大利那不勒斯附近的诺拉城,15岁时被送到修道院当修士。在日心说的基础上,他还提出了宇宙无限的思想。1592年,他被押送到罗马宗教裁判所,在地牢里囚禁了8年。后被判处死刑,于1600年被烧死在罗马的鲜花广场上。火能毁灭身体,却不能征服真理。后来,意大利科学家伽利略和德国天文学家开普勒进一步证明和发展了新天文学理论。

古代西方学者对天文进行探索。

伽利略
近代科学之父

伽利略(1564～1642)出生在意大利比萨城的一个没落贵族家庭。少年时代的他就通过观察发现了摆的等时性定律。16世纪以前,人们言必称亚里士多德,但伽利略却不这么认为。1609年,伽利略登上比萨斜塔,进行著名的自由落体实验,推翻了亚里士多德的"真理"。1609年,伽利略利用自制的第一架天文望远镜观察天体,发现月球表面有高山深谷,月球绕地球旋转,木星有四颗卫星以及金星的圆缺变化等。这些前所未闻的发现轰动了欧洲,也证明了哥白尼学说的正确性,但却激怒了教会。如果说哥白尼的日心说使自然科学开始从神学中解放出来,那么,伽利略的发现则大大地加速了这一解放。

1609年,伽利略制造出了第一个天文望远镜。

开普勒
"天空的立法者"

开普勒(1571～1630)是德国天文学家。开普勒在老师第谷的天体观测资料的基础上，发现了行星运动三大定律。这位在科学的天空中纵横驰骋的勇士修正了哥白尼关于行星是按圆形轨道匀速运动的错误结论，巩固和发展了哥白尼的日心说，被后人称为"天空的立法者"。

开普勒是哥白尼理论的支持者。

文艺复兴时期的音乐
向世俗转变的音乐

在文艺复兴时期的音乐中，世俗音乐占有越来越重要的地位。在这个时期里，音乐艺术是全面发展的，不仅音乐理论趋向成熟，乐器的发展也逐步加快了步伐。当时的古提琴、短号、小号、长号、管风琴等乐器都已活跃在音乐舞台上，而到文艺复兴后期小提琴和古钢琴的出现，更使音乐艺术增添了耀眼的光彩。

文艺复兴时期的乐谱

文艺复兴时期的哥特艺术
引导人向宗教圣境升华的建筑艺术

12～16世纪初期的哥特艺术涉及雕塑、绘画和工艺美术等方面，但主要体现在新型建筑艺术上。这种建筑风格一反罗马式厚重阴暗的半圆形拱门的教堂式样，而广泛地运用线条轻快的尖拱门、造型挺秀的小尖塔、轻盈通透的飞扶壁、修长的立柱或簇柱以及彩色玻璃镶嵌花窗，引领人体验一种灵魂向上升华、感受天国神秘的幻觉。这种建筑反映了宗教艺术的审美观念和当时城市发展的物质文化面貌。代表作品有法国的巴黎圣母院、德国的科隆教堂、英国的林肯教堂、意大利的米兰教堂等。

科隆大教堂

科隆大教堂

科隆大教堂是全欧洲最高的尖塔，世界第四大教堂。它动工于1248年，停停建建，直至1880年才全部完工。整个工程持续了600多年。科隆大教堂上下高157米，东西长144米，南北宽88米，面积相当于一个足球场。建筑本身全部由岩石砌成。由于年代久远，岩石表面已呈黑色，更显庄严古朴。教堂内绘有大量的宗教壁画，收藏有众多的雕像、圣体匣、福音书等文物。有不少大主教将科隆大教堂作为自己死后的葬身之所。

巴黎圣母院

海外扩张与殖民侵略

• 像历史学家一样思考 •

在15世纪至16世纪,欧洲航海家开辟了直达东方的新航线,沟通了欧、亚、非、美洲之间的海上交通,扩大了世界市场,形成了新的贸易中心。欧洲人在公海上扬帆远航,在东、西亚取得了支配地位,并开始了对美洲大规模的殖民入侵运动。自此之后,欧洲历史的进程不可避免地受到了来自世界其他地区的影响。

想一想 新航线的开辟在欧洲历史进程上有何重大影响?

殖民时代的大帆船

开辟新航线
殖民时代来临的预告

15世纪,随着西欧商品经济的迅速发展,货币的需求量急剧增长。这引起了欧洲封建贵族、大商人和新兴资产阶级对贵重金属的渴求。由于前往东方的传统商路已被土耳其人控制,欧洲人急于寻找一条新航线,以便加强与东方的直接贸易联系和侵占新领土。新航线的开辟和美洲大陆的发现,给新兴资产阶级开辟了新的活动场所,加速了西欧封建制度的解体和资本主义关系的成长,预告了世界历史上一个新时代的来临。

航海业的兴起
重拾古代的地理知识

由于葡萄牙当局极力支持远航事业,当时最杰出的航海家和地图绘制者纷纷前往葡萄牙首都里斯本,航海业由此蓬勃发展起来。有些地理概念在古代曾经盛行一时,后来由于教会将大批古代论著斥为异端邪说,以致从5世纪起它们逐渐被人遗忘了。直到15世纪,人们才又重拾这些古代的知识。例如,这一时期的人们了解到,早在1500年前,古希腊哲学家毕达哥拉斯就已提到过球形地球的概念。

第一幅新大陆地图

航海定位仪

航海和造船技术
远航技术日臻完善

由于指南针的西传并用于航海、新型的快速多桅杆帆船的制造以及地圆说为越来越多的人接受,远洋航行真正成为可能。葡萄牙人在沙格尔建立天文台、图书馆和航海学校,用以研究航海技术。航海所需的仪器、图表及技术日臻完善,造船技艺也随之得到快速发展。

第一部航海手册
通过太阳确定航海的纬度方位

1484年,葡萄牙国王约翰二世的数学专家们编写成了欧洲第一部航海手册。对航海方位的确定,传统方法是依靠记录航行的距离和方向。但这个方法很不可靠,而且在南半球海域也看不见北极星。数学专家们简化了犹太天文学家扎科特关于太阳运行的一系列图表,编成一部手册。这样海员们通过查阅手册,就可以确定所处的纬度了。

以太阳定经纬的航海人

达·伽马到达印度
葡萄牙开辟印欧航线

1497年7月，达·伽马奉葡萄牙国王罗努埃尔之命，率领4艘轻便快船及140名船员从里斯本启航，经马德拉群岛和佛得角群岛，绕过好望角沿非洲东海岸航行。他在翌年5月抵达印度西部海岸的卡利库特港，开辟了欧洲人向往已久的通往亚洲的新航线。从此，葡萄牙等欧洲国家开始了对东方的殖民征服与掠夺。

达·伽马

哥伦布发现美洲
欧洲航海家探寻新大陆

1492年8月，哥伦布在西班牙国王的支持下，从西班牙南端的巴罗斯港启程，横渡大西洋。同年10月12日他们发现了中美巴哈马群岛中的威特林岛，当地人称它为"瓜纳哈尼"，哥伦布将它命名为"圣萨尔瓦多"。他误认为所到的地方就是印度，故称当地土著居民为"印第安人"。他继续向南航行，到达了古巴和海地岛。以后，他又组织过三次远航，发现了多米尼加、波多黎各、牙买加、洪都拉斯、巴拿马等地，为西班牙人的殖民掠夺打下了基础。

哥伦布向西航行的原因

西班牙决心资助哥伦布进行航行，是与葡萄牙人海上冒险事业所取得的成功密切相关的。尤其是葡萄牙自1448年迪亚斯成功返航后，将主宰通往亚洲的东航海道。那么对葡萄牙的竞争对手西班牙而言，唯一的办法就是资助某位胆大之辈冒险向西航行以抵达亚洲。

在航海途中的哥伦布

麦哲伦环球航行
人类第一次环球航海

1519年9月，麦哲伦（1480～1521）率领5只船、265名水手从圣罗卡尔港出发开始环球航行。船队渡过大西洋，沿巴西海岸南下，绕过南美洲南端的海峡（即今天的麦哲伦海峡），向西进入了一个大洋。因当时洋面风平浪静，船员们称之为"太平洋"。1521年3月，他们到达菲律宾群岛。麦哲伦在与当地土著的冲突中被杀，逃出的船员到达摩鹿加群岛，经过印度洋，绕过好望角，于1522年9月返回西班牙，生还者仅18人。麦哲伦的环球航行使地圆学说得到证实。从此人类便有了"全球"的观念。

麦哲伦

教皇子午线
划分势力范围的分界线

15世纪末，西班牙和葡萄牙为争夺殖民地冲突不断。1494年，两国在罗马教皇的调停下签订了《托尔德西雅斯条约》，同意在佛得角群岛以西约370里加（1里加是5.92千米）处从北极到南极划一条分界线，称为"教皇子午线"。该线以东地区归葡萄牙，以西归西班牙。但是，地球是圆的。当麦哲伦环球航行到达摩鹿加群岛时，两国又出现矛盾。于是两国在该群岛以东17度的地方划出另一条分界线，该线以西属葡萄牙，以东属西班牙。这是世界史上的第一次殖民地瓜分。

《托尔德西雅斯条约》

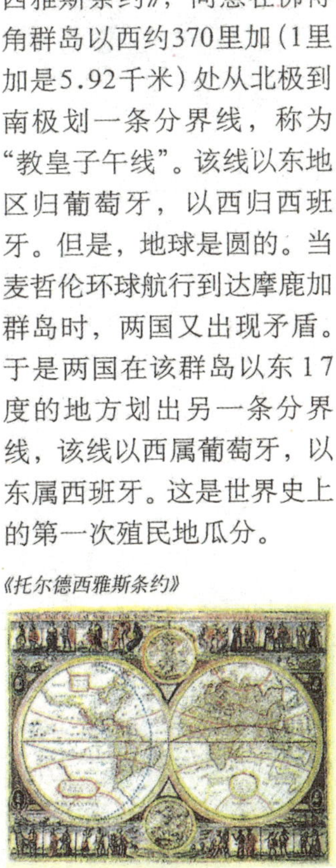

葡萄牙的殖民侵略
资本主义原始积累的来源

新航线开辟后，葡萄牙和西班牙的殖民者就在非洲、美洲和亚洲的广大地区开始了血腥的殖民掠夺，积累了大量的财富，欧洲的资本主义靠殖民掠夺发展起来。葡萄牙人在开辟了绕过非洲到达亚洲的新航线后，在亚丁湾、波斯湾和印度的东西海岸建起许多军事据点，封锁了土耳其人和阿拉伯人的商路，垄断了东方的贸易。他们自封为印度洋的主人，不允许其他国家的商船在印度洋上出现。

航海仪器

西班牙侵略美洲
疯狂的屠杀与血腥的掠夺

西班牙的殖民活动以美洲为重点，除巴西归属葡萄牙外，整个中南美洲大陆几乎全被西班牙人占领。由于中南美洲成为拉丁语系的西班牙和葡萄牙的殖民地，所以又称拉丁美洲。西班牙人对美洲的侵略非常残忍。他们强迫印第安人到矿井和种植园中当奴隶，残酷的劳役使海地、古巴等岛上的印第安人几乎灭绝。由于劳动力奇缺，殖民者就从非洲掠贩黑人，运往美洲做奴隶，从而使美洲发展了黑奴制度。

腓力二世

西班牙和葡萄牙合并
乘人之危的兼并之举

1578年，葡萄牙国王塞巴斯提远征摩洛哥，结果兵败身亡，葡萄牙王位因此发生空缺。腓力二世觊觎葡萄牙已久，于是他趁此机会，给里斯本下达最后通牒，要求继承王位，否则将血洗葡萄牙。出于政治、经济和外交等多方面的考虑，葡萄牙只好答应了腓力二世要求。1580年，两国合并。

英国的海上掠夺
英国原始积累的重要途径

早在英王爱德华和玛丽统治时期，一部分流民同水手相勾结，在英国西南海域进行海上掠夺。伊丽莎白女王统治时期，海盗得到进一步发展。西南地区的地主、商人、冒险家经常劫掠来到英吉利海峡的船只，夺取船上的贵重金属和货物。

英国船只在多塞特郡沿海巡视。

西班牙开始衰落
财政空虚导致的后果

15世纪80年代中后期，主宰了欧洲和美洲新大陆将近一个世纪的西班牙帝国开始衰落。它在美洲的殖民主义行动和在欧洲的霸权主义行动以及连绵的战争耗尽了它本来就很脆弱的国库。财政的空虚导致不能支付佣金而使雇佣兵纷纷叛变，而1588年无敌舰队的覆灭使西班牙在军事上的优势也彻底丧失了。

纪念英国战胜西班牙"无敌舰队"的金质纪念章

无敌舰队的覆灭

1588年，西班牙出动了拥有132艘战船的"无敌舰队"，向英国进攻。7月下旬，双方舰队相遇于英吉利海峡。战斗在普利茅斯海域和敦刻尔克海岸附近展开。经过两周左右的激战，西班牙舰队损失惨重。残余舰艇又遇风暴，几乎全部覆灭。英国以此役击败海上劲敌，开始树立海上霸权，而西班牙则从此走向衰落。

文艺复兴时期 | 91

1650年，第一批见到中国皇帝的荷兰旅行者带回了他们的东方见闻。图为明代雕龙漆盘。

荷兰成为世界市场
17世纪欧洲市场的统治者

16世纪末，荷兰阿姆斯特丹成为欧洲兴盛的商业中心。荷兰人的船只比别国大，其航海技术也高人一等。荷兰人还比别国人更充满进取精神，所以在全球贸易网中，他们成为极其成功的中介人。荷兰人早在15世纪初期就开始了海外贸易，17世纪时统治了欧洲的市场。

17世纪阿姆斯特丹的证券交易所

欧洲的金融中心：阿姆斯特丹

由于阿姆斯特丹是国际贸易中心，外国客商通常到这里来兑换现金。1609年，阿姆斯特丹兑换银行成立，取代了收费高昂的私人兑换处。生意人可以开户存入或转移款项，或兑换成当地通货。金融方面的交易在股票交易所进行。交易所坐落在阿姆斯特丹的滨海区，优雅华丽。

新航线与商业革命
引起社会经济的深刻变化

新航线的开辟和美洲大陆的发现以及随之而来的殖民掠夺，使西欧社会经济发生了深刻的变化。首先是引起了商业上的革命。新航线把世界各大洲联成一体，世界市场开始形成。随着世界贸易的扩大，许多新商品出现在世界市场上。美洲的烟草和可可、中国的茶叶、印度的棉布、非洲的咖啡等，都成了国际贸易中的重要商品。欧洲的贸易中心也由地中海转移到了大西洋沿岸。在商业经营上，投机活动、囤积居奇、买空卖空等空前活跃。所有这些都给新兴资产阶级提供了发财致富的机会，刺激了工场手工业的发展。

阿姆斯特丹的精英市民——行会头领

16世纪的里斯本港口

新航线与价格革命
促进了资本主义的发展

新航线开辟后的另一经济后果是在西欧引起"价格革命"。由于西班牙等西欧殖民者从殖民地掠回大量的黄金、白银，使欧洲市场上的货币流通量骤然增加，引起金银贬值，物价高涨。那些按资本主义方式经营农场和牧场的新贵族和上层富裕农民从谷物涨价中获得好处，而那些收取定额货币地租的封建主则受到损失。价格革命加速了西欧封建制度的解体和资本主义生产关系的发展。

欧洲宗教改革

·像历史学家一样思考·

受文艺复兴思想洗礼的欧洲新兴资产阶级在 16 世纪举起了宗教改革的旗帜。15 世纪初,捷克爆发的胡司运动成为欧洲宗教改革的先声。1517 年,德国的马丁·路德公开反对教会腐败,并号召改革。此后,宗教改革运动在欧洲许多国家迅速展开。宗教改革运动对天主教会展开猛烈冲击,促使天主教会发生分裂,产生了适应资产阶级需要的基督新教。

显示教会权力的装饰

想一想 欧洲宗教改革的原因是什么?适应资产阶级需要的教派有那些?

天主教赎罪券
教会聚敛钱财的手段

所谓"赎罪券",又叫"免罪符",是天主教教皇颁发的一种文书,上面写着拯救罪人的字句。为了鼓励人们踊跃参加十字军东征,在 11 世纪末教会就开始赐赎罪券。从 14 世纪开始,教皇以兴建大教堂或医院等为借口,大量出售赎罪券来筹集款项。1476 年,教皇西克塔斯四世迈出了最极端的一步,宣称赎罪券不仅适用于活人,而且适用于业已身处炼狱的死者。教会还详细规定了不同罪行的赎罪券价格。教士们在教堂和广场大声叫卖赎罪券,旁边放着一个有小口的钱桶。据说,买赎罪券的钱币落入钱桶丁当一响时,得救的灵魂即应声飞入天堂。

胡司运动
宗教改革的先声

1412 年,罗马教皇约翰二十三世派人到捷克贩卖赎罪券,引起了人民群众的不满。当时,捷克是神圣罗马帝国的一部分,广大平民受到贵族、天主教会、大商人的残酷压迫和剥削。布拉格大学校长胡司(1369~1415)在大学的辩论会上论证买卖赎罪券是欺骗行为,公开反对出售赎罪券。教会将他逮捕关押起来,宣判他是"异端",并于 1415 年 7 月将他处以火刑。胡司的殉难促使捷克人民爱国情绪高涨,由此爆发了大规模的胡司战争。后来,由于胡司派内部发生分裂,斗争最终失败。这次战争打击了罗马教皇的势力,给欧洲的宗教改革运动以很大影响。

马丁·路德改革
欧洲宗教改革的爆发

1517 年 10 月,罗马教皇立奥十世为修缮圣彼得大教堂,派特使到德国兜售赎罪券。路德写了《九十五条论纲》贴在维登堡教堂门口,公开反对赎罪券,并要求公开辩论。人们争相传抄论纲,酝酿已久的宗教改革运动爆发了。1519 年 6 月,教皇的代表同路德在莱比锡进行辩论,路德公开支持胡司的观点。随后,他发表文章,具体阐述了他的宗教改革的主张。同年 12 月 10 日,他在维登堡当众烧毁教皇的敕令,公开与罗马教廷决裂。路德发起的宗教改革运动席卷欧洲,对罗马天主教在西欧的封建神权统治给予了毁灭性的打击。

马丁·路德
新教路德宗的奠基人

马丁·路德(1483~1546)生于德国萨克森州的一个中等企业主家庭。18 岁入爱尔福特大学,受到人文主义思想和胡司宗教改革思想的影响。毕业后曾任牧师和维登堡大学的神学教授。1511 年,他朝拜罗马教廷时,目睹了教会的腐败,决心从事宗教改革。

马丁·路德

文艺复兴时期

城堡教堂——路德的长眠之处

路德"钟楼得道"

与宗教史上许多伟大人物一样，路德经过一次戏剧性的改变信仰经历，抵达了他所认为的真理的彼岸。路德的主要领悟涉及上帝是否公正这一问题。很多年来，他一直受到上帝看似不公正这一问题的困扰，因为上帝颁布戒律，说他深知人们不会服从他，因而永世惩罚那些不服从他的人。他在《圣经》的引导下对这一问题有了新的理解。具体说来，他在思考《诗篇》中"凭你的公义搭救我"这句话的含义时，突然醒悟到上帝的公正与他惩戒的力量毫无关联，而与他通过信仰救赎有罪的凡人的怜悯之心相关。由于路德是在隐修院的钟楼里突然领悟到真理的，因而人们把它称为路德的"钟楼得道"。

路德的宗教教义
以"因信称义"为核心

1530年，路德拟定的《奥格斯堡信纲》在神圣罗马帝国的奥格斯堡会议上得到确认，从而产生了"路德宗"。路德宗主张建立没有教阶，没有繁琐仪式的"廉洁教会"；否认教皇权威，主张以《圣经》为唯一准则。路德宗教义的核心是"因信称义"，认为只有靠虔诚信仰，灵魂才能得救，而无需履行教会的礼仪、规条和善功。路德的思想和著作对西方基督教世界有着极深远的影响。

闵采尔反抗天主教会
宗教改革的激进运动

闵采尔(1490~1525)出身于一个手工业者家庭。当路德进行宗教改革时，他曾积极拥护路德的主张。但闵采尔在同工人和贫苦农民的接触中，思想发生了很大变化。他否认路德所提出的圣经是唯一的启示，强调信仰的主要来源是人的理性；主张在人世间建立没有阶级差别、没有私有财产的天国。他先后在各地从事革命活动，推动了德国农民起义的爆发。这次农民起义波及德国大部分地区。但各地的农民起义先后被诸侯的封建联军镇压下去。闵采尔受伤被俘，最后壮烈牺牲。德国农民战争震撼了封建统治秩序，动摇了天主教会的统治地位。

路德及其支持者给孩子洗礼。

加尔文宗教改革
资产阶级的宗教改革家

加尔文(1509~1564)出生于法国北部的一个中产阶级家庭。因宣传路德派新教思想，他被罗马教会控为异端，流亡至瑞士。1536年，他发表《基督教原理》，系统地阐述新教教义。1541年，加尔文在日内瓦市政当局的支持下，实施宗教改革，创立了加尔文教派。同路德一样，加尔文也主张"信仰得救"，建立"廉俭教会"。但他提出一种"先定论"的说法，即上帝把人类分为"选民"和"弃民"，"选民"注定得救，"弃民"注定受穷。人们在现实生活中的成功和失败，就是"选民"和"弃民"的标志。由此，他鼓励信徒积极从事现世活动，发财致富，以证明自己是上帝的"选民"。这种说教比路德宗更迎合新兴资产阶级的利益和要求。

日内瓦神权共和国

加尔文的新教会由教徒选举产生的长老和牧师共同管理。长老一般是富有的市民，管理一切教务。1541年，日内瓦市政府根据加尔文的建议，成立了由长老、市议员和政府官员共同组成的政教合一的神权共和国。日内瓦神权共和国的建立体现了宗教改革的资产阶级性质，对西欧各国历史的发展具有深远意义。此后，加尔文教在英国、法国、瑞士、尼德兰等资本主义发展较快的国家和地区得到广泛传播。

加尔文布道

英国宗教改革
以加强王权为主要目的

在英国，每年有大量财富流向罗马教廷，严重地妨碍了国王、新贵族和资产阶级的利益，因而英国出现了自上而下的宗教改革。其直接导因是英王亨利八世的离婚案。1534年，国会通过"至尊法案"，宣布国王为英国教会最高首脑，拥有任命教职和决定教义的权力。新教会大力宣传"君权神授"的思想，国王的权力被神圣化。英国的宗教改革虽然很不彻底，但它加强了王权，对资产阶级和新贵族有利。

亨利八世

亨利八世离婚案

亨利八世以王后凯瑟琳（德皇查里五世的姑母）无男嗣为借口，派约克大主教、大法官、教廷驻英代表华尔西去罗马请教皇批准他的离婚请求。教皇惧怕查理五世的权威而没有应允。1533年，亨利八世与罗马教皇决裂，下令禁止英国教会向教廷缴纳岁贡，割断英国与教廷的一切联系。英国进行宗教改革后，在新教会就任的坎伯雷大主教主持法庭，宣布亨利八世与凯瑟琳的婚姻无效，批准了亨利与宫女安娜·波琳的婚姻。

亨利八世的马蹬

欧洲宗教改革大事年表

1517	马丁·路德公开发表《九十五条论纲》，反对在德国出售赎罪券的行为。欧洲宗教改革运动开始。
1521	路德被逐出教会。
1533	亨利八世为了和凯瑟琳王后离婚而与罗马教廷决裂。
1534	罗耀拉创立耶稣会。
1541	加尔文在日内瓦开始实施宗教改革。

血腥玛丽迫害新教徒
英女王企图恢复天主教势力

凯瑟琳的女儿玛丽在位时(1553~1558)，为了恢复了天主教的势力，残酷迫害新教徒，因此获得"血腥玛丽"的称号。玛丽对新教徒的迫害有其个人原因。她的父亲亨利八世曾经不顾罗马教廷的反对而和皇后凯瑟琳离婚。由于没有得到教会的承认，玛丽只能算是私生子。所以她试图通过对罗马教廷的效忠来换取教会对这一桩离婚事件的承认，从而使她的身份合法化。

清教徒运动
清除天主教残余的宗教运动

16世纪末至17世纪初，一群要求清除英国国教中的天主教影响、建立由资产阶级领导的廉洁教会的人被称为清教徒。16世纪末，清教徒分成两派：一派是长老会派，代表大资产阶级和部分大贵族，要求在英国建立像加尔文教那样的长老会制。另一派为独立派，代表小资产阶级和小贵族，主张每一个教会完全独立，由信徒共同管理。清教徒的主张与国教发生冲突，因而受到迫害。随着清教徒运动的发展，宗教斗争愈演愈烈，并且与政治斗争密切结合在一起。到1640年，资产阶级在清教徒的旗帜下，掀起了反对专制制度的资产阶级革命。

法国与新教
天主教与新教的两派对立

16世纪20年代，路德教传入法国。当时法兰西斯一世正和德皇查理五世作战，亟需德国新教诸侯的支持，因此对新教采取容忍的态度。从1534年开始，他改变政策，开始迫害新教徒。到40年代，加尔文教开始在法国南部传播。南部的一部分大贵族和资产阶级为了夺取教产，对抗王权，割据称雄，都接受了加尔文教。这些改奉加尔文教的教徒称为"胡格诺教徒"（意为参加同盟的人）。这样，法国就形成了以东北部贵族吉斯公爵为首的天主教贵族集团和以波旁家族为首的胡格诺贵族集团。

胡格诺战争
夺取王权的宗教战争

1560年，未成年的查理九世继位。两大贵族集团围绕对国王的监护权展开激烈斗争。长达30余年的胡格诺战争从此开始。它既是一场宗教战争，也是一场争夺政权的战争。1594年3月，亨利四世登上法国王位。身为天主教徒的亨利四世于1598年4月颁布了"南特敕令"，宣布天主教为法国国教；胡格诺教徒有信仰和传教的自由，有权召集自己的宗教会议，在担任国家官职上享有与旧教徒同等的权利。

法国宫廷舞会

天主教改革
天主教会内部的整顿

席卷西欧的宗教改革运动摇了罗马天主教的统治地位。罗马教廷为摆脱危机，进行了天主教改革。他们一方面整顿天主教会内部，惩办贪污腐化、渎职和不守教规的教士；另一方面调整教会与世俗政权的关系，对信奉天主教的封建统治者做出让步，以换取他们的支持。

耶稣会
天主教遏制新教的工具

天主教在改革中还创立了一批修士会，其中影响最大的当推西班牙贵族、军官罗耀拉于1534年创立的耶稣会。该会于1540年得到教皇保罗三世批准，取得合法地位。耶稣会仿效军队编制，层层控制，组织严密。耶稣会修士可以不穿僧衣，他们出入宫廷和政府部门，结交达官显贵，扩展政治势力，遏制新教的改革运动。耶稣会还兴办学校、医院，从事工商业和殖民掠夺活动。为争取信徒，与新教抗衡，耶稣会派遣大量传教士到海外传教。他们的活动范围几乎遍及全球。

天主教焚毁宣扬"异端"学说的书籍。

都铎王朝统治下的英国

·像历史学家一样思考·

从15世纪开始,英国进入都铎王朝的统治时期。这一时期,英国社会的资本主义工业和农业得到迅速发展,封建制度逐渐瓦解。王朝的统治者大多视新兴贵族和资产阶级为主要依靠力量,建立和巩固强大的王权。著名的伊丽莎白女王统治时期,王朝统治达到极盛。在都铎王朝统治时期,英国对内抚平了战乱的创伤,对外摆脱了罗马教廷的控制,国势日见强盛,为未来的"大英帝国"奠定了基础。

想一想 英国在都铎王朝时期获得了怎样的发展?

玫瑰战争
争夺王位之战

从1453年至1485年,英国贵族为了争夺国家最高统治权进行了长达30多年的战争,战争双方是兰凯斯特家族与约克家族。兰凯斯特家族以红玫瑰为族徽,约克家族以白玫瑰为族徽,所以,这次战争被称为"玫瑰战争"或"红白玫瑰战争"。约克家族代表着英法百年战争中兴起的中小贵族的利益,而兰凯斯特家族代表传统的大封建贵族的利益。他们之间的权力之争,实际是新兴的市民阶层向传统贵族索要权力的斗争。

作为家族族徽的玫瑰花

亨利七世

都铎王朝的建立
两大家族合而为一

1485年8月23日,在玫瑰战争的最后一场战役——波士沃斯特战役中,出身兰凯斯特家族的亨利·都铎击败查理三世,登上了英国王位,称亨利七世。为了缓和紧张的政治局面,他同约克家族的继承人伊丽莎白结婚,将原来的两大家族合为一个家族。都铎王朝的统治从此开始。

亨利八世的统治
确立政教合一制度

都铎王朝亨利八世在位期间,进一步加强王权,建立政治和行政案件法庭,并进行自上而下的宗教改革。1534年,国会通过法案,宣布国王为英国教会的最高首脑,拥有任命教会各级教职和决定教义的权力。都铎王朝君主从有利于封建国家政权的角度出发,在很大程度上推行了满足新贵族和资产阶级利益的重商主义政策,保护工商业,奖励航海事业。

解散修道院

1536~1540年间,亨利八世查封了近800所修道院,将近万名修士、修女驱逐出去,把教产出售或赠给宠臣。他这样做是为了粉碎罗马天主教皇对英国的统治,同时筹集钱财。他建立了英国新教教会,但他本人还不算是热心的新教徒。真正的新教教会是在伊丽莎白一世时期发展起来的。

每日吃饭时诵读经文的修女

文艺复兴时期 | 97

玛丽一世

英国女王玛丽·都铎
英国第一位女王

1553年，人称"血腥玛丽"的玛丽·都铎成为英国女王，称玛丽一世。她是英国历史上的第一位女王。玛丽一世同她的父亲亨利八世一样，经常施展君威，以影响议会的立法进程和结果，强化专制王权。她还在英国国内复辟旧教势力，恢复罗马教皇在英国的权威，引起了巨大的民愤。1558年10月，玛丽·都铎去世。同年，她同父异母的妹妹伊利莎白即位。

伊丽莎白一世

英国女王伊丽莎白
英国历史上最著名的女王

伊丽莎白一世是英国都铎王朝著名的女王，她在位期间(1558～1603)，最终确立起英国国教的地位，彻底断绝了英国教会与罗马天主教会的关系，并且再一次把英国教会置于王权的控制之下。在政治上，她依靠新贵族和城市资产阶级，进一步发展绝对君主制；在经济上，她推行重商主义政策，保护本国工业的发展，为贸易公司颁发特许状，大力发展航海业和军需工业；在对外关系方面，她统治时期的英国与西班牙展开了长达半个世纪的斗争，并最终打败西班牙建立了海上霸权。伊丽莎白女王甚至鼓励英国海盗对西班牙商船的掠劫行为，视走私和贩卖黑奴的活动为发财致富的有效途径。伊丽莎白一世终身未婚，被称为"童贞女王"。她是都铎王朝的最后一位国王，死后王位传给苏格兰国王詹姆斯一世。

圈地运动
资本主义性质的土地关系变革

15～16世纪，英国新贵族，领主和地主收回租给农民的份地，驱逐农民，强占村社公有耕地，把土地连成一片，围起篱笆或挖开壕沟，放牧羊群。这就是圈地运动。其原因主要在于新航线开辟后，毛纺织业飞跃发展，羊毛价格昂贵，养羊成为有利可图的事业。圈地运动是资本原始积累的手段之一，加速了英国资本主义的发展。

血腥立法

圈地运动使农民流离失所，引起了社会秩序的动荡不安。都铎王朝颁布了一系列迫害破产农民和禁止流浪的法令，目的是迫使他们习惯于雇佣劳动制度所必需的纪律。在亨利八世统治时期，有7万多失地农民被处死，平均每年被送上绞刑架的达300多人。

都铎王朝大事年表

1485	亨利·都铎登上英国王位，称亨利七世。都铎王朝的统治开始。
1534	亨利八世自任英国教会最高首脑。
1536	从这一年开始，亨利八世陆续解散了800多所修道院。
1553	玛丽·都铎即位，恢复了罗马教皇在英国的权威。
1558	伊丽莎白女王即位。英国进入封建王朝的黄金时代。

荷兰独立

像历史学家一样思考

在追溯近代资本主义文明制度创立的历程时，需要越过英国首先谈谈尼德兰。尼德兰在中世纪初期曾是法兰克王国的中心。11世纪后分裂为许多封建领地，分别隶属于德国和法国。15世纪成为勃艮第公国的组成部分。后来由于王室联姻及继承演变，成为哈布斯堡家族的领地。16世纪初又转属封建专制的西班牙王国。早在13~15世纪，尼德兰的手工业和商业就已发展起来。到16世纪中叶，这里爆发了历史上首次成功的资产阶级革命。

想一想 在尼德兰资产阶级革命中导致南北双方分道扬镳的根本原因是什么？

尼德兰的镀金蜗牛摆件

西属尼德兰
资本主义生产关系最早成熟之地

尼德兰（意即"低洼之地"），包括今天的荷兰、比利时、卢森堡及法国东北部的一部分，由17个省组成。这里工商业很发达，有大小城市上百座，被人们称为"城市之国"。在北方各省，尤其在荷兰省，毛纺、造船、印刷等资本主义手工工场的规模日益扩大，农村中也出现了以资本主义方式经营的农场，资本主义经济关系逐渐形成。尼德兰文化繁荣，成为继意大利之后的又一个欧洲文化艺术中心。16世纪初，尼德兰是西班牙王国的属地。西班牙当局在政治、经济和宗教上对尼德兰实行残酷统治，人民苦不堪言。

尼德兰资产阶级革命
以"圣像破坏运动"为起点

1566年，由于西班牙当局拒绝尼德兰"贵族同盟"要求停止迫害新教徒和召开三级会议的请愿书，终于酿成一场声势浩大的革命。同年8月，佛兰德尔市民首先发动"圣像破坏运动"，很快波及其他地区。到了10月，有12个省区都被卷入，参加者达数万人。起义者捣毁教堂寺院5500多所。"圣像破坏运动"标志着尼德兰资产阶级革命开始了。

16世纪的荷兰艺术品——鸟形水壶

尼德兰游击战争
坚持不懈的反抗斗争

由于西班牙派出军队对革命进行镇压，大批手工业者、农民和一部分资产阶级分子组成森林游击队，自称"森林乞丐"。他们还在荷兰附近的海域组成海上游击队，自称"海上乞丐"。游击队的队伍逐渐扩大，一些资产阶级分子逐渐取得了游击队的领导权。1572年4月，一支海上游击队占领了莱茵河口西兰岛上的小城市里尔。这一胜利吹响了北方起义的号角。尼德兰革命进入了高潮。

阿姆斯特丹的证券交易所

西班牙洗劫安特卫普
西班牙镇压革命的暴行

为了镇压尼德兰革命，西班牙国王腓力二世派阿尔瓦公爵为尼德兰总督，下令必要时可使用恐怖手摧毁任何反抗力量。1576年，西班牙军队洗劫了尼德兰的安特卫普——当时欧洲最富有的港口之一。许多商人和银行家移居到阿姆斯特丹。他们开挖运河，扩建海军来加强防御，并努力发展贸易、银行业和工业。

奥兰治的威廉

1559年，奥兰治的威廉成为尼德兰地区的西班牙总督，但他反对西班牙统治，领导了1567~1572年的荷兰人的起义。1573年，奥兰治的威廉成为加尔文派教徒。1584年，他被狂热的天主教徒巴尔塔扎尔·热拉尔兹刺杀。

尼德兰革命的意义
冲破了欧洲封建制度的重围

尼德兰资产阶级革命的胜利具有重大的历史意义。它是世界历史上第一次成功的资产阶级革命。而且，它是在整个欧洲都处在封建统治之时，建立的第一个资产阶级共和国，将欧洲的封建制度打开了一个缺口。它使尼德兰北方人民争得了民族独立和信仰加尔文教的自由，沉重打击了西班牙的霸权和天主教反动势力，为荷兰资本主义的发展开辟了道路。

"护教者"腓力二世

奥兰治的威廉

荷兰羔皮嵌金显微镜

斗争与妥协
两个对立的联盟

1572年，尼德兰北方各省举行大起义，解放了荷兰、泽兰两省的大部分。8月，在北方各省议会上，奥兰治的威廉被推为总督。1576年，在南北方代表同时参加的三级会议上，缔结了《根特协定》，约定恢复南北统一，共同反抗西班牙。但南方贵族慑于人民革命运动的高涨，一面镇压人民起义，一面转而与西班牙妥协。1579年1月，南方贵族组成"阿拉斯联盟"，承认西班牙国王腓力二世是他们"合法的统治者和君主"。而北方各省和南方部分城市为对抗南方贵族的背叛行为，以荷兰省为首结成"乌特勒支同盟"。

尼德兰共和国
第一个资产阶级共和国

乌特勒支同盟各省派代表组成三级会议作为同盟的最高权力机关，并统一货币与度量衡，实行共同的军事、外交政策。同盟于1581年7月26日宣布独立，成立了世界上第一个资产阶级共和国——联省共和国，定都阿姆斯特丹，因荷兰省最大，又称荷兰共和国。由奥兰治的威廉担任执政官，称威廉一世，职位世袭。1609年，西班牙与荷兰签订《十二年停战协定》，承认荷兰为主权国家。

尼德兰镶银木碗

荷兰独立大事年表

1566	佛兰德尔市民发动"圣像破坏运动"，尼德兰资产阶级革命爆发。
1567	威廉(1533~1584)率领荷兰人反抗西班牙的统治。
1572	北方起义的大爆发使尼德兰资产阶级革命进入了高潮。
1576	西班牙军队摧毁了安特卫普，许多居民迁到阿姆斯特丹。
1577	荷兰与英国共同打击西班牙。
1579	荷兰北方各省和南方部分城市成立"乌特勒支同盟"。
1581	荷兰联省共和国宣布独立，由奥兰治的威廉担任执政官。
1609	西班牙承认荷兰独立。

中国：明朝

·像历史学家一样思考·

元朝的统治在14世纪走向衰落，起义军赶走了元朝最后一位皇帝。1368年，农民起义军的领袖朱元璋建立了一个新王朝——明朝。在明王朝统治中国的近300年中，封建中央集权达到了极致。明朝盛期，郑和扬帆远航，七下西洋，沟通了中国与世界的交流。但明朝中后期采取闭关锁国政策，加上宦官专权，各种矛盾日益激化，王朝逐渐衰落，终于在1644年为清所灭。

想一想 如何理解郑和的远洋航行在中国对外交流史上的重要意义？

《大明谱系》
用来记录皇室宗谱的典册。

明代藩王的金冠

朱元璋建明朝
农民起义军的胜出者

元朝末年，蒙古贵族统治下的元朝陷入了空前的危机之中。农民起义的烽火燃遍各地，天下大乱。在农民起义军中，朱元璋一系越来越强大。朱元璋少时曾因生活所迫入寺为僧，后投奔郭子兴领导的红巾军，逐步成为起义军领袖，并先后打败诸雄。1368年，朱元璋在应天府即皇帝位，定国号为"大明"，建元洪武，设官分职，开始了明王朝的统治。

明太祖朱元璋

洪武建制
明朝皇权专制的加强

明太祖朱元璋为巩固统治，大肆加强皇权。他在中央撤丞相一职，改设六部，六部尚书直接听命于皇帝；在地方设承宣布政使司、提刑按察使司、都指挥使司，分掌地方民政、财政、刑法、军事，各自直属中央。这一系列措施在历史上被称为"洪武建制"，它极力强化了皇权，大大加强了中国的封建专制主义。

明代皇帝的帽冕

靖难之役
燕王朱棣夺取王位

明太祖为巩固朱氏统治，实行分封藩王的制度。后来藩王势力扩张，影响到中央集权统治。1398年，建文帝主政后决心削藩，以加强中央集权。1399年，实力最强的藩王燕王朱棣兴兵反抗。燕军号称"靖难军"，"靖难之役"自此开始。"靖难之役"历时近4年，给社会经济造成了极大的破坏。燕王朱棣最终取得胜利，在南京称帝，于1403年改元永乐，是为明成祖。

明成祖朱棣
建树颇多的明代皇帝

明成祖即位之初就提出"为治之首在宽猛适中"的原则，利用儒士，因才施用，继续实行朱元璋的富民政策，加强对豪强地主的控制。朱棣在位期间实行削藩政策，进一步强化君主专制。他重视监察机构的作用，设立分遣御史巡行天下的制度，并重用宦官，开明朝宦官干政之始。在朱棣的统治下，明初的中国社会政治稳定、经济繁荣。

文艺复兴时期 | 101

明朝宦官专权
阉党权擅天下

明朝宦官专权十分严重。英宗时的宦官王振、宪宗时的宦官汪直皆曾罗织党羽，至武宗时宦官刘瑾专权，阉党势力正式形成。他们排斥异己，广取贿赂，作威作福。不仅如此，他们还屡兴大狱，打击反对派，扩大权势。熹宗时，魏忠贤专权。一大批朝官依附于他，形成明代最大的阉党集团。

《明人宫装图》中的太监

戚继光抗倭
明朝将领平定沿海倭患

自明朝中期起，在日本国内混战失败的南朝封建主组织武士、浪人到中国沿海一带走私、抢劫。1557年，明朝廷派戚继光率军抗倭。戚继光在浙东九战九捷，基本上平定了浙东倭患。1562年，倭寇转而大举进犯福建沿海。戚继光又率军入闽，大破倭寇。1564年，戚继光在仙游城下击败大批倭寇。仙游之役后，倭患逐渐平息。

明末农民大起义
明朝后期腐朽统治的结果

明朝末年，宦官专权，统治腐朽，土地集中达到惊人的地步。1628年，陕北地区旱灾严重，颗粒无收，官府却照旧催逼租税。农民忍无可忍，纷纷举起造反大旗。农民起义发展迅速，涌现出高迎祥等几十支农民军。高迎祥称闯王，他牺牲以后，起义军拥戴李自成为闯王。起义军的主力分成两支，一支由李自成率领，另一支由张献忠率领。

李自成建立大顺政权
农民起义军建立政权机构

在明末农民起义战争中，李自成农民起义军的势力不断扩大。1644年，李自成正式宣布建国，改西安为西京，国号"大顺"，建元"永昌"。李自成推行"均田免赋"、"割富济贫"等政策，安置流民，稳定物价，又加紧练兵，积极备战。经过采取一系列军政措施以后，农民革命政权根基渐稳，起义军在李自成的亲自率领下，开始进攻北京。

戚继光

明朝覆灭
农民起义军攻占北京

1644年3月，大顺军会师北京城下。李自成亲自指挥大军奋力进攻，先后攻破外城和内城。明朝的最后一个皇帝崇祯帝见大势已去，便自缢于煤山寿皇亭的树下。明朝至此宣告灭亡。明亡后，其宗室残余势力曾先后在南方建立弘光、隆武等四个政权，史称南明，后为清军各个击破。

澳门的大三巴牌坊

葡萄牙殖民者侵占澳门
中国最早的西方殖民主义入侵

从16世纪开始，葡萄牙、西班牙、荷兰等国的殖民者相继来到东方，抢占殖民地，开始了对中国的侵略。葡萄牙人贿赂明朝官吏，借口要到澳门海岸上曝晒水浸货物，请求上岸居住。得逞以后，他们便在澳门扩大居住地区，建筑城墙、炮台，自设官吏，使澳门成为西方殖民者入侵中国的据点。

明代航海技术
中国古代航海技术走向成熟

明朝的海洋航行开辟了历史上最长的航路，建立了纵横交错的远洋航线网络，反映了中国古代航海技术的成熟。明朝船队除了采用前人季风确定航线、指南针导航等技术外，还在《过洋牵星图》中记录了众多的星宿定位数据和不同海区天体高度的变化，对古代的天文导航有重要贡献。

《过洋牵星图》书影

郑和下西洋
中国航海史上的伟大创举

明朝前期，为了加强同海外各国的联系，明成祖派遣宦官郑和出使西洋。1405年，郑和第一次出使西洋。他率领27000多人，乘坐200多艘海船，浩浩荡荡地从刘家港出发。到1433年，郑和前后出使西洋共7次，先后抵达亚、非30多个国家和地区，最远到达非洲东海岸和红海沿岸。郑和的远航比哥伦布航海早半个多世纪，且船队规模大至数倍，表明了明代中国造船和航海技术在世界的领先地位。

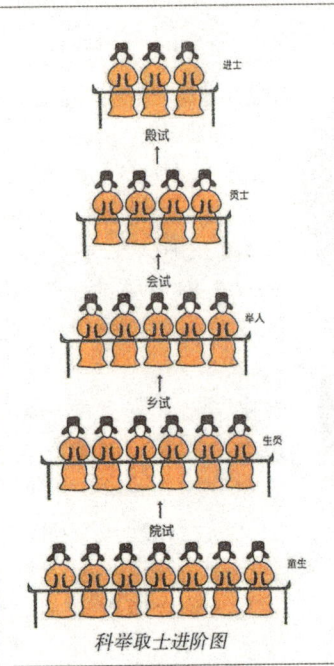

郑和宝船复原图

科举取士进阶图

明代八股取士
禁锢知识分子思想的科举制

1370年，明朝开始设科取士，并规定试卷必须专取四书、五经中的文句命题。应试者不允许擅自发挥，只准仿古人语气撰文，即所谓"代圣贤立言"。这种应试文体逐渐固定为文体格式化、文风呆板的八股文。八股文自明前期确定为科举考试的文体后，一直为后来的统治者所沿袭，成为禁锢知识分子思想的工具。

《永乐大典》
中国古代的"百科全书"

为了笼络人心，尤其是为了拉拢知识分子，明成祖决定组织大批士人编纂一部规模空前的类书。永乐元年(1403)，成祖诏令翰林大学士解缙等主持编写工作，由礼部挑选全国各地的资深儒士参与编纂，书法好的国子监及郡县生员负责缮写。永乐六年(1408)，书稿修成，共22937卷，11095册。成祖亲自定名为《永乐大典》，并特地为它作序。《永乐大典》卷帙浩繁，堪称中国最成熟最杰出的一部"百科全书"。

《永乐大典》

明代戏曲
中国戏曲艺术的颠峰

明朝是中国戏曲艺术发展的黄金时代。明中期后，江南经济发展，城镇居民增多，戏曲表演艺术有充分的物质条件及观众需求，在前期成熟的基础上向高峰期迈进。明朝戏曲有传奇及杂剧两种形式，皆承续宋元的戏曲传统，并以传奇为主流。明杂剧既含有北杂剧的因素，又受到南传奇的影响，形成了自己的个性特点。

明代科技

居于世界领先地位的科学技术

明代科技十分发达，其医学、农学、冶铸技术等，在当时都居世界领先地位。明代农学家徐光启潜心研究农学，著有《农政全书》60卷。宋应星的科技著作《天工开物》系统记述了中国农业、手工业的各种成就。李时珍编写的《本草纲目》成书于1578年，是中国药物学的集大成之作，被称为"东方医学巨典"。

李时珍

宋应星《天工开物》的书影

明长城

工程浩大的军事防御体系

明王朝利用北魏、北齐、秦、隋长城的旧筑，在北部地区先后多次加修长城。明时称长城为"边墙"。明长城是中国历史上规模最大的长城，也是保存最完整、最坚固、最雄伟的长城。明长城西起嘉峪关，东达鸭绿江，横贯今甘肃、宁夏、陕西、山西、内蒙古、河北、北京、天津、辽宁等省、市、自治区，全长6350多千米，故又名万里长城。其中一些部分至今仍保存完好。明长城不仅工程浩大，在工程材料和修筑技术上也有很大改进。明代修筑长城主要是为了防御蒙古、女真等北方游牧民族的扰掠，同时，它对明王朝新建政权的巩固、北部地区畜牧业生产的稳定和国家的安全都起了积极的作用。

资本主义的萌芽

早期的资本家和雇佣工人

明朝中后期，在商品经济比较发达的江南地区的纺织业等手工业部门中，产生了资本主义生产关系的萌芽。许多以丝织为业的机户拥有大量的资金和几台至几十台织机，开设机房，雇佣机工进行生产。机户就是早期的资本家，而机工是早期的雇佣工人，靠出卖劳动力为生。苏州城有劳动力市场，工人们聚集在桥头巷口，等待机户雇佣。他们与机户的关系，已经是"机户出资，机工出力"的资本主义雇佣关系。

中国明朝大事年表

1368	明朝建立。
1398	明朝第一个皇帝朱元璋驾崩。
1399	燕王朱棣发动"靖难之役"，自即帝位。
1405	从这一年开始，郑和率领船队七次向西航行，对印度和东非进行访问。船队每到一个国家，都受到热烈欢迎。
1408	《永乐大典》修成，明成祖亲自为之作序。
1421	明朝都城从南京迁到北京。
1514	葡萄牙商人的船队到达中国。
1522	荷兰商人的船队到达中国。
1551	明朝廷禁止到中国水域以外出海。
1557	葡萄牙在澳门建立了第一个贸易基地。
1644	明朝最后一个皇帝崇祯自杀。

近代世界

启蒙时代

像历史学家一样思考

启蒙时代涵盖了17世纪后期和18世纪。这一时期,科学发展突飞猛进,人们的思想也发生了重大变化。哲学家们开始思索有关政府政权、个人自由以及宗教信仰等问题。于是,一场继文艺复兴之后又一次具有重大意义的思想解放运动展开了。思想的开放转而推动了科学技术的进一步发展,以及社会与政治的理念更新。

启蒙时代的名人们

想一想 请你结合背景、内容和历史作用,比较启蒙运动和文艺复兴运动的异同。

启蒙运动
一次思想解放运动

启蒙运动的中心在法国,孟德斯鸠、伏尔泰、狄德罗、卢梭等人是启蒙运动的伟大旗手。启蒙思想家对封建主义的支柱——王权、神权和特权进行了猛烈抨击。他们提倡"理性",将其作为思想和行动的基础,并主张"天赋人权"。启蒙运动影响深远,是资产阶级反对封建制度和教会权威的思想武器,为法国大革命作了思想上的准备。

孟德斯鸠
资产阶级法学理论的奠基者

孟德斯鸠(1689~1755)是启蒙运动的先驱。他出身于波尔多附近的一个贵族家庭,曾任波尔多法院院长,后弃官去欧洲各国旅行。他的哲理小说《波斯人信札》,揭露了封建制度的专横和腐朽。在其主要著作《论法的精神》一书中,他探讨了不同环境、历史、宗教传统对政府机构影响的方式。

18世纪启蒙运动的倡导者们汇聚一堂。

三权分立说
资产阶级统治制度的理论基础

孟德斯鸠借鉴英国资产阶级的立宪政治,在《论法的精神》一书中提出了三权分立理论,即将国家权力分为立法权、行政权和司法权,三者彼此独立,相互制约,以防止专制暴政。孟德斯鸠的权力"制衡"思想影响了启蒙运动时期其他许多政治理论家,并在1787年美国宪法的制定过程中起了特别重要的作用。

伏尔泰

伏尔泰
启蒙运动的泰斗

伏尔泰(1694~1778)是法国启蒙运动的领袖,著名的文学家、哲学家、历史学家和社会活动家。在18世纪法国启蒙运动中,伏尔泰献身其中60余年,做出了不可磨灭的贡献,堪称启蒙泰斗。伏尔泰一生勤于写作,作品甚丰,通过撰写抨击文章、科学论文及艺术作品,无情地揭露了法国社会的黑暗和腐朽。他在启蒙时代扮演了领导者的角色,因过激批判而被政府两次投入巴士底狱中。

《哲学书信》

1726～1729年，伏尔泰一直在英国居住。在那里他深入地研究了英国的政治制度、洛克的哲学及牛顿的科学论述，从而形成了他的反封建的政治主张，坚定了他反对天主教神学、宣扬信仰自由的决心。在这期间，他开始酝酿他的第一部哲学和政治专著——《哲学书信》。1733年，《哲学书信》英文版问世。该书阐述了作者的哲学、神学及政治观点。

《哲学书信》的封面

让·雅克·卢梭

法国大革命的思想先驱

卢梭（1712～1778）出生于瑞士日内瓦一个钟表匠家庭，自幼家境贫寒，当过学徒、杂役、家庭书记、教师、流浪的音乐家等等。贫困的生活以及同下层人民的不断接触，使他深刻了解了人民的疾苦。卢梭的思想影响了整整一个时代的法国社会。法国大革命中的雅各宾派是他的思想指导下进行活动的。卢梭的著作主要有《论人类不平等的起源》、《爱弥儿》、《社会契约论》等。这些著作表达了他那博大精深的新思想。

《社会契约论》

1762年，卢梭的重要著作《社会契约论》出版。这部书是反映他政治思想主张的代表作之一。在这部著作中，卢梭设计了一个资产阶级改革方案。他依据国家起源的契约理论，设计了一个在当时的社会条件下可以允许存在的国家制度。卢梭的社会契约学说对18世纪的法国大革命起了直接的指导作用。

卢梭的著作被后人广泛阅读，影响深远。

狄德罗

《百科全书》的编著者

狄德罗（1713～1784）是启蒙时代各位哲学家中最具纲领性的一位。年轻时，作为一位煽动叛乱者，他曾因抨击宗教而被单独监禁，此后一直生活在被审查和监禁的威胁之中。但他一生从未在彻底的唯物主义哲学信仰中后退一步，不放过一切机会去批判他认为落后、专制的东西。狄德罗和伏尔泰一样以小说、戏剧等体裁撰写过多种题材的著作，如《哲学思想录》、《论盲人书简》、《对自然的解释》等。但他最大的成就是编著了《百科全书》。

卢梭——革命的预言家

狄德罗

百科全书派

法国启蒙运动的思想家们认为知识"是通往幸福之路"。启蒙运动的先驱狄德罗集合了包括哲学家、科学家、文学家、艺术家、军事家、律师、医生、工程师等在内的130多人，历时20多年，于1751年4月编写了28卷本的《百科全书》，创下了百科全书由名家执笔的先例，形成了法国启蒙运动中的百科全书派。他们提出"物质第一性，意识第二性"的唯物主义观点，坚持无神论，宣扬资产阶级的自由平等。通过科学知识的传播，向教会和封建制度发起了进攻。

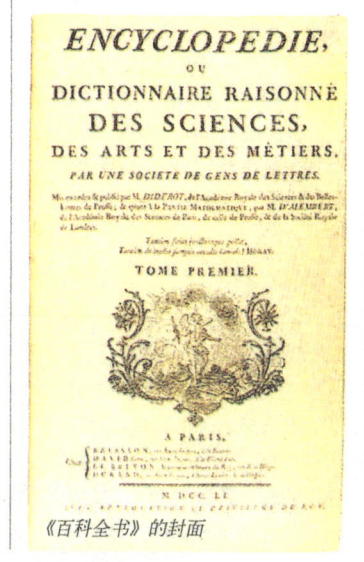

《百科全书》的封面

亚当·斯密

现代西方经济学的鼻祖

亚当·斯密(1723～1790)是18世纪英国最著名的经济学家、英国古典政治经济学理论体系的创立者。他生于苏格兰一个海关职员家庭。1759年，他发表《道德情操论》，声誉鹊起，一跃成为英国第一流的学者。1764年，他游学法国，结识了启蒙思想家伏尔泰等人，在思想上受到很大影响。斯密回到家乡后，专心致力于政治经济学的研究和著述，历10年艰辛，于1776年出版了著名的《国民财富的性质和原因的研究》(简称《国富论》)，创立了古典政治经济学的理论体系。

亚当·斯密

《国富论》

《国富论》以国民财富为研究对象，目的在于找出促进和阻碍资产阶级财富增长的原因，为资产阶级反封建和反重商主义的斗争提供理论武器。斯密把劳动分工作为提高劳动生产率、增加国民财富的一个重要途径，并积极主张自由贸易。在经济学发展史上，斯密系统地论述了劳动价值论的基本原理。他还认为一切财富都来自生产领域，劳动是衡量一切商品交换价值的真实尺度，并区分了简单劳动和复杂劳动，正确表述了价格围绕价值波动的规律性。

牛顿

科学史上的巨匠

牛顿(1642～1727)是英国著名的物理学家、数学家和天文学家。他生于英格兰的一个小农家庭。1687年，牛顿完成了《自然哲学的数学原理》这部不朽巨著。在这部划时代著作中，牛顿确定了质量、动量、惯性、力等基本概念，并提出了著名的运动三定律和万有引力定律。牛顿还用万有引力理论论证了彗星沿圆锥曲线运动的猜想，并指出潮汐是由月球和太阳的引力造成的。牛顿力学正确地反映了机械运动的规律，实现了物理学的第一次理论大综合，对整个近代自然科学和工程技术的发展产生了巨大而深远的影响。牛顿因此被尊为"现代科学之父"，成为人类历史上超越时空的科学巨人。

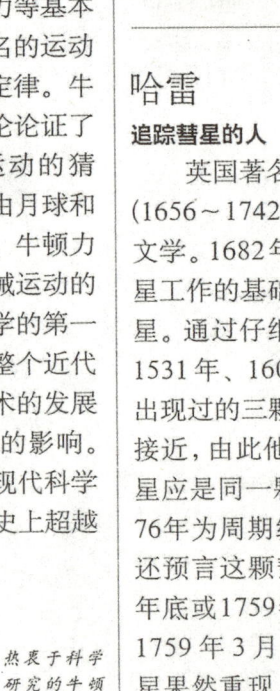

热衷于科学研究的牛顿一生都在孜孜不倦地工作着。

牛顿与苹果

传说有一次因天气炎热，牛顿走出屋坐在苹果树下乘凉。当他的目光从周围移向天空时，"啪"的一声，一只苹果从树上落下来，正巧砸在他的头上。这个无比平常的现象引发了他的思考：既然苹果能落到地面上，那么，月亮为什么掉不下来呢？由此，牛顿发现了万有引力定律。

哈雷

追踪彗星的人

英国著名天文学家哈雷(1656～1742)从小就爱好天文学。1682年，他在牛顿彗星工作的基础上开始研究彗星。通过仔细研究，他发现1531年、1607年和1682年出现过的三颗彗星轨道十分接近，由此他断定这三颗彗星应是同一颗彗星，以75～76年为周期绕太阳运行。他还预言这颗彗星将于1758年底或1759年初再度回归。1759年3月12日，这颗彗星果然重现，但哈雷已离开人世。为纪念他，人们就把这颗彗星定名为"哈雷彗星"。哈雷的工作使人们改变了彗星神秘莫测和不可认识的观点。此后，哈雷彗星又于1835年和1910年重新出现，当1985～1986年它再度光临时，全世界成千上万的人都观看到了那壮观的景象。

1986年4月哈雷彗星回归近日点时的照片

皇家天文台
欧洲最先进的天文台

皇家格林威治天文台由查理二世建立，他本人亦是一位天文学家。首任皇家天文学家是当时著名天文学家约翰·弗拉姆斯蒂德。这座天文台由克里斯托弗·雷恩在1675年建造，用于给海员们提供准确的星图和行星移动的图表。格林威治成了研究时间的中心。世界以格林威治时间为标准时间就是在1880年确定的。几个世纪以来，格林威治一直都是非常重要的天文台，影响深远。

博物学家 林奈

哈里森与天文航海钟
精确测定经度的仪器

在16～17世纪以前，航海家们还没有一种能够测定经度的精确仪器可供使用，常有船只因误算经度而在大雾中触礁沉没。1735年，一位木匠的儿子约翰·哈里森，制造出了第一号航海天文钟。这个新仪器也称精密计时器，使用发条作动力。以后，他又制成三个体积更小、更精确的天文钟。天文钟的出现为航海者提供了有效的可靠仪器，拉开了现代航海的序幕。

林奈与植物分类法
科学分类学的一大进步

林奈（1707～1778）是瑞典博物学家，现代生物分类学的奠基人。林奈终生致力于生物和植物学的研究工作。他的重要著作《植物种志》始作于1746年，历6年完成，于1753年出版，该书奠定了近代植物分类学的基础。他一生的最大贡献是确立了生物分类的双名法，而且鉴定并命名了数以万计的动、植物物种，结束了动、植物分类命名的混乱局面，大大促进了科学分类学的发展。

电学的发展
18世纪科学家所掌握的电学

1600年前后，英国人威廉·吉尔伯特发现了天然磁石的磁性，并把"电"一词引入英语。17世纪后期开始，一些国家的科学家逐渐开始掌握我们所知道的电学。1745年，荷兰莱顿大学的一批科学家发明了把电贮藏在"莱顿瓶"中的方法。1749年，美国人本杰明·富兰克林利用风筝线导电，并由此发明了避雷针。

启蒙时代大事年表

1675	皇家格林威治天文台建造。
1682	哈雷发现了哈雷彗星，并对之做出预言。
1687	牛顿的代表作《自然哲学的数学原理》出版。在书中，他提出了牛顿运动定律、万有引力定律以及可视光谱的理论。
1733	伏尔泰的《哲学书信》英文版问世。
1735	哈里森的第一号航海天文钟问世。
1745	荷兰科学家发明了把电贮藏在"莱顿瓶"中的方法。
1749	本杰明·富兰克林利用风筝揭开雷电奥秘。
1751	《百科全书》第一卷出版。
1753	林奈《植物种志》一书出版。
1759	哈雷彗星重现，证实了哈雷的预言。
1762	卢梭的《社会契约论》出版。
1768	《大英百科全书》第一版出版发行。
1776	亚当·斯密《国富论》出版。

英国资产阶级革命时代

· 像历史学家一样思考 ·

英国议会与斯图亚特王朝之间的矛盾在17世纪初变得异常尖锐。斯图亚特王朝代表腐朽没落的封建制度，议会代表了资产阶级和新贵族的利益。资产阶级力图通过议会来摆脱封建制度的束缚，为资本主义的进一步发展创造条件。于是，议会和国王之间爆发了激烈的战争。英国由此进入资产阶级革命时代。这场革命最终使英国确立了君主立宪政体，同时开辟了资产阶级世界革命的时代。

想一想 英国资产阶级革命的完成对资本主义的发展有何影响？为什么说资本主义制度战胜封建制度是历史发展的必然结果？

英国议会士兵

斯图亚特王朝建立
苏格兰与英格兰合并

1603年3月，英格兰都铎王朝的末代女王伊丽莎白一世死后无嗣，由其堂弟、苏格兰国王詹姆士继承王位，称詹姆士一世。英格兰和苏格兰两国王位合二为一。从此，英国开始了斯图亚特王朝的统治。詹姆士一世鼓吹"君权神授"，独断专行。他召开议会，要求下院同意征收新的税项。由于议会极力反对，国王恼羞成怒，下令解散议会，实行独裁统治。

"五月花"号与逃亡的清教徒

在詹姆士一世统治期间，天主教徒和清教徒的关系水火不容。1620年9月6日，102名英国清教徒为逃避宗教迫害，搭乘"五月花"号商船离开英国。经过两个多月的海上漂泊，他们登陆北美，建立起普利茅斯村（其所在地在今天的马萨诸塞州）。上岸前，他们曾制定《五月花号公约》，内容为：组织公民团体，拟定并订立最有利于殖民地的公正而平等的法律、法令、规章、条例及官职等。此公约后来被称为美国历史上第一个政治纲领。

詹姆士一世

查理一世解散议会
英王实行独裁政策

1625年，詹姆士一世之子查理一世上台后仍独断专行。1628年，议会通过了要求限制王权的《权利请愿书》，查理一世在得到议会的35万英镑后，才勉强在《权利请愿书》上签字。不久，国王就宣布请愿书无效，并解散议会，形成多年无议会的局面。

英国议会的斗争
议会与国王的拉锯战

1640年4月，查理一世为筹集军费，被迫恢复长期关闭的议会。议会要求禁止政府的宗教迫害和滥征税收等。查理一世拒绝要求，并于5月解散议会。这届议会前后仅存在3个多星期，史称"短期议会"。伦敦市民对此无比愤怒，掀起声势浩大的游行示威，苏格兰人民也发动起义。查理一世只好于同年11月重开议会。这届议会存在达13年之久，史称"长期议会"。它成为资产阶级和新贵族联盟反对查理一世专制统治的领导中心。它的召开标志着英国资产阶级革命的开端。

英国议会大厦的钟楼

英国内战爆发
国王与议会矛盾积聚的顶点

1641年,英国议会向查理一世递交了反对封建专制主义的"大抗议书",但查理一世拒绝接受。1642年1月,查理一世率军在伦敦市大肆搜捕议会领袖。伦敦市民和附近农民共计10万人手持武器,涌上街头声援议会,使查理一世的企图未能得逞。查理一世认为伦敦议会的势力太大,便逃出伦敦,到封建势力较强的西部和北部集结军队。1642年8月,国王在诺丁汉升起军旗,宣布"讨伐议会",挑起了内战。

英国东部联盟形成
克伦威尔登上英国内战的舞台

内战初期,由于议会长老派的妥协,议会军连吃败仗,伦敦三面被围。乡绅出身的奥利佛·克伦威尔把东部七郡组成东部联盟,站在议会军方面作战。东部联盟以克伦威尔的军队为基础组成自己的军队。军队成员主要由自耕农组成。他们憎恨封建制度,信仰清教。1644年7月,克伦威尔统率东部联盟"铁骑军"在马斯顿草原击败王党军,局势开始出现转机。

英国内战期间王党军与议会军的战斗

纳斯比战役
第一次内战的决定性战役

克伦威尔组织新军,称"新模范军"。新模范军包围了查理一世所在的牛津郡。1645年6月14日清晨,双方在诺森普顿郡的纳斯比草原相遇。王党军以闪电战突袭议会军,议会军落荒而逃。这时,克伦威尔从侧翼发动进攻,击破了王党军右卫,并一举击溃王党军主力。纳斯比战役使议会军取得了决定性胜利。

查理一世成为阶下囚
议会军斗争胜利的结果

纳斯比战役后,查理一世乔装改扮逃往苏格兰。1647年1月,苏格兰人以40万英镑的代价,把查理一世交给了"长期议会"。1647年8月6日,克伦威尔的军队进驻伦敦后,把查理一世囚禁在伦敦汉普顿宫。11月11日夜晚,查理一世从囚禁处逃脱。

英国第二次内战
议会军与王党军的决战

查理一世逃到怀特岛后,煽动各地保王党叛乱,准备发动新的战争。1648年2月,保王党人在英国西南部发动叛乱,挑起了第二次内战。1648年5月,克伦威尔率领一支近7000人的精锐部队迎战王党军。8月,议会军、王党军和苏格兰军在普雷斯顿进行决战。在这次战役中,议会军歼灭苏格兰和王党军主力,俘虏1万人。9月,议会军占领了苏格兰的首都爱丁堡。英国第二次内战结束。

纳斯比战役中的场面

查理一世被处死
画中描绘了人们在观看行刑,一位妇女看到被剁下手举起的查理的头颅而晕倒的情景。

查理一世上了断头台
议会审判并处死国王

英国第二次内战结束后,各地人民纷纷要求处死查理一世。在这种形势下,"长期议会"于1649年1月1日宣布:国王是发动内战的罪魁祸首;成立最高司法裁判所,审判查理一世。最高司法裁判所于1月26日作出判决:查理一世作为暴君、叛徒、杀人犯和国家的敌人,应该被斩首。1649年1月30日,查理一世被送上断头台处死。

英国宣布为共和国
共和制替代封建君主制

1649年2月7日,下院通过决议,取消英国的君主制。从此,英国成为"没有国王和上院"的一院制共和国。下院还通过决议,成立国务会议,并使其从属于下院。布拉德肖被任命为国务会议主席。1649年5月19日,议会正式宣布:"英国为共和和自由的国家,由民族的最高主权管辖之。"

掘地派运动
代表贫苦农民的利益

掘地派出现于1649年共和国成立之初,自称为"真正平等派"。掘地派最初占领了伦敦附近萨里郡圣·乔治山上的公有地和荒地,进行集体垦种,并号召其余的人都来参加。他们的号召在肯特郡、白金汉郡、北安普顿郡等地得到广泛响应,人数迅速增加。掘地派反对土地私有制,主张建立土地公有、共同劳动、共享劳动果实的社会。掘地派的思想带有原始共产主义色彩,但不主张用暴力去实现理想,而把希望寄托在统治者身上。掘地派运动反映了社会最贫穷阶层的人民的思想和愿望。1651年,掘地派被克伦威尔镇压。

掘地派运动

克伦威尔远征
英格兰吞并苏格兰

苏格兰议会收到查理一世被处死的消息后,宣布流亡荷兰的查理一世之子为英国国王,称查理二世。1650年6月,查理二世到达苏格兰。苏格兰成为斯图亚特王朝复辟的基地。1650年7月,英国"长期议会"派克伦威尔率领1.6万军队出征苏格兰。苏格兰保王党于1651年1月在苏格兰北部为查理二世加冕,宣布他为苏格兰国王。查理二世在苏格兰集结军队,入侵英格兰。1651年9月,克伦威尔军队与查理二世军队会战于瓦塞斯特,查理二世全军覆没。1654年,英格兰吞并苏格兰。英国议会为苏格兰保留30个席位。

17世纪英国军队的头盔

激烈的战斗

1650年7月末,英军攻打苏格兰首府爱丁堡。爱丁堡工事坚固,英军久攻不下。8月末,克伦威尔退兵,苏格兰乘机追击英军。克伦威尔于9月3日拂晓发动反击。苏格兰军队由于处于丘陵与河水之间,行动极不方便,很快陷于混乱状态。苏格兰战死3000人,被俘1万人,英军伤亡却不到80人。此战后,克伦威尔攻下爱丁堡。1654年底,英军占领整个苏格兰平原。

近代世界 | 111

伦敦码头

英国颁布《航海条例》
打击荷兰的贸易限制法案

1651年10月9日，英国议会颁布《航海条例》，规定：自1651年12月1日起，凡亚洲、非洲、美洲的商品，只有装载在英国船上或大多数船员为英国人时，才能运入英国、爱尔兰及英国殖民地；欧洲商品有载于英国船上或载于生产这些商品的国家的船上才能运进英国、爱尔兰或英国殖民地。此条例主要针对荷兰，目的在于把荷兰人从英国殖民地和欧洲国家贸易中驱逐出去。这一条例对确保英国的海上贸易霸权起了很大作用。1849年，由于贸易自由主义兴起，实施近两百年的《航海条例》被废除。

荷兰鹿特丹港口

第一次英荷战争
《航海条例》成为战争的导火索

1650年，英国"长期议会"通过决议，禁止外国人与英国殖民地进行贸易。1651年，英国又颁发《航海条例》，严重伤害了荷兰的海上利益。荷兰要求英国废除《航海条例》，但遭到英国拒绝。英荷战争遂于1652年6月爆发。战争一开始，英军即遭到一系列失败。荷兰人曾在英国登陆，试图攻占伦敦，但被英国海军击败。1654年，两国缔结和约。荷兰被迫承认《航海条例》。

荷兰商船

战争的背景

17世纪中叶，荷兰拥有数量庞大的船队，仅捕鱼船和运鱼船就有6400艘之多。荷兰船运效率高，运费低，有完整的商业组织，波罗的海地区的贸易完全控制在荷兰人手里。对东印度的贸易也是荷兰人占优势。英国东印度公司无力与它竞争。荷兰人甚至到英国海岸捕鱼，再把鱼卖给英国人。英国革命胜利后，荷兰成为它的第一个海上贸易对手。

克伦威尔

克伦威尔独裁
英国的军事独裁者

1653年12月12日，克伦威尔解散了英国议会。由高级军官、法官、官吏、伦敦市长、市议会议员组成的代表团，请克伦威尔接受英格兰、苏格兰、爱尔兰护国主的称号。12月16日，克伦威尔宣誓效忠于新宪法，以护国主的身份成为英国的军事独裁者，并在当天公布了由军队会议起草的新宪法草案——《统治文件》。

克伦威尔病逝
独裁护国主的悲惨结局

奥利佛·克伦威尔的4年护国主统治造成国内危机四伏，民怨沸腾。1658年9月3日，克伦威尔在午后3时去世，被埋葬在威斯敏斯特大教堂里。他死前数小时指定理查·克伦威尔为继承人。1660年，斯图亚特王朝复辟后，克伦威尔的尸体被复辟者挖出来，脑袋挂在威斯敏斯特教堂屋顶的旗杆上，身体则吊在伦敦死刑场的绞刑架上被鞭尸示众。

英西战争
夺取海外霸权的战争

在克伦威尔统治时期，英国积极推行争夺海外商业霸权和扩张殖民地的政策。1655年10月，英国派出远征舰队征讨西班牙，英西战争爆发。西班牙战败。英国由此获得了西属牙买加岛，并大肆掠夺西班牙从美洲殖民地搜刮来的大量金银。英西战争的胜利，加速了英国资本主义的发展，为18世纪英国殖民地的扩张打下了基础。

斯图亚特王朝复辟
英国恢复君主制度

1658年9月，克伦威尔去世。理查·克伦威尔无力控制局面。伦敦发生动乱，一心想在英国复辟君主制度的新模范军将领乔治蒙克控制住伦敦局势后，表示欢迎查理二世回国重掌大权。1660年5月1日，新议会宣布查理·斯图亚特为英国国王。5月25日，查理从荷兰回国即英国王位。斯图亚特王朝在英国复辟成功。

查理二世与其大臣威廉·宾

英国国教地位恢复
斯图亚特王朝复立国教

1660年，斯图亚特王朝复辟后，开始着手恢复英国国教的地位。1662年，议会通过《信仰统一法案》，规定一切牧师必须承认英国国教。1664年，议会又通过《集会法案》，禁止举行非国教的宗教仪式，否则要受重罚。1665年，议会通过《五英里法案》，规定牧师必须宣誓在任何情况下不以武力反对国王，取消神圣同盟和圣约。

第二次英荷战争
争夺海上霸权的斗争愈加激化

斯图亚特王朝复辟时期，英国和荷兰争夺海上贸易和海外殖民地的斗争更加激烈。同时，查理一世的女婿荷兰执政者威廉二世于1650年逝世，其子失去执政职位。因此，英王查理二世发动第二次英荷战争也是为其亲属恢复执政地位。战争于1664年爆发，在英吉利海峡、北美和非洲沿岸进行。在战斗中，英国暴露了复辟王朝的弱点。因舰队指挥多为腐朽无能的贵族，英军大败。荷兰海军兵临泰晤士河口，直接威胁伦敦城。1667年7月31日，英、荷两国缔结《布列达和约》。条约规定：荷兰退出北美大陆，英国将苏里南归还荷兰，并放宽《航海条例》。

英荷战争时期英国的军事基地

第三次英荷战争
英国成为一流的海上大国

1672年，查理二世在法王路易十四的支持下，背弃英荷同盟，向荷兰宣战。第三次英荷战争爆发。1673年，荷兰舰队在海上击溃了英法联合舰队，同时又采用决堤放水的办法，阻止了法国在陆地上的强大攻势。英法战败。1674年2月，英国和荷兰签订了《多佛尔和约》，双方承认《布列达和约》继续有效。三次英荷战争虽然各有胜负，但英国在事实上沉重地打击了荷兰的海上力量，并逐步取代荷兰成为一流的海上大国。英国对荷兰的胜利是工业资本对商业资本的胜利。

近代世界 | 113

《信教自由宣言》颁布
詹姆士二世复辟天主教

1685年，英王詹姆士二世继位后，企图恢复天主教在英国的势力。1687年4月4日，詹姆士二世颁布《信教自由宣言》。他在宣言中表示：过去国会通过的一切反对天主教徒和异教徒的法令均停止实施，任何人均有自由公开信仰的权利。詹姆士二世想借信仰自由恢复天主教徒的政治权利。宣言颁布后，许多天主教徒和非国教派别信徒都被释放出狱。英国议会由于拒绝批准这个宣言而被詹姆士二世解散。英国国内的斗争更加激化。

荷兰富商

复辟王朝大肆剪除异己。

英国"光荣革命"
没有流血而获成功的政变

1688年6月30日，议会决定废黜詹姆士二世，迎立其新教徒的女儿玛丽和其夫荷兰执政者威廉为英国执政者。威廉于1688年11月登陆英国。1689年1月，威廉登上英国国王的宝座。随后，议会通过《权利法案》，从而在英国确立了资产阶级君主立宪制度。这一次政变因没有流血而获得成功，史称"光荣革命"。

威廉在英国的西海岸登陆，受到资产阶级和新贵族的欢迎。

英国颁布《权利法案》
限制王权的宪法性文件

1689年2月，英国议会通过了《权利宣言》，随后又颁布了《权利法案》。它的主要内容是：国王不得侵犯议会的征税权；国王无权废止法律；不经议会同意，国王不得组织常备军；人民有请愿权；国王不得干涉议会的言论自由；必须定期召开议会会议。另外《权利法案》规定英国国王必须是新教徒。此法案限制了国王的权力，保障了议会的权力。《权利法案》是确立英国资产阶级君主立宪制的重要法律文件。

英国资产阶级革命大事年表

1603	英国开始斯图亚特王朝的统治。
1625	查理一世继承王位，实行专制统治。
1629	议会试图限制查理一世的权力，但是被解散。
1640	查理一世召开议会，但三个星期后又把它解散了。
1642	查理一世试图逮捕众议院的五名主要大臣，导致内战爆发。
1645	克伦威尔率领"新模范军"给王党军以致命性打击。
1647	查理一世被交给议会。他被军队抓住又逃到怀特岛。
1648	查理一世在苏格兰人的帮助下发动了第二次内战，但是很快就被打败。
1649	查理一世被判有卖国罪，并处以死刑。
1652	第一次英荷战争爆发。
1653	克伦威尔以"护国主"的身份统治英国。
1655	英西战争爆发。
1660	斯图亚特王朝复辟，查理二世即位。
1662	议会通过《信仰统一法案》。
1664	第二次英荷战争爆发。
1672	第三次英荷战争爆发。
1685	詹姆士二世即位。
1688	荷兰执政者威廉成为英国国王，史称威廉三世，"光荣革命"成功。
1689	英国议会通过《权利法案》，英国确立资产阶级君主立宪制度。

威廉三世和玛丽二世

彼得一世时代的俄国

像历史学家一样思考

当西欧资本主义在17世纪正迅速发展的时候,俄国却盛行封建农奴制,社会经济和文化远远落后于英、法、荷等国家。当时的俄国沙皇彼得一世雄才伟略,决心学习西方的先进科学技术和思想文化,改变俄国的落后面貌。彼得一世不仅对俄国内政进行了大刀阔斧的改革,而且通过北方大战打通了波罗的海的出海口。从此,俄国由内陆国变为濒海国,开始跻身欧洲强国之列。

俄国皇冠、金球、权杖及勋章

想一想 彼得一世改革在俄国现代化的历史进程中有何重大影响?

彼得一世加冕的教堂

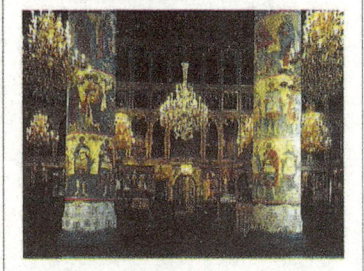

彼得一世即位
岌岌可危的皇位

1676年,俄国沙皇阿列克谢·米哈伊洛维奇病逝,长子费多尔继承了王位,在位不过6年。其后,彼得·阿列克谢·耶维奇(1672~1725)被确定为沙皇,称彼得一世。彼得一世的同父异母姐姐索菲娅是这个家族的强权人物,她主张拥立自己的胞弟、痴呆的伊凡为沙皇。索菲娅和米洛斯拉夫斯基家族利用射击军兵团向支持彼得的势力——纳里什舍家族施压。

索菲娅摄政
血腥的阴谋夺权

在索菲娅的鼓动下,莫斯科射击军兵团于1682年5月15日发动兵变,冲进克里姆林宫,杀死了许多纳里什舍家族成员、彼得的舅父以及其他贵族。莫斯科市民群众也发生了骚乱。射击军的屠杀持续了数天。纳里什舍家族的地位受到严重削弱。不久,在索菲娅的操纵下,俄国杜马会议投票表决,立伊凡为第一沙皇,彼得为第二沙皇,由索菲娅摄政。

彼得一世时期处治反叛者的情景

彼得一世掌权
彼得一世时代的开始

索菲娅摄政后,彼得随母亲离开莫斯科住在了郊外的普列奥布拉任斯基村。彼得酷爱军事游戏,建立"少年军",编为普列奥布拉任斯基兵团和谢苗夫诺夫斯基兵团(后来这两支队伍成为俄国的禁卫部队)。他常与附近外国侨民来往,从中学习航海知识和造船技术,深受西欧文化影响。索菲娅一直没有忘记彼得对其统治的威胁。1689年8月1日,她秘密派遣射击军兵团暗杀彼得。彼得获悉消息后,于当晚逃往谢尔盖耶夫三圣修道院。第二天,彼得率领他的"少年军"及拥护他的兵团开到莫斯科。彼得命令射击军的所有长官前去见他,否则将处以死刑。廷臣和贵族纷纷归附彼得。索菲娅集团众叛亲离,束手无策。彼得一世掌握了国家政权,成为名副其实的沙皇。

彼得一世远征亚速夫
俄国与土耳其争夺黑海

为了加强同西方国家的交往,彼得一世决心打开一个通往西方的窗口。亚速夫要塞位于亚速海和顿河的入口处。如果能占领这个地方,俄国就有可能解决黑海出海口问题,从而打开通向地中海的水路。1695年和1696年,彼得一世两次远征亚速夫,最终攻占亚速夫要塞,使俄国获得了向黑海扩张的立足点。

微服出访的彼得大帝

彼得一世暗访欧洲
虚心求教的俄国皇帝

1697年,彼得一世派出规模庞大的使团赴荷、英等国考察学习。他本人则扮成一名水手随团出访,自称"一个寻师问道的学生"。彼得进入荷兰造船厂当学徒,认真学习造船技术。1698年,他参观了英国皇家学会和牛津大学,并聘请了一批学者和工程技术人员到俄国工作。不久,彼得就着手推行大刀阔斧的改革。

曾陪同彼得一世出访西欧的戈治文伯爵

彼得一世改革
启动俄国现代化的改革

18世纪初,彼得一世在俄国的军事、经济、政治、行政、宗教、文化和教育等方面实行了一系列改革。在军事上,创建新军,实行义务兵役制;开办炮兵学校、海军学院和军医学校等;引进国外的新式武器与战略战术,建立俄国第一支海军。在经济上,准许商人将整个村庄连同农奴一起购买;鼓励出口,限制进口;从国外招聘大量技术专家,允许他们在俄国办厂;派遣大批留学生去西欧学习科学文化及工程技术。在政治上,大力加强中央集权,废除贵族杜马,设立由沙皇任命的参政院。在行政管理上,把全国划分为50个省,省长的任免权由沙皇掌管。在宗教方面,废除大教长职务,由政府控制的宗教会议管理教会。在文化和教育上,改变俄国人落后的生活习俗,重视贵族子弟的教育,建立科学院,兴办报纸等。改革达到了富国强兵的目的,加速了俄国的现代化。

北方同盟形成
反瑞典的三国同盟

1699年11月11日,俄国同萨克森选帝侯兼波兰国王奥古斯特二世在莫斯科签订了反对瑞典的同盟条约。奥古斯特二世答应立即同瑞典断绝外交关系,并对瑞典开战。俄国同意与土耳其签订和约后立即参加战争。1699年11月26日,俄国同丹麦国王腓特烈四世签定了反对瑞典的同盟条约。于是,俄国、波兰—萨克森、丹麦三国反瑞典的北方同盟便形成了。

俄国人的剪胡子运动

胡子改革

俄国贵族是一群享有特权的富裕农奴主,蓄长胡子是他们地位的象征。彼得大帝访欧回国后,就废除了贵族的权利,并剪掉他们的大胡子,包括彼得自己的胡子。彼得将这作为一种看得见的标志,意味着席卷全国的改革运动已经开始。

北方大战
俄国与瑞典之战

1700年春，波兰国王出兵里加，丹麦国王以主力进攻瑞典盟国荷尔斯泰因。1700年2～3月，波兰和丹麦军队分别被瑞典击败。同年8月，俄国向瑞典宣战，长达20余年的北方大战开始了。战争初期，俄军连接失利。11月，俄军在纳尔瓦一战中几乎全军覆没。为了战胜瑞典，彼得一世对俄国军队进行了改革。1706年，瑞俄再度开战。1708年，瑞典攻入俄国。1709年4月，瑞军包围了俄国的战略要地波尔塔瓦。

战场上的瑞典将士

波尔塔瓦战役
北方大战的转折点

1709年7月8日，俄骑兵和瑞骑兵在波尔塔瓦的棱堡附近展开激战。不久瑞军开始撤退，随后变为溃逃。瑞典国王查理十二带着少数随从逃往土耳其。瑞军被迫投降。已战败的丹麦和波兰闻讯再度与俄国结盟，不久普鲁士也参加进来。波尔塔瓦战役是北方大战的转折点。

波尔塔瓦战役

俄军占领芬兰
俄瑞争夺芬兰的控制权

1712年，俄军把主攻方向转向芬兰。瑞典和俄国对芬兰的控制权一直争夺不休，双方都坚持自己在芬兰的利益。彼得入侵芬兰的目的就是为了获得进攻瑞典的战略要地，最后打败瑞典，迫使瑞典接受俄国的条件。1714年2月，俄军占领了芬兰南部和波斯尼亚湾东岸的所有重要据点。1714年7月，俄、瑞双方在芬兰附近的海面进行了一次著名的海上大战——汉古特战役。俄国舰队大获全胜，瑞典的全部军舰都成了俄国的战利品。

哥萨克骑兵

俄瑞议和
缔结《尼斯塔得和约》

1714～1720年俄国海军打败在芬兰湾的瑞典舰队，逼近瑞典首都斯德哥尔摩。瑞典被迫议和，双方于1721年缔结了《尼斯塔得和约》。根据和约，俄国占领芬兰湾、里加湾、卡累利阿、爱沙尼亚及拉脱维亚大部分。北方大战使俄国打通了波罗的海出海口，为俄国的发展和更多地参与欧洲事务创造了条件。

顿河哥萨克起义的领袖和起义者

顿河哥萨克起义
俄国逃亡农民的起义

1707～1708年，由布拉文领导的顿河哥萨克(指获得自由的逃亡农奴)起义爆发了。俄国占领亚速夫后，逃亡到顿河去的农奴愈来愈多。1707年7月，沙皇军队在顿河一带搜捕逃亡农奴，成为起义的导火线。10月底，起义军被击溃。1708年春，起义队伍重新出现在顿河流域，人数也大大增加。起义的浪潮席卷了整个第聂伯河与顿河之间的广大地区。同年7月，起义被政府军残酷镇压。

俄国参政院设立
俄国中央机构的改革

彼得一世重视国家中央行政机构的改革。1711年，彼得正式签署了关于建立参政院的诏令。参政院取代了贵族杜马，成为直属沙皇的最高国家管理机构。从中央到地方的整个行政系统，从财政预算、贡赋征收到陆、海军的编制，都置于它的管理之下。参政院还有权制定各项重大法令。为了监督法令的执行，彼得还设立了监察厅。

彼得一世迁新都
新都圣彼得堡建成

1703年，彼得一世决定以保罗要塞为基础，在涅瓦河口两岸建设新的都城——圣彼得堡，它将成为俄国面向欧洲的一个窗口。根据彼得的命令，全国各地调集千千万万的农民前来筑城。1713年，彼得正式将首都从莫斯科迁到圣彼得堡。

彼得一世处死太子
彼得改革中的矛盾激化

彼得一世的改革触犯了世袭贵族和教会的切身利益，反对改革的旧贵族和神甫们以太子阿列克谢为反改革派的总代表，形成一个"太子党"。1716年，阿列克谢请求奥皇查理六世给予援助，以夺取皇位，未果。1718年6月，太子被处以死刑。

彼得亲自审问太子阿列克谢。

彼得一世进军波斯
打开通往里海的通道

18世纪初，波斯沙去维王朝已经衰落，国家陷于分崩离析的境地。英、法、荷、葡等国先后侵入波斯。阿富汗部落举兵起义，攻占了波斯首都伊斯法罕，处死了波斯国王侯赛因。俄国沙皇彼得一世见此情况，也迫不及待地对波斯进行干涉。1722年5月，彼得率军攻打波斯。1723年波俄签订《圣彼得堡同盟条约》。波斯将里海西岸和南岸割让给俄国，俄国由此打开了通往里海的通道。

在圣彼得堡皇宫前举行的阅兵仪式

彼得时代的俄国大事年表

1672	彼得一世出生。
1689	彼得一世掌权，成为名副其实的沙皇。
1697	彼得一世出访欧洲。回国后，彼得开始了对俄国的改革。
1699	反对瑞典的北方同盟形成。
1700	俄国发动了针对瑞典的北方大战。
1703	圣彼得堡开始兴建，彼得大帝称它为"欧洲之窗"。
1711	俄国参政院设立。
1713	圣彼得堡成为俄国首都，并成为俄国的主要海港。
1718	太子阿列克谢被处以死刑。
1722	通过和波斯作战，俄国打开了通往里海海岸的通道。
1725	彼得大帝去世。

彼得一世的马车

法国大革命

· 像历史学家一样思考 ·

法国资产阶级在18世纪末领导了一场推翻封建专制统治、确立资本主义制度的革命。这场革命以1789年巴黎人民举行武装起义、攻占巴士底狱为爆发的标志，以1799年拿破仑"雾月政变"夺取革命政权为结束的标志。法国大革命在世界历史上占有重要地位，产生了极大的影响，留下了丰富的历史经验。

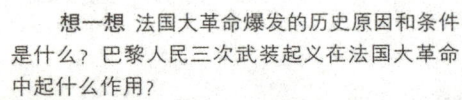

想一想 法国大革命爆发的历史原因和条件是什么？巴黎人民三次武装起义在法国大革命中起什么作用？

油画《女神的寓言》描绘了大革命即将到来的前兆。

三级会议召开
法国大革命的导火索

三级会议

法国三级会议在1302年首次召开，但由于封建专制统治的强化，从1614年起被长期关闭。路易十六统治时期阶级矛盾异常尖锐，路易十六被迫同意召开三级会议。1789年5月，三级会议在凡尔赛宫开幕。第三等级的代表要求限制王权，但路易十六闭口不谈改革。经过一个多月的僵持，第三等级代表决定自行开会。他们把三级会议改为国民议会，最后导致了法国资产阶级革命的爆发。

巴黎人民攻占巴士底狱
法国大革命爆发的标志

1789年7月，由于法国革命形势不断发展，国王路易十六暗中调动军队，准备以武力解散国民议会并逮捕第三等级的代表。7月14日，武装起来的群众占领了巴黎的主要市区。但巴黎东部的巴士底狱还在王军的控制之下。群众高呼着"打到巴士底去"的口号，冲向巴士底狱。经过激烈的战斗，巴士底狱被攻破。巴黎人民起义并攻占巴士底狱，标志着法国资产阶级革命的爆发。

巴黎人民攻陷了巴士底狱

《人权宣言》
反封建的一面旗帜

革命初期，大资产阶级立宪派掌握了政权。1789年8月26日，制宪议会发布了资产阶级革命的纲领性文件《人权宣言》。宣言指出，人生来是而且始终是自由平等的；自由、财产、安全和反抗压迫都是天赋的、不可动摇的权利；法律面前所有公民一律平等；私有财产神圣不可侵犯。宣言贯穿始终的基本精神是人权思想，后来成为《1791年宪法》的序言。宣言是反封建的旗帜，有很大的进步意义。

制宪议会

制宪议会的改革
改造法国旧制度的措施

为了改造法国旧制度以适应资本主义的发展，制宪议会在1789～1791年间把全国划分为83个省，在省的下面设置州、县和公社。1790年6月19日，制宪议会通过法令，废除世袭贵族以及亲王、公爵、侯爵、伯爵等头衔，取消了等级制度。制宪议会也实行了司法改革，贯彻"在法律面前人人平等"的原则。

公制的由来

大革命前，法国的度量衡没有标准，严重阻碍了科学技术和经济的交流与发展。1790年，国民公会"度量衡局"决定实施整顿。根据科学院的建议，将1米定义为地球经线长度的四千万分之一，规定重量单位是"克"，以1立方厘米的水在摄氏4度时的重量作为标准。此后，包括质量、面积、体积、能量等在内的整个公制体系逐步建立起来。从1867年开始，公制逐步为世界各国所接受，成为国际间科技、经济、文化交流的公认尺度。

制宪议会废黜国王

国王的权力被终止

1789年法国资产阶级革命爆发后，由于大资产阶级控制的制宪议会的偏袒保护，路易十六得以负隅顽抗。欧洲各国极端仇视法国革命，英国、普鲁士、奥地利、俄国都准备加以干涉。路易十六决心逃往国外借助外国力量扑灭革命。1791年6月20日夜，路易十六带着从俄国大使馆弄到的假护照，装扮成仆人，坐一驾马车携全家逃出巴黎。法国人民对路易十六的逃跑无比愤怒，纷纷要求废黜国王、建立共和国。制宪议会不得不宣布终止路易十六的王权。

路易十六

法国人民种植自由之树。

《1791年宪法》

君主立宪制宪法

法国资产阶级革命爆发前，第三等级的代表们就准备制定一部新宪法。《八月法令》、《人权宣言》以及其他各项法律、法令都体现了正在草拟的新宪法的原则。1791年11月，制宪议会通过了将教会财产收归国有的法令，使法国教会摆脱了罗马教皇的控制。12月，通过了关于国家体制、选举制度等方面的法律规定：新的国家体制规定法国为立宪君主制国家，制宪议会为国家最高权力机关，保留国王。这一宪法经过两年多的讨论，直到1791年才制定完成，故称《1791年宪法》。《1791年宪法》是法国从贵族社会进入公民社会的法律标志。

8月10日起义

巴黎人民第二次武装起义

1792年夏，当权的君主立宪派百般庇护国王的行径，激起人民的不满。同时，普奥等国也派兵进犯法国。1792年8月10日，巴黎警钟敲响，起义者攻打杜伊勒里宫，逮捕了国王及大臣。起义者对议会提出三项要求：承认公社权利、废黜国王、召开国民公会。在群众的压力下，制宪议会通过了废除国王和召开国民公会的决议。这次起义推翻了君主制，结束了君主立宪派的统治。政权由大资产阶级君主立宪派转到代表工商业资产阶级的吉伦特派手里，导致了法兰西第一共和国的建立，大革命进一步深入发展。

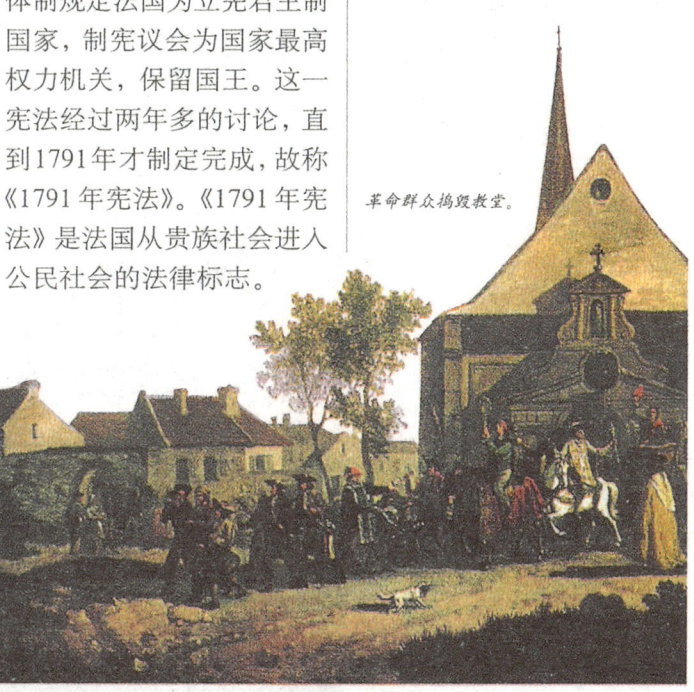

革命群众捣毁教堂。

法兰西第一共和国

吉伦特派的统治

吉伦特派取得政权后，由普选产生的国民公会于1792年9月22日成立了法兰西第一共和国。吉伦特派于执政期间颁布法令：强迫贵族退还非法占有的公有土地；将没收的教会土地分成小块出租或出售给农民；严厉打击拒绝对宪法宣誓的教士和逃亡贵族。1793年1月21日，国民公会经过审判，以叛国罪处死路易十六。

处死国王路易十六

"左派"和"右派"的由来

在现代政治术语中经常使用的"左派（左翼）"、"右派（右翼）"词汇源于法国大革命。1792年，在法国国民公会中有吉伦特派（保守派）和雅各宾派（激进派）。双方观点对立，开会时各坐一边，执政的吉伦特派在右，在野的雅各宾派居左，所以被称为左派、右派。其实，两派的总人数仅占国民公会代表的1/4；另外3/4的代表坐在中间，他们往往是"墙头草随风倒"，因而被称为中间派。这个颇有戏剧性的场面反映到语言词汇中，便出现了"左派"、"右派"、"中间派"的政治概念。

雅各宾派专政

激进的革命政权

巴黎人民第三次起义后，革命群众掌握政权，以罗伯斯庇尔为首的雅各宾派建立了革命专政。雅各宾派的领导人是罗伯斯庇尔、马拉、丹东、圣鞠斯特等。因他们坐在国民公会会议厅的最高处，又被称为"山岳派"。在内忧外患的严峻形势下，雅各宾派政府采取了一系列措施：颁发"土地法令"，废除封建土地所有制；颁布打击投机奸商的法令，用死刑对付囤积垄断的商人。雅各宾派还实行革命恐怖，大规模镇压逃亡贵族和反革命分子。1793年底，法国国内叛乱基本平息。但不久雅各宾派内部发生了分裂。1794年7月，反对派发动"热月政变"，推翻了雅各宾派专政。建立了热月党人的统治。

《马拉之死》

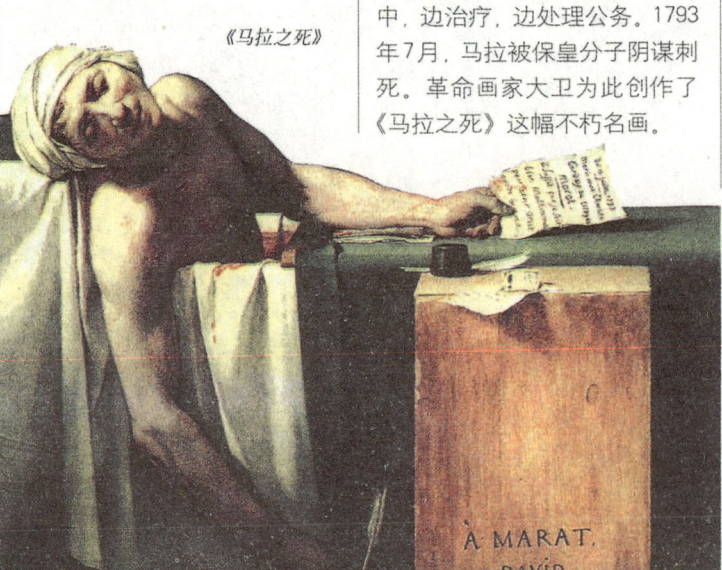

罗伯斯庇尔

雅各宾派的领袖人物

罗伯斯庇尔（1758～1794）生于法国北部一个律师家庭，中学时就喜欢读卢梭的著作，深受启蒙思想熏陶。1789年，他赴凡尔赛出席三级会议。在法国大革命中，他成为当时叱咤风云的人物。热月政变后，他被反对派送上了断头台，年仅36岁。他一生以廉洁著称，被誉为"不可腐蚀者"。

罗伯斯庇尔

马拉之死

马拉（1743～1793）是雅各宾派的领袖之一。为躲避敌人，马拉常在地窖里工作，潮湿的环境使他染上皮肤病，每天不得不花数小时浸泡在盛着药水的浴缸中，边治疗，边处理公务。1793年7月，马拉被保皇分子阴谋刺死。革命画家大卫为此创作了《马拉之死》这幅不朽名画。

热月政变
颠覆雅各宾派专政的政变

1794年初，雅各宾派专政取得了很好的效果。不仅革命政权得到了巩固，在对外作战中的法军也开始反攻并取得了一定的胜利。但随着胜利的来临，雅各宾派政权遇到了新的矛盾。由于恐怖统治已不适应新的形势，在雅各宾派内部出现了以埃贝尔为首的要求继续扩大恐怖统治的左派和以丹东为首的要求结束恐怖统治的右派，两派对当前统治均表示不满。罗伯斯庇尔采取镇压手段，先后将两派的主要人物送上断头台。这种极端的做法使罗伯斯庇尔派的处境异常艰难。1794年7月27日（共和三年热月二十七日），埃贝尔派和丹东派的残余力量联合起来发动政变，将罗伯斯庇尔等人送上断头台。雅各宾派专政被颠覆。

法国大革命时期的断头台

热月党人的统治
结束了大革命的恐怖时期

热月党人原是反罗伯斯庇尔的各派人物的暂时结合，并无统一纲领。他们代表了在革命中形成的资产阶级暴发户的利益。他们废除了雅各宾派限制和打击资产阶级的政策，使资产阶级摆脱了恐怖时期的束缚。1795年，热月党人制定"共和三年宪法"，解散国民议会，成立了新的政府机构——督政府。

雾月政变
法国大革命结束的标志

在督政府统治期间，拿破仑由于镇压王党和远征意大利有功，成为法国的政治新星。1799年3月，第二次反法联盟军队向法国发起进攻。同时，法国国内王党活动猖獗，督政府的政权处于风雨飘摇之中。法国资产阶级和大资产阶级密谋推翻督政府，寻求新的代言人，而拿破仑成为他们争取的对象。1799年11月9日（共和八年雾月十八日），拿破仑在巴黎大银行家的资助下推翻督政府，建立了以拿破仑为首的执政府。拿破仑从此掌握法国军政大权，开始了15年的独裁统治。雾月政变是法国大革命结束的标志。

法国大革命时期巴黎的动荡局面

法国大革命大事年表

1789 三级会议在停开了100多年之后（之前的一次是在1614年召开的），于这一年5月重新召开。7月14日，巴黎人民攻陷巴士底狱，法国大革命爆发。8月26日，第三等级发表《人权宣言》。此后，法国制宪议会开始进行内政改革，并一直持续到1791年。

1791 制宪议会废黜路易十六的王权，并颁布《1791年宪法》。

1792 8月，巴黎人民第二次武装起义爆发。吉伦特派的统治开始。9月，法兰西第一共和国成立。

1793 1月，路易十六被处死。4月，雅各宾派的统治开始。奥地利、英国、荷兰、普鲁士、西班牙都对法国宣战。

1794 7月，"热月政变"推翻了雅各宾派专政，罗伯斯庇尔被处死，大革命恐怖时期结束。法国进入督政府统治时期。

1799 11月，拿破仑·波拿巴发动"雾月政变"，掌握法国军政大权。

拿破仑与欧洲世界

· 像历史学家一样思考 ·

在法国大革命中,一个小人物拿破仑·波拿巴在法国军队中崭露头角,并抓住有利时机登上了皇帝的宝座。这位法兰西帝国的缔造者、卓越的军事家、野心勃勃的政治家,先后多次打垮了欧洲各个封建君主国组织的"反法同盟",保卫了法国大革命的胜利果实,削弱了欧洲大陆的封建势力。他的重要功绩还在于他颁布的《拿破仑法典》确立了资本主义社会的立法规范,直到今天还发挥着重要作用。

想一想 如何评价拿破仑与拿破仑所发动的战争在欧洲历史上的功与过?

拿破仑

拿破仑·波拿巴
法国历史上最伟大的军事家

拿破仑·波拿巴(1869~1821)生于地中海的科西嘉岛。1785年从巴黎军校毕业后被任命为拉费勒炮兵团少尉。1789年大革命爆发后,他被任命为炮兵指挥官,并在土伦战役中取得胜利。这使他声名大振,成为他一生中最重要的转折点。热月政变后,他被督政府任命为巴黎炮兵司令,镇压了王党叛乱。1796年,拿破仑远征意大利并取得胜利。1798年,拿破仑远征埃及。1799年,他发动"雾月政变",掌握政权。他逐步建立和完善了中央集权的资产阶级国家机器,把资产阶级革命的成果用法律形式固定下来。同时一再挫败了王党势力和欧洲列强在法国复辟封建王朝的企图。

拿破仑远征意大利
打败第一次反法联盟

1796年3月,法国督政府任命拿破仑为意大利方面军总司令,出征意大利。拿破仑带领3.8万名士兵投入战争,仅用了十几天就打败了9万意奥联军,并迫使撒丁国王于1796年5月签订《巴黎和约》,退出了反法联盟。在征服意大利之后,拿破仑又率军越过阿尔卑斯山攻入奥地利本土,为法国战胜第一次反法联盟立下了汗马功劳。

拿破仑远征埃及
第二次反法联盟战争

1798年6月,法国督政府派拿破仑率军远征埃及。这一举动反映了法国领土扩张的意图。同年7月2日,远征军攻占埃及亚历山大港。7月21日,法军在金字塔下击败埃及骑兵,占领了开罗。但英国舰队在海上歼灭法国舰队后,控制了地中海并切断了拿破仑军队与法国国内的联系。1798年底,英国组织第二次反法联盟。法国大败,拿破仑只身从埃及回国。

纪念埃及战役法国阵亡士兵的女神雕像

法兰西第一帝国
拿破仑登上皇位

1799年,拿破仑执掌了法国的军政大权。1804年5月,在拿破仑的授意下,元老院宣布拿破仑·波拿巴为法兰西的世袭皇帝,称拿破仑一世。法国成为法兰西帝国,历史上称之为法兰西第一帝国。1804年12月,罗马教皇在巴黎圣母院为拿破仑主持了盛大的加冕典礼。此后,法国进入拿破仑统治下的法兰西第一帝国时代。

近代世界 | 123

油画《拿破仑加冕仪式》

《拿破仑法典》
世界近现代法典的蓝本

拿破仑建立帝国后于1804年颁布了《民法典》，1807年正式命名为《拿破仑法典》。法典明确肯定资本主义私有制度，规定私有财产绝对不可侵犯；确认了在法律面前人人平等的原则；承认在大革命时期购得的财产一律归新占有者所有，维护了大革命的成果；规定一切法国人都享有民事权利。《拿破仑法典》是一部典型的资产阶级性质的法典，是法国大革命胜利成果和启蒙思想相结合的产物，成为近现代世界各国编纂法典的蓝本。

波拿巴家族的统治
拿破仑与其亲属共享统治权力

作为欧洲的统治者，拿破仑让其亲属共同分享统治权力。1806年，他任命他的哥哥约瑟夫为那不勒斯国王，两年后任西班牙国王；1806年，他任命他的另一兄弟路易斯为荷兰国王，但4年后由于路易斯拒绝执行拿破仑的"大陆封锁令"而被解职；拿破仑的最小弟弟耶罗姆于1807年被任命为威斯特伐利亚国王。

奥斯特里茨战役
第三次反法同盟战争

1805年12月，俄国沙皇亚历山大一世和奥地利皇帝弗兰茨二世在奥斯特里茨平原集结兵力，并亲自指挥军队，准备和拿破仑决一雌雄。拿破仑命令法军右翼后撤，引诱奥俄联军主力进攻。沙皇亚历山大一世冒险寻求决战，结果导致整个战役的失败。法军把奥俄联军切为两段，使之溃不成军。拿破仑大获全胜。此后俄军从奥地利撤退，奥皇向拿破仑求和。第三次反法同盟失败了。

在奥斯特里茨战役中，拿破仑军队与俄军激烈交战。

耶拿战役
第四次反法同盟战争

1806年9月，英、俄、普鲁士等国建立了第四次反法联盟。同年10月10日，双方在萨尔费尔德发生初次战斗，普军失利。拿破仑乘机夺取了耶拿附近的阵地。10月13日上午，法军进攻耶拿的普军。10月14日，普军溃败，法军主力乘胜前进。10月25日，拿破仑占领普鲁士首都柏林，耶拿战役是拿破仑战争生涯的一次重大的胜利。

法俄瓜分欧洲的会谈

法俄瓜分欧洲
欧洲强国划分势力范围

耶拿会战后，拿破仑于1807年6月发动弗里德兰战役，击败了前来援助普鲁士的俄军。同年7月，拿破仑同普俄签订了《提尔斯特和约》。根据拿破仑的提议，芬兰、瑞典、土耳其属于俄国的势力范围；法国将得到欧洲的其他地方。法俄瓜分了欧洲。同时，俄国接受法国为对抗英国而实行"大陆封锁"命令。这一条约的签订改变了拿破仑战争的性质，此前是反对外来干涉，保卫大革命成果；此后变为谋取霸权的侵略战争。

西班牙反法起义
反侵略的人民斗争

1808年4月，拿破仑乘西班牙国内发生政变，占领马德里，控制了西班牙。拿破仑的占领引起西班牙人民的反抗，各地反侵略游击斗争不断。1808年5月2日，西班牙首都马德里人民起义，奋战一天后失败。尽管马德里人民起义失败了，但它掀起了西班牙人民全国性的反法游击战争。

第五次反法同盟
拿破仑大败奥地利军队

英国在1809年又组织了第五次反法联盟，企图复仇的奥地利也参加了这次联盟。奥地利在1809年4月9日对法宣战。10日，奥地利的查理公爵率领军队进攻巴伐利亚。拿破仑引兵东进，在巴伐利亚打败了查理公爵的军队，迫使他撤兵退回维也纳。5月21日，拿破仑在多瑙河被查理公爵打败。随着增援部队的赶到，拿破仑大败奥军于瓦格拉姆，强迫奥地利于10月14日缔结了和约。第五次反法联盟失败。至此，法国已占领了相当于法国本土面积3倍的欧洲领土。

拿破仑远征俄国
拿破仑帝国美梦的破灭

由于俄国拒不执行"大陆封锁"命令，拿破仑于1812年6月率领60万军队挥师东下，对俄国不宣而战。法军进入俄国腹地后，遭到俄国人民的顽强抵抗，加上粮食等军需物资短缺、士兵对气候不适应等因素，损失严重。远征俄国的惨败，粉碎了拿破仑统治欧洲的帝国美梦。

进入莫斯科的拿破仑

莱比锡战役
拿破仑战争中最大的一次会战

远征俄国失败的拿破仑本想重整旗鼓，然而以英国为首的欧洲各国却于1813年3月组成了第六次反法同盟。同年10月，在莱比锡会战中，法军败北。这次战役双方投入的兵力总数达50多万，联军比法军人数几乎多一倍。这次会战也被称为"民族之战"，即决定各民族命运的大会战。战后，反法联军乘胜向法国本土进攻。莱比锡战役是拿破仑战争中规模最大的一次会战，也标志着拿破仑军事优势的最后丧失。

战败者拿破仑

拿破仑退位
第六次反法联盟击败法国的后果

1814年初，反法联盟军队进入法国。盟军士兵人数超过拿破仑军队的4倍。同年3月31日，以俄国沙皇亚历山大一世为首的联军攻入法国巴黎。4月6日，拿破仑宣布退位，被囚禁在地中海的厄尔巴岛上。5月3日，原法国波旁王朝国王路易十六的弟弟路易十八即位，建立复辟王朝。5月30日，反法联军与波旁复辟王朝签订《巴黎和约》，规定法国恢复到1792年战争开始前的边界，放弃全部在战争中占领的土地。

维也纳会议

维也纳会议
列强重新分割欧洲的会议

第六次反法同盟打败拿破仑后,参加反法同盟的各国于1814年10月至1815年6月在奥地利维也纳召开了一次国际会议。会议的主要目的是恢复被拿破仑征服的各国的封建秩序和旧王朝,满足其领土欲望和重新分割欧洲的要求。1815年1月,英、法等国缔结《维也纳秘密条约》。会议将近结束时,传来了拿破仑离开厄尔巴岛,在法国恢复王位的消息。各国闻讯,立刻扔下未解决的争端,组成了第七次反法同盟。

1815年初,拿破仑离开厄尔巴岛,返回法国,受到人民欢迎。

拿破仑在滑铁卢战役中惨败。

百日政权
拿破仑重掌朝政

1815年2月,拿破仑乘列强在维也纳会议上争执不休之际偷偷回国。3月,他率领队伍在法国南部儒安港登陆。当军队向巴黎前进时,痛恨复辟的波旁王朝的各地人民夹道欢迎拿破仑的到来。波旁王朝的军队也对拿破仑高呼"皇帝万岁!",纷纷倒戈相迎。拿破仑重掌朝政。滑铁卢战役后,拿破仑再次退位,结束了百日政权。

滑铁卢战役
拿破仑的最后一场战役

1815年6月18日,拿破仑军队同英、普军队进行了历史上著名的滑铁卢战役。法军在大炮的猛烈轰击下,向英军发动猛烈进攻。英军顽强抵抗,始终坚守阵地。当日傍晚,普鲁士军队摆脱了法国的围追,按计划赶到滑铁卢,猛攻法军的右翼。英军在普鲁士军队的配合下,乘势转入反攻,法军大败。拿破仑再次退位,被流放到大西洋中的圣赫勒拿岛,后死于流放地。

拿破仑时代大事年表

1769	拿破仑出生于意大利科西嘉岛。
1785	拿破仑在法国军队中晋升为军官。
1789	拿破仑在土伦战役中获胜,声名大振。这是他一生的一次重要转折点。
1795	拿破仑指挥镇压王党叛乱,保卫了巴黎,消除了内战隐患。
1797	拿破仑率领的法国军队把奥地利军队打出了意大利北部,双方签订和约。
1798	英、法海军尼罗河海战,英国海军打败了法国海军。
1799	拿破仑返回巴黎,发动政变,夺取政权。奥地利、英国、俄国、土耳其组成反法联盟。
1804	拿破仑称帝,史称拿破仑一世。颁布《民法典》,后更名为《拿破仑法典》。
1805	在奥斯特里茨战役中,拿破仑指挥军队击溃奥地利、俄国联军。
1806	在耶拿战役中,拿破仑指挥法国大军大败普鲁士军队。
1807	在弗里德兰战役中,拿破仑指挥军队打败俄国军队,法国占领葡萄牙。
1808	拿破仑把他哥哥立为西班牙国王,引发西班牙半岛战争。英国派兵进驻葡萄牙。
1812	拿破仑入侵俄国,但是因气候恶劣而返。
1813	拿破仑在莱比锡战役中失败。
1814	拿破仑被流放到厄尔巴岛。
1815	拿破仑在滑铁卢战役中失败。

美国的独立与内战时代

像历史学家一样思考

北美大陆原是印第安人居住的地方。自哥伦布发现北美新大陆后，大批的欧洲人移民北美，使北美的经济迅速发展。但英国殖民者的横征暴敛，引发了北美人民的强烈反抗。1775～1783年，一个独立的美利坚合众国在战争中诞生了。美国独立后，北方工业资本主义和南方种植园奴隶制度之间的矛盾愈来愈激化，从而引发了一场内战。美国内战以北方集团的胜利告终，它为美国资本主义的高速发展开辟了广阔的道路。

想一想 如何理解独立战争和南北战争对美国资本主义发展的巨大影响？

自由女神像

殖民统治下辛勤劳动的北美人民

美利坚民族的形成
北美殖民地的新民族诞生

1607年，第一批英国殖民者在北美建立起第一个殖民地——弗吉尼亚。1620年"五月花"号的开航，是英国向北美开拓殖民地的象征。18世纪中叶，英国已先后在北美大西洋沿岸建起13个殖民地。经过殖民地人民一个多世纪的苦心经营，北美经济发展很快，初步形成了统一市场，英语成为通用语言，民族意识增强，一个新的美利坚民族开始形成。

殖民地的高压统治
北美独立战争爆发的根本原因

18世纪后期，英国政府为加强对英属北美殖民地的统治，开始对其采取高压政策。1764年，英国政府颁布《食糖条例》，同年又颁布《通货条例》。1765年颁布《印花税法》，为确保印花税的征收，英国还颁布了《驻兵条例》。这些措施加强了对北美殖民地的剥削和压迫，严重阻碍了当地资本主义的发展。英国的高压统治是北美殖民地爆发独立战争的根本原因。

波士顿惨案

波士顿惨案
英国驻军残杀波士顿人民

1767年，英国殖民统治者颁布了《唐森德条例》。其中有一条款规定：殖民地必须缴纳特别税以供养殖民地英军的开支。这引起了北美人民的强烈不满。1770年3月，波士顿人民聚集到英军驻扎的英王街上，向凌辱学徒的士兵投掷雪球以表达心中的愤怒。英驻军中尉普林斯顿下令向群众开枪，打死5人，伤8人，制造了骇人听闻的"波士顿惨案"。

波士顿倾茶事件
英国与北美殖民地矛盾的激化

1773年初，英国政府特别通过了一项援助东印度公司的《茶叶条例》，准许该公司在北美殖民地廉价销售积压茶叶。殖民地的茶叶商人深受打击。1773年12月，东印度公司满载茶叶的船只开进波士顿港。12月26日，波士顿八千群众集合，要求东印度公司的茶船开出港口。要求被拒绝后，一些北美人乔装成印第安人，于当晚潜入东印度公司的茶船，把茶叶全部倾倒进大海之中。这就是有名的波士顿倾茶事件。

第一届大陆会议
商讨民族独立的会议

1774年9月5日~10月26日，第一届大陆会议在费城召开，共有12个殖民地的55名代表参加了会议。这些代表绝大多数是地主、资本家和种植园主的代表。大陆会议围绕民族独立的问题展开激烈争论。会议通过了《权利宣言》，要求英国政府取消对殖民地的各种经济限制和多项高压法令。第一届大陆会议的召开表明，北美人民已经开始联合起来，共同反对英国的殖民统治。

莱克星顿枪声
独立战争的第一枪

1775年4月18日夜，马萨诸塞州总督盖奇派800名英军到波士顿搜查殖民地民兵的军火库。4月19日拂晓，英军路经莱克星顿时遭到民兵的伏击。英军与北美民兵的武装冲突打响了北美独立战争的第一枪。

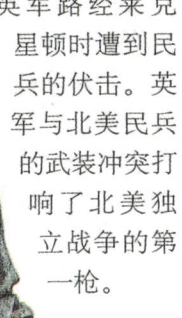

打响莱克星顿枪声的著名民兵——"分钟人"塑像

第二届大陆会议
殖民地的临时政府

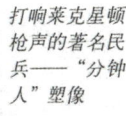

从1775年5月10日开始，第二届大陆会议在费城召开。会议决定发行纸币，从国外购买武器，征募志愿兵，改编民兵为"大陆军"，任命华盛顿为大陆军总司令。大陆会议还通过了《独立宣言》。第二届大陆会议直到1787年联邦政府成立后方告结束，因此它实际上成为北美独立战争期间殖民地的临时政府。

《独立宣言》
第一个人权宣言

1776年7月4日，第二届大陆会议通过了由杰斐逊等人起草的《独立宣言》。宣言指出：人人生而平等，都有生命权、自由权和追求幸福的权利；如果政府损害这些权利，人民就有权来改变它或废除它。宣言庄严宣告：北美13个殖民地脱离英国而独立，美利坚合众国诞生。此后，7月4日就成为美国的国庆日。

杰斐逊等人正在起草《独立宣言》。

这座双层乔治式的红楼砖房就是著名的费城独立厅。

萨拉托加大捷
独立战争的转折点

独立战争初期，美国大陆军不满2万人，既没有训练，装备也很差，而英军却有10万之众。美军接连失利，英军相继占领纽约和当时的首都费城。1777年10月，华盛顿统帅的大陆军得到北部各地民兵的配合，南北夹攻，在哈得孙河谷的萨拉托加击败英军，扭转了整个战局。同时，富兰克林到欧洲进行外交斡旋，争取法、荷、西等国的援助。萨拉托加大捷改善了美国的战略态势和国际地位，是美国独立战争的重要转折点。

华盛顿指挥军队围攻约克镇。

约克镇战役大捷
独立战争结束的标志

1780年，英军司令康华利攻占了弗吉尼亚半岛的约克镇。1781年8月，华盛顿亲率美、法联军自纽约南下弗吉尼亚，于9月在约克镇西北的威廉斯堡登陆。与此同时，德格拉斯率领的法国舰队也抵达约克镇城外海面，击败前来支援的英舰，控制了战区制海权。1781年10月19日，康华利在重围之下率7000英军投降。至此，北美大陆的英军主力被消灭殆尽。北美独立战争结束。

英国承认美国独立
英美签署承认独立的和约

在约克镇惨败以后，英国同美国代表进行正式谈判。双方于1783年9月3日签署《巴黎和约》。根据和约，英国承认美国独立，但只承认美国占领密西西比河以东的土地；划定了美国与英、西在北美属地的边界；停止敌对行动，英国撤出全部海、陆军。这是美国以平等原则与英国缔结的和约，为争取国际上的承认创造了条件。

《1787年联邦宪法》
美国第一部宪法

1787年9月17日，费城制宪会议上通过了美国第一部宪法《1787年联邦宪法》。宪法充分体现了孟德斯鸠的思想，以立法、行政、司法的三权分立为国家机构的组织原则。另外，宪法带有明显的种族压迫条款，没有触动奴隶制。《1787年联邦宪法》对加强联邦政府的权力，巩固资产阶级统治有很大作用，沿用至今。

《巴黎和约》的纪念章

乔治·华盛顿
美国第一任国家总统

乔治·华盛顿(1732～1799)生于弗吉尼亚州的一个大种植园主家庭。1774年，他以弗吉尼亚州代表身份出席第一届大陆会议。1775年独立战争爆发后，第二届大陆会议任命华盛顿为大陆军总司令。1781年，他取得了约克镇战役的胜利，迫使英军司令康华利投降，结束了北美独立战争。1787年，华盛顿主持制定了美利坚合众国宪法。1789年初，他当选为美国第一届总统，表现出卓越的领导才能。1793年，他再次当选总统。由于华盛顿对美国建国的卓越贡献，被美国人民尊为"国父"，新建的首都也以其名命名。

华盛顿

托马斯·杰斐逊
《独立宣言》的起草人

杰斐逊(1743～1826)是美国著名的政治家、思想家，曾任美国驻法公使、美国首任国务卿和第三任总统。他生于弗吉尼亚的一个种植园主家庭，大学毕业后任律师，并当选为州议员。1776年6月，他负责起草了《独立宣言》。1800年，他当选为美国第三任总统。他在政治上主张共和制，维护国家主权和民族独立；思想上提倡爱国主义和民主主义；对外从拿破仑手中购买了路易斯安那地区，禁止外国向美国输入奴隶。他还建立和领导了民主共和党，与汉密尔顿领导的联邦党相抗衡，对日后美国两党制的形成和发展有重大影响。

总统山上刻着四位美国总统的头像，从左至右依次是：华盛顿、杰斐逊、罗斯福和林肯。

美国迁都华盛顿
美国政治中心转移

1790年，美国国会选定了新首都的地址。1791年4月15日，美国政府在弗吉尼亚州亚利山德拉附近举行典礼，将这里10平方英里的土地和马里兰划出的土地合成未来的哥伦比亚特区，准备在这里建设美利坚合众国的首都。1792年10月13日，华盛顿在选定的总统官邸举行奠基典礼。1800年11月，美国政府正式定都华盛顿。华盛顿成为世界上少有的专门建为政府驻地和国际都会的首都城市之一。

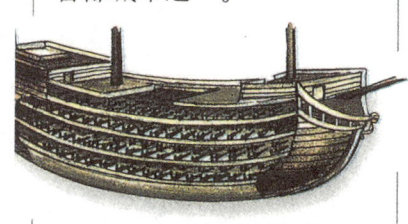

贩卖奴隶的船只的构造

美国禁止输入奴隶
禁止奴隶贸易的法令

1807年3月2日，美国国会通过了禁止同非洲进行奴隶贸易的法令，规定对被判定违反这一法令的人要处以罚款或监禁。罚款数额从明知故犯购买非法输入的黑人罚800美元，到装备贩奴船罚200美元不等；被运进美国的黑人则由各州立法机构处置。法令还禁止用不到40吨的小船在沿岸进行奴隶贸易。这一法令从1808年1月1日起实行。

激战中的英美双方

路易斯安那州建立
美国领土的扩张

路易斯安那州位于美国南部，临墨西哥湾，是北美最富饶的地区之一。15世纪末，路易斯安那成为西班牙的殖民地。"三十年战争"后，西班牙先后于1733年、1743年、1761年与法国签订所谓的《波旁家族盟约》。这些盟约的签订，使西班牙对法国的依附性加深，实际上变成了法国政府的外交工具。1803年，美国杰斐逊政府利用拿破仑侵略海地遭到惨败的困境，用1500万美元从法国手中"购买"了路易斯安那地区。1812年，路易斯安那地区正式建州，称路易斯安那州。

19世纪中叶路易斯安那州的港口

美英战争
"第二次美国独立战争"

美国独立后，在经济上并未完全摆脱对英国的依赖地位，英美矛盾尖锐。1812年6月，美英正式开战。1814年8月，美军在西南地区大败英军。双方在荷兰根特举行谈判，于12月签订《根特和约》。美英战争使美国基本上摆脱了对英国的经济依赖，走上了独立发展资本主义工业的道路，被誉为"第二次美国独立战争"。

门罗主义
19世纪美国的对外政策

19世纪上半期，美国开始通过不同方式扩张领土。美国第五届总统门罗在1823年的国情咨文中阐述了这一时期美国的对外政策，史称"门罗主义"。它提出了"美洲是美洲人的美洲"的口号。门罗主义在客观上支持了当时新独立的拉美国家，但它本身也包含了扩张主义的侵略思想。

移民西进运动
大规模领土扩张与移民运动

随着美国领土的向西扩张，东部各州居民源源不断地向西移居。起初移民主要在密西西比河以东的"旧西部"地区定居。19世纪20年代后出现了越过密西西比河向"新西部"移民的高潮。到40年代后期，移民群已到达太平洋沿岸的"远西部"地区。西进运动使西部广大地区被开发，促进了美国经济的发展。它是广大移民艰苦创业、开发西部的历程，也是屠杀和掠夺印第安人的过程。大量土著印第安人在西进运动中遭到血腥屠杀，或被赶往更为偏远、荒凉的地区。

劳作的黑奴

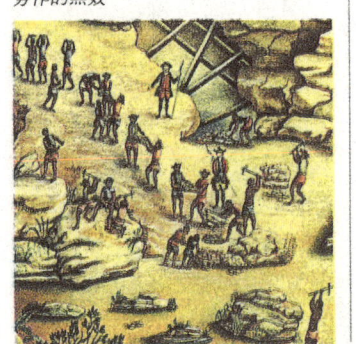

南北战争爆发
资本主义与奴隶制之间的战争

19世纪上半期，美国北方资本主义工业和农业发展迅速，南方各州则盛行奴隶制经济。南北方社会制度的矛盾引起双方在政治、经济上的对立。1860年反对黑人奴隶制的共和党人林肯当选总统，激起南方种植园奴隶主的不满。南部蓄奴州南卡罗来那首先脱离联邦，接着乔治亚、佛罗里达等州相继脱离联邦，于1861年2月成立"美利坚诸州同盟"（简称"南部同盟"）政府，另选杰斐逊·戴维斯为总统。4月，南方军向北方发动进攻，内战爆发。

美洲印第安人

约翰·布朗起义

约翰·布朗出身于贫困的白人家庭，立志消灭奴隶制。1859年10月16日，他率领16名白人和5名黑奴在弗吉尼亚州的哈普斯渡口发动起义，攻占了附近的联邦军火库，解放了当地的奴隶。后因寡不敌众，起义失败。约翰·布朗起义激化了反奴隶制的斗争，加速了南北战争的爆发。

林肯

亚伯拉罕·林肯
南北战争中的美国总统

1860年11月，林肯当选美国第16任总统。南北战争期间，林肯实行了一系列政治、经济措施。1862年9月，他发表《解放黑人奴隶宣言》，宣布南方黑奴为自由人。次年11月发表了著名的葛底斯堡演说，提出"民有、民治、民享"的口号。这些措施调动了广大农民、黑人参军参战的积极性，成为扭转战局的关键。1865年4月14日，连任总统的林肯在华盛顿福特剧院观看演出时，被南方奴隶主收买的演员刺杀，次日逝世。林肯以维护联邦统一、废除黑奴制度的功绩成为美国近代史上与华盛顿、杰斐逊齐名的"三大伟人"之一。

表现林肯在剧院遭到暗杀的版画

《解放黑人奴隶宣言》

1862年9月22日，林肯颁布了《解放黑人奴隶宣言》。《宣言》宣告：自1863年1月1日起，南方黑人奴隶一律成为自由人，可以参加美国军队作战；对于不参加叛乱的蓄奴州采取自愿的、逐步的、有赔偿的解放奴隶措施。《宣言》在当时受到人们的热烈支持，使政治形势开始有利于北方。解放奴隶成为北方作战的重要目标。但《宣言》并未宣布废除奴隶制，也没有在政治经济方面做出使黑人获得真正自由的保证，直到1865年宪法第十二条修正案才正式宣布废除奴隶制。所以南北战争结束后，黑人仍然遭受歧视和奴役。

负责制订《解放黑人奴隶宣言》的内阁

葛底斯堡战役
美国南北战争的转折点

南北战争爆发后，在战争初期，南方军队赢得多次胜利，北方一度失利。但在1863年7月，北方赢得了内战中最大的一次战役——葛底斯堡战役的胜利，这是内战的转折点。从1863年2月开始，北军的格兰特将军率军围攻葛底斯堡。经过几个月的围困，南军被迫于7月4日投降。至此，北方控制了密西西比河，将南方领土一切两半。

胜利会师
南北战争结束

1864年，北军分东西两线同时展开强大攻势。东线的北军将领谢尔曼由萨凡纳北上与重创罗伯特·李部队的格兰特会合。胜利会师后的北方军队于1865年攻占了南部同盟首都里士满。1865年4月9日，南军统帅罗伯特·李率军投降，持续五年之久的南北战争以北方胜利而告结束。

联邦军的弹药盒

南方重建
为黑人争取权利的运动

1865年4月，约翰逊总统发布《大赦宣言》，赦免了几乎所有叛乱分子。奴隶主在南方重新得势，黑人自由被剥夺。约翰逊的反动政策激起了资产阶级民主派和广大人民的反对。1867年3月2日，国会通过重建南方法案。法案决定对南方实行军事管制，保障黑人的政治权利，并在南方采取了一系列发展资本主义工商业的措施。

处死奴隶

美国独立与内战大事年表

1607	第一批英国殖民者到达北美。
1620	"五月花"号开航，成为英国向北美开拓殖民地的象征。
1770	波士顿惨案发生。
1773	波士顿倾茶事件发生。
1775	美国独立战争打响。
1776	第二届北美大陆会议发表《独立宣言》，宣告美利坚合众国诞生。
1777	在萨拉托加战役中，英军大败。
1781	约克镇大捷。北美独立战争结束。
1783	英国承认美国独立。
1787	美国制定第一部宪法。
1789	华盛顿当选美国第一届总统。
1800	美国政府正式定都华盛顿。
1812	美英战争爆发。
1814	签订《根特合约》结束战争。
1823	门罗主义出台。
1859	约翰·布朗起义爆发。
1860	林肯当选美国第16任总统。
1861	美国南北战争开始。
1862	林肯颁布了《解放黑人奴隶宣言》。
1863	葛底斯堡战役中，北军大败南军。
1865	南方投降，美国内战结束。
1865	南方重建运动展开。

工业革命时代

• 像历史学家一样思考 •

欧洲资本主义最发达的国家英国于18世纪30年代开始了一场前所未有的革命——工业革命,欧美由此进入工业革命时代。工业革命使资本主义由工场手工业生产过渡到机器大工业生产,极大地提高了社会生产力。同时,它也使得整个社会日益分裂为两大对立的阶级——资产阶级和无产阶级,工人运动蓬勃兴起。而马克思主义也在这一时期登上了历史舞台。工业革命时代的经济危机最终引发了1848年席卷整个欧洲大陆的革命运动。

想一想 为什么工业革命始于英国,而不是英国以外别的什么国家?这一场革命对人类历史产生了什么重大影响?

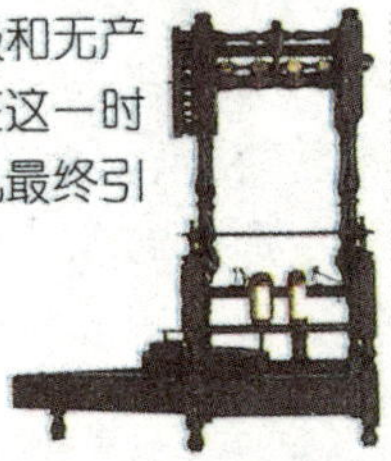

工业革命时代的纺织机

蒸汽机的广泛应用给人们带来了极大的便利。图为19世纪早期英国煤矿使用蒸汽机的情景。

蒸汽机的发明
人类进入蒸汽时代

机器的运转需要动力。在纺织工业的技术革命中,水力动力机械已经出现,但是工厂必须建在河边,且生产规模受河水流量限制,生产很不稳定。因此,人们需要寻找新的动力。1783年,苏格兰机械师瓦特成功地改进了蒸汽机,使之具备了现代蒸汽机的基本结构。1785年,他改良的蒸汽机被用作纺织机器的动力,由此掀起了第一次技术和工业革命的热潮。人类从此进入"蒸汽时代"。瓦特的蒸汽机还被用于采矿、冶金、交通运输、磨粉、造纸等部门,促进了这些部门的机械化。

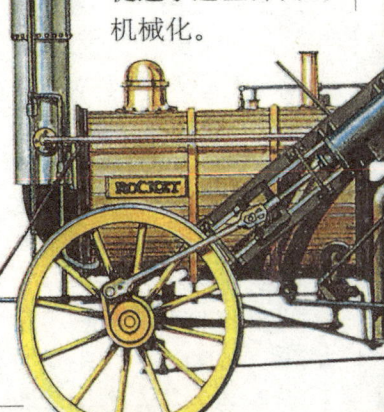

工业革命的背景
资本扩张与科技进步

英国工业革命的产生有着深刻的原因。自欧洲新航线开辟以后,世界市场日益扩大,以手工劳动为特征的工场手工业远不能满足国内外的市场需要,为了获取更多的利润,资产阶级势必要进行技术革命。随着英国资产阶级革命的胜利,英国确立起资产阶级的统治。圈地运动以合法的形式更加猛烈的展开,自耕农完全被消灭,大批农民流离失所,涌入城市,为工业革命提供了廉价劳动力。英国统治者还通过大规模的殖民掠夺、贩卖奴隶和海外贸易,积累了大量资金。此外,科学技术的进步也为工业革命准备了条件。

纺织工业技术革命
工业革命的发源处

英国工业革命最先从棉纺织业开始。1733年,机械工凯伊发明飞梭,使织布效率大大提高。1764年,纺织工人哈格里夫斯制造出了"珍妮纺纱机",一次可纺出上百根纱线。但珍妮机纺出的纱细而易断,还需人力带动。1769年,钟表匠阿克莱特发明了水力纺纱机,纺出的纱结实但较粗。1779年,克隆普顿结合珍妮机和水力纺纱机的优点,发明了"骡机",可同时带动300~400个纱锭,纺出的纱又细又结实。1785年,牧师卡特赖特发明水力织布机,使织布工效提高了40倍。到1800年,英国棉纺织业已基本实现机械化。

轮船的发明
人类进入汽船时代

人类对船舶的使用经历过舟筏时代和帆船时代。而在工业革命开始后，人类随着蒸汽机的发明而进入了汽船时代。1807年8月，美国人富尔顿建造的世界上第一艘蒸汽轮船"克莱门特"号在北美哈得孙河上试航成功，240千米的航程仅用了32个小时，而普通帆船需4天4夜。1843年7月，英国工程师布鲁内尔设计的"大不列颠"号轮船下水，成为世界上用螺旋桨代替明轮的第一艘蒸汽轮船。在各国政府支持下，轮船公司纷纷建立，海上航线成为各大洲人们交往的重要通道。

饥饿的人群哄抢面包的场景

史蒂芬孙设计的"火箭"号机车

火车的发明
开辟了陆上运输的新纪元

蒸汽机发明后，人们想以蒸汽为强大动力，制造出一种理想的陆上运输工具。1825年9月，英国工程师史蒂芬孙经反复研究、设计和试制，制造了"旅行"号火车。这列拖有6节货车及33节载客车厢的火车，以每小时18千米的速度行驶，轰动了英伦三岛及欧美各国。1829年，自利物浦至曼彻斯特的铁路竣工时，由史蒂芬孙制造的最高时速接近50千米的"火箭"号机车获得火车比赛的胜利。从此，铁路成为交通的大动脉。火车和铁路对工业革命起了巨大的推动作用。

经济危机爆发
资本主义生产矛盾的集中体现

随着大机器工业的出现和发展，周期性生产过剩危机的前提条件已经具备。1825年，英国爆发了一次大的经济危机，波及了几乎所有的部门。受打击最沉重的是纺织工业，机器制造业也受到了较大的影响。同时，危机也沉重地打击了英国的对外贸易。1825年的经济危机结束后，工业生产过剩危机史的第一阶段也随之告终。

英国北部纽卡斯尔工场的劳动场面

工人运动的兴起
无产阶级登上历史舞台

19世纪30~40年代，英国工业革命已基本完成。在工业革命的基础上，资本主义生产方式在欧洲先进国家广泛发展。资产阶级和无产阶级的对立日益明显和突出，斗争日趋激烈。这一时期先后爆发了法国里昂工人起义、英国工人宪章运动和德国西里西亚纺织工人起义。这表明无产阶级作为独立的政治力量已经登上了历史舞台，从而为马克思主义的诞生奠定了阶级基础。

里昂工人起义
最早的工人武装起义

1831年11月，法国里昂的纺织工人举行游行示威，要求增加工资，遭到军警枪击。工人们在"不能劳动而生，毋宁战斗而死"的口号下，举行起义。他们攻占市政厅，控制了市区，后被政府军队镇压。1834年4月，全市工人为反对审判工人领袖，再次举行武装起义。他们同军警展开巷战，最后被镇压。里昂工人起义是世界上最早的工人武装起义。

英国工人宪章运动

英国工人宪章运动
英国第一次全国性的工人运动

英国工业革命后,议会选举很不民主。为此,工人进行了争取选举权的斗争。1837年,伦敦工人协会拟定了争取普选权的纲领,次年以法案形式公布,称为《人民宪章》。主要内容有:凡年满21岁的男子皆有选举权;废除议员候选人的财产资格限制;议会每年改选一次;平均划分选举区域;按选民人数产生代表。《人民宪章》得到广大民众的响应,宪章运动由此在全国蓬勃展开。从1838年至1848年,宪章运动掀起了三次高潮,均以失败告终。但是,宪章运动推动了欧洲工人运动发展,是英国工人阶级独立登上政治舞台的标志。

空想社会主义思想家圣西门

西里西亚纺织工人起义
德意志的大规模工人反抗运动

西里西亚地区是当时德意志的纺织业中心。这里的纺织工人一面受到工厂主们日益加深的剥削,一面又须向封建地主缴纳一种名为"纺织税"的特别税,处在资本主义和封建主义的双重压迫下。1844年6月4日,西里西亚3000多纺织工人,捣毁工厂,烧毁账簿和债据,并同普鲁士政府军展开搏斗。激战两天后,起义被残酷镇压。

空想社会主义
带有乌托邦色彩的学说

随着工业革命的发展,资本主义制度的固有矛盾已初步显现。一批先进的思想家在批判社会不合理现象的同时,对未来的理想社会提出了许多天才设想。这就是空想社会主义。其主要代表人物有法国的圣西门、傅立叶和英国的欧文。

马克思主义诞生
无产阶级的科学理论创立

独立的工人运动的兴起呼唤真正代表本阶级利益的科学理论。马克思和恩格斯吸收和改造人类文明的优秀成果,研究和总结了早期工人运动的状况和经验,创立了马克思主义。马克思主义是无产阶级及其政党的世界观,是无产阶级根本利益的体现,它有三个来源和三个组成部分。三个来源是:德国古典哲学、英国古典政治经济学和空想社会主义。三个组成部分是:哲学(包括辩证唯物主义和历史唯物主义)、政治经济学和科学社会主义。

共产主义运动前进的纪念碑

《共产党宣言》
科学共产主义诞生的标志

马克思和恩格斯于1848年2月发表了共同起草的《共产党宣言》，系统地阐明了资本主义必然要灭亡、共产主义必然要胜利的客观规律；指出无产阶级是资本主义制度的掘墓人和共产主义社会的创造者；无产阶级革命和无产阶级专政是实现共产主义的必由之路。《共产党宣言》是马克思主义发展史上的重要文献，是国际共产主义运动的第一个战斗性纲领。它的发表标志着科学共产主义的诞生和国际共产主义运动的开端。

19世纪的德国工人

1848年革命
席卷欧洲的大规模革命运动

1845~1846年，欧洲农业歉收。1847年，欧洲发生经济危机，工厂纷纷倒闭，大批工人失业，人民生活贫困，阶级矛盾日益激化。1848年初，一场席卷欧洲大陆的规模空前的资产阶级民主革命终于爆发了。一时间，欧洲烽火连天。法国、奥地利、匈牙利、爱尔兰、瑞士、荷兰、丹麦以及德国和意大利的许多州、省都相继发生了革命。

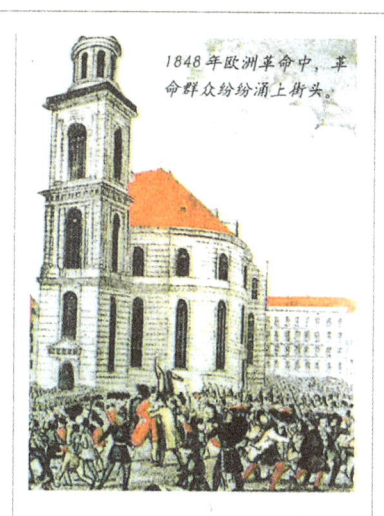

1848年欧洲革命中，革命群众纷纷涌上街头

法国"二月革命"

1848年2月22日，法国爆发了"二月革命"，3000余名工人、学生和市民上街游行，要求七月王朝的统治者进行民主改革，并同政府军发生冲突。起义群众占领王宫，当众烧毁了国王的宝座。起义的烈火也在里昂、马赛、波尔多、南特等地熊熊燃烧。二月革命推翻了七月王朝，成立了法兰西第二共和国。无产阶级成为这次革命中的主力军，但胜利果实被资产阶级组成的临时政府攫取。

奥地利革命

1848年3月13日，奥地利首都维也纳爆发了推翻梅特涅政府封建专制统治的示威游行。示威群众提出修改宪法，废除书报检查，改组内阁，实行人民代议制度的要求。首相梅特涅调集军队镇压，群众筑起街垒与政府军展开战斗。奥皇迫于压力，不得不改组内阁，并颁布帝国宪法。但新内阁继续推行反人民的政策。维也纳人民为反对奥皇入侵匈牙利，举行了"十月起义"，但被反动政府镇压。

1848年欧洲革命的意义和影响
推动了欧洲资本主义的发展

1848年欧洲革命是继承17世纪英国资产阶级革命和18世纪末法国资产阶级革命之后的第三次革命大风暴。它打击了欧洲各国的封建专制制度，摧毁了反动的神圣同盟和维也纳会议体系，为资本主义的发展扫清了道路。它锻炼了法、德等国的无产阶级以及革命群众，丰富了科学社会主义理论，对于马克思主义和后来的欧洲工人运动以及社会主义运动的发展有着深远的影响。

工业革命时代大事年表

1733	机械工凯伊发明飞梭。
1764	哈格里夫斯制造出"珍妮纺纱机"。
1769	阿克莱特发明水力纺纱机。
1779	克隆普顿结合珍妮机和水力纺纱机的优点，发明了"骡机"。
1783	瓦特成功改良蒸汽机。
1785	卡特赖特发明水力织布机，大大提高了织布工效。瓦特改良的蒸汽机被用作纺织机器的动力。
1807	第一艘蒸汽轮船试航成功。
1825	席卷英国全国的经济危机爆发。
1829	史蒂芬孙制造出"旅行"号火车。
1831	法国里昂工人起义爆发。
1837	英国工人宪章运动在全国展开。
1844	西里西亚纺织工人起义爆发。
1848	欧洲各地爆发大规模的革命运动。《共产党宣言》发表。

德、意统一

像历史学家一样思考

德意志邦联和意大利邦联19世纪上半期都还处于封建割据状态，四分五裂。随着工业革命在欧洲的扩展，资本主义经济迅速发展，各邦的分裂状态日益成为资本主义发展道路上的巨大障碍，统一问题已提到了历史日程上。通过战争和武装起义，意大利和德意志分别于1870年和1871年完成了本国的统一大业。

想一想 请比较德意志和意大利两国在统一方式上的异同。

德意志邦联
分散独立的邦国联盟

中世纪以来，德意志一直处于封建割据状态，直到19世纪中期，还未实现统一。它由34个邦国和4个自由市组成"德意志邦联"，各邦国都是独立的。普鲁士和奥地利是德意志最大的两个邦国，都想以自己为中心统一德国。普鲁士是一个由单一的日耳曼民族组成的邦国，政治稳定，经济发达，而奥地利则是一个多民族的邦国，政治上危机四伏。因而，统一德意志的重任就落到普鲁士手中。

铁血首相俾斯麦
统一德意志的功臣

1862年，普鲁士国王威廉一世任命俾斯麦为首相。俾斯麦出身于容克贵族家庭。18世纪50年代，他先后出任普鲁士驻法兰克福联邦议会代表，驻俄、法大使。俾斯麦力主武力统一德国，坚决进行军事改革。他在普鲁士议会上说："当代的重大问题不是演说和多数派的决议所能解决的……只能用铁和血来解决。"这里的"铁"是指武器和军队，"血"是指发动战争。俾斯麦因推行"铁血政策"，而被称为"铁血首相"。他先后发动了三次战争，逐步完成了德意志的统一。

俾斯麦

"七星期战争"
普奥争夺统一领导权的战争

1864年，普鲁士联合奥地利对丹麦宣战。丹麦战败后，普鲁士吞并石勒苏益格公国，奥地利吞并荷尔斯泰因公国。为把奥地利排除于德意志之外，俾斯麦于1866年挑起了普奥战争。战争经历了7个星期，史称"七星期战争"。普军在萨多瓦大决战中获得决定性胜利。根据战后和约，奥地利退出德意志邦联。普鲁士统一了北部和中部德意志，并于1867年成立了以普鲁士为首的北德意志联邦。

普法战争
普法争夺欧洲霸权的战争

法国担心德国的统一和强大会威胁自己在欧洲的地位，试图阻碍其统一。普鲁士则希望统一德国南部靠近法国的少数德意志邦国，进而占领法国的阿尔萨斯和洛林。1870年7月，法国向普鲁士宣战。9月，法普两军在色当决战，法军大败。这次战役在法国历史上称为"色当惨败"。战后，法国赔款50亿法郎，并割让阿尔萨斯和洛林给德国。

普法军队交战的场面

德意志完成统一大业
统一的德意志帝国建立

1867年，普鲁士领导下的北德意志联邦诞生，共有21个邦及3个自由市(汉堡、吕贝克和不来梅)参加。德意志还剩下南德诸邦——巴伐利亚、符腾堡、巴登、黑森－达姆斯塔得依然各自为政。1870年普法战争结束后，南德诸邦才与北德联邦合并，组成德意志帝国。1871年1月，普王威廉一世在凡尔赛宫加冕为德意志帝国皇帝，并任命俾斯麦为帝国首相。德意志的统一大业最终完成。

普鲁士国王威廉一世被拥立为德意志帝国皇帝。

分裂的意大利
处在奥、西、法统治下的国家

19世纪上半期，意大利仍然四分五裂。北部最富庶的伦巴底和威尼斯地区受奥地利统治，中部的罗马教皇国有法国驻军，南部的两西西里王国则由西班牙的波旁王朝统治，只有撒丁王国是独立的。各邦的长期割据，阻碍了资本主义的发展，要想摆脱落后状况，就必须实现民族独立和国家统一。撒丁王国成为意大利民族统一运动的中心。

意法奥战争中的交战场面

意法奥战争
实现意大利局部统一的战争

1859年，意法奥战争爆发。法军进入意大利境内，与撒丁王国军队共同作战。意大利民族独立运动的领袖加里波第组建了"阿尔卑斯猎手团"深入奥军驻地伦巴底，威震敌胆。意大利中部各邦人民也纷纷起义，奥军被迫撤出伦巴底，退守威尼斯。战争胜利后，奥地利同意把伦巴底交给撒丁王国。战后，意大利北部的几个小邦和教皇国的大部分地区宣布并入撒丁王国。这样，意大利北部和中部地区实现了统一。

加里波第远征
两西西里王国的解放

1860年，两西西里王国爆发大规模的农民起义。加里波第招募了一支志愿军，即著名的"千人红衫军"，远征两西西里，支援起义军。他的队伍迅速攻占了西西里岛首府巴勒莫，解放了西西里岛。加里波第乘胜前进，攻占了两西西里王国的首都那不勒斯。解放后的两西西里并入撒丁王国。1861年3月，意大利王国宣告成立，撒丁国王任意大利国王。

意大利完成统一
威尼斯和罗马的解放

解放两西西里后，加里波第曾两次率志愿军攻打罗马，但未能成功。1866年普奥战争时，意大利乘机夺取了被奥地利占领的威尼斯。1870年普法战争时，拿破仑三世被迫从教皇领地撤军。意大利军队和加里波第率领的志愿军开进教皇领地占领罗马，王国首都迁往罗马，教皇被迫避居梵蒂冈。意大利最终完成了国家统一。

在漫画中，加里波第被比喻成帮助撒丁国王掌权的人。

德、意统一大事年表

1859	意法奥战争爆发，意大利北部和中部实现统一。
1860	加里波第率领志愿军远征两西西里王国。
1861	意大利王国宣告成立。
1862	俾斯麦被任命为普鲁士首相。
1864	普鲁士对丹麦宣战。
1866	"七星期战争"中，普鲁士打败奥地利，统一德意志北部和中部。
1867	普鲁士领导下的北德意志联邦成立。
1870	普法战争爆发。意大利完成统一。
1871	普王威廉一世加冕为德意志皇帝，德意志完成统一大业。

亚非拉民族民主运动

像历史学家一样思考

帝国主义在侵略亚非拉的过程中，与殖民地各国的封建势力勾结起来，加深了各国被压迫人民的苦难，激起殖民地人民的强烈反抗。18世纪末～19世纪初，反殖民统治的民族民主和独立解放运动席卷了亚洲、非洲和拉丁美洲的殖民地。殖民地人民经过艰苦卓绝的斗争，赢得了独立和自由。

想一想 19世纪亚非拉人民的独立解放斗争取得了哪些重要的胜利？

海地革命
第一次取胜的拉美黑人革命

1791年8月22日，海地黑奴敲响战鼓，在奴隶出身的杜桑（1743～1803）的领导下揭竿而起。起义军先后击败法国、西班牙和英国侵略军，摧毁了奴隶制度。后来杜桑被诱捕，并被处以死刑。他的战友们继续战斗。1804年1月，海地终于赢得独立，并恢复了印第安人的传统名称——"海地"（意为"多山的地方"）。这是拉丁美洲第一次取得胜利的黑人革命。

南美解放战争示意图

拉普拉塔人民抗英斗争
抵抗英国殖民者入侵的战斗

19世纪初，英国利用西班牙殖民统治的危机，加紧侵夺西班牙在南美洲的殖民地。1806年6月，英军驶抵阿根廷拉普拉塔河口，宣布被占领地区归属英国。当地居民为保卫家园，自发组织起来进行抗英斗争。7月，南美洲民族独立领袖利涅尔斯率军与英军展开激战。英军伤亡惨重，于7月7日签署投降书，从拉普拉塔河两岸全部撤走。拉普拉塔地区人民在抗英斗争中建立了自己的武装力量，迫使西班牙国王任命利涅尔斯为临时总督。

玻利瓦尔

西属拉丁美洲独立运动
反抗西班牙殖民统治的运动

19世纪初，西属拉丁美洲殖民地人民纷纷举行起义，独立战争普遍展开。1808～1815年，为独立战争的第一阶段。在这一阶段中，起义人民初步建立了独立的革命政权，但大都被殖民军摧毁。1816～1826年为独立战争第二阶段。在这一阶段中，起义者建立了一支强大的革命军，从而使独立战争取得胜利。此后，拉丁美洲建立起了一系列的独立主权国家。

智利圣地亚哥的独立广场

南美洲独立运动
殖民统治在南美洲的瓦解

在独立派领袖玻利瓦尔的领导下，南美北部委内瑞拉于1811年7月发表独立宣言，成立了共和国。而在南美南部，何塞·圣马丁使阿根廷和智利在西班牙的统治下获得了自由。此后，南美人民在玻利瓦尔和圣马丁的率领下，一北一南夹击西班牙殖民军队，先后解放了哥伦比亚、厄瓜多尔和秘鲁。南美大部分地区解放。

墨西哥的独立运动
多洛雷斯呼声下的军事解放

1810年9月16日,墨西哥瓜纳华托州的多洛雷斯村的神甫伊达尔哥呼吁人民发动起义。到1811年,起义军几乎控制了整个墨西哥南部。1813年,起义者召开国民议会,通过《独立宣言》,宣布墨西哥独立。在墨西哥独立运动的影响下,中美洲其他地区也于1821年脱离西班牙宣布独立,成立了"中美洲共和国联邦"。

爪哇人民大起义
反抗荷兰殖民者的斗争

1825年7月,日惹(爪哇岛)苏丹的次子蒂博尼哥罗率部发动了反对荷兰殖民者的武装起义。1825年10月,蒂博尼哥罗建立了伊斯兰教王国,自立为苏丹。1830年3月,荷兰殖民者逮捕了蒂博尼哥罗。蒂博尼哥罗领导的反荷起义在印度尼西亚人民反殖民主义斗争的历史上写下了光辉的一页,并揭开了19世纪中期亚洲民族解放斗争高潮的序幕。

印度反英民族大起义
席卷印度的反英斗争

1857年初,英国殖民者给印度土兵发放涂有牛油和猪油纸包装的子弹,严重侮辱了他们的宗教信仰,激起了土兵们的强烈愤慨。1857年5月,印度土兵发动起义,控制了德里城。他们把莫卧儿帝国的末代皇帝拥上帝位,并号召全印度人民团结一致驱逐英国殖民者。9月,英军攻入德里,镇压了起义军。此后,起义军转入游击战,一直坚持到1859年底。1857~1859年的印度反英民族大起义沉重地打击了英国在印度的殖民统治,支援了亚洲其他国家的民族解放运动。

埃塞俄比亚的抗英斗争
提奥多二世抵御英国殖民者的战斗

1855年,埃塞俄比亚库阿尔族的封建主卡萨加冕称帝,称提奥多二世。称帝后的提奥多二世先后进行了政治、经济、军事等方面的改革。1867年,英国殖民者悍然出兵埃塞俄比亚。提奥多二世号召埃塞俄比亚人民起来反抗侵略者,并且亲自率军奋战,坚守军事要塞马拉达。1868年4月13日,马拉达要塞失守,提奥多二世战败自尽。埃塞俄比亚重又面临新的殖民侵略。

埃塞俄比亚的工艺品

苏丹马赫迪起义
苏丹反抗英国殖民者的斗争

1881年,苏丹人民不堪忍受英国殖民者繁重的苛捐杂税,爆发了马赫迪反英大起义。至1885年夏,起义军几乎解放整个苏丹国土。1885年6月,马赫迪病逝。他的战友阿卜杜拉建立了中央集权国家,实行了一系列政治、经济和军事措施。英国殖民者于1896年派遣装备精良的远征军进犯苏丹。1900年,起义军战败。苏丹最终成为英国殖民地。

亚非拉民族民主运动大事年表

1791	杜桑领导的海地革命爆发。
1804	海地赢得独立,建立第一个黑人共和国。
1806	拉普拉塔人民抗英斗争爆发。
1808	西属拉丁美洲独立运动展开。
1810	墨西哥伊达尔哥起义爆发。
1811	玻利瓦尔成立委内瑞拉共和国。
1813	墨西哥独立。
1821	中美洲部分地区宣布独立,并成立"中美洲共和国联邦"。
1825	爪哇人民大起义爆发。
1857	印度反英民族大起义兴起。
1867	埃塞俄比亚抗英斗争爆发。
1881	苏丹爆发马赫迪反英大起义。

英国军队镇压印度人民反英民族起义。

日本明治维新时期

·像历史学家一样思考·

日本在 19 世纪上半期处于德川幕府的统治下，封建社会内部危机日益严重。自 1845 年美国打开日本的门户后，民族矛盾也日趋尖锐。1868 年，倒幕派开展声势浩大的倒幕运动，推翻了幕府统治，还政天皇。在倒幕派的支持下，明治天皇在国内实行了大规模的维新改革运动。明治维新使日本摆脱了沦为西方殖民地的危机，走上了资本主义的道路。

想一想 明治维新运动在日本近代历史上有何重大意义？

明治时期的女陶像

德川时期的江户

倒幕运动的兴起
幕府封建统治的动摇

日本国门被打开后，外国廉价工业品像潮水一样涌入国内，农产品和工业原料则被大量掠走，日本的经济受到严重破坏，百姓生活艰难。在这种情况下，农民和城市贫民起义连绵不绝，幕府统治风雨飘摇。以中下级武士、商人、资本家和新兴地主为主的改革力量积极开展倒幕运动。

正在降帆的日本船只

明治维新前的日本
幕府统治下的封建落后国家

19 世纪中期的日本仍是一个闭关锁国的落后封建国家。天皇大权旁落，掌握实权的德川幕府霸占了全国 1/4 的土地，是最大的封建主。将军帐下的封建领主叫"大名"，其领地称为"藩"，全国有 260 多个藩。统治阶级残酷剥削广大农民，致使日本经济落后，国力衰弱。随着商品经济的发展，社会内部阶级关系发生变化，出现了一批富有的商人、资本家和新兴地主。他们不满幕府的封建统治，要求改变现状。

培里叩关
日本国门被打开

在日本国内阶级矛盾日趋尖锐时，民族危机又至。1853 年 6 月，美军少将培里率舰来日叩关。1854 年，在美方的强大压力下，日方被迫签订了《日美亲善条约》。其主要内容有：日本对美国船只开放下田、箱馆两港；美国可在下田设立领事馆；今后日本给予别国权益时，也须无条件给予美国。从此，锁国 200 多年的日本国门被打开了。

幕府将军的会客室

德川幕府倒台
倒幕运动取得胜利

1867 年，倒幕派获得睦仁天皇的讨幕密诏，幕府将军德川庆喜被迫上表奉还大政。1868 年，倒幕派发动宫廷政变，发布"王政复古"号令，宣布废除幕府制，免去将军的一切职务，收回其领地。德川庆喜不甘失败，兴兵进犯京都，但被倒幕联军击败。德川庆喜走海路逃回江户。倒幕军继续进攻江户。德川见大势已去，不得不献城投降。统治日本 260 多年的德川幕府垮台了。

明治维新
资产阶级性质的改革

1868年，天皇改年号为"明治"，迁都江户，改江户为东京。为巩固新政权，明治政府实行了一系列资产阶级性质的改革，史称"明治维新"。这些改革包括：废藩置县，改行政区划为3府72县；废除封建等级制；进行土地改革和地税改革；统一货币和银行制度，打破封建关税壁垒；设立通商司；修建铁路；建立近代教育体制等。明治维新使日本建立起近代民族国家，走了资本主义道路，很快成为亚洲强国。

明治天皇
使日本走向近代化的天皇

明治天皇即天皇睦仁，1867年1月即位。同年10月，他下达讨幕密诏，依靠维新倒幕派，推翻了德川幕府的统治。随后，他在日本国内推行了一系列改革措施。通过这些改革，日本实现了富国强兵。明治天皇在位期间，日本发动的规模较大的战争有：1894～1895年中日甲午战争；1904～1905年日俄战争。两次战争的胜利促使日本的扩张野心膨胀，走上了军事封建帝国主义道路。明治天皇在位的45年，是日本走向近代化的时期。

自由民权运动
传播资产阶级民主思想的运动

明治维新后，政权掌握在大地主和大资产阶级手中，引起各阶层的不满。19世纪70年代，一些中小资产阶级和士族反对派发起了自由民权运动，基本要求是开设国会、减少地税和修订条约。1881年，参加各民权运动的团体在东京组成自由党，提倡"主权在民"的资产阶级民主思想，影响较大。1884年，自由党解散，运动转入低潮。自由民权运动虽然没有成功，但在日本近代史上第一次广泛地传播了资产阶级民主思想，并迫使明治政府在1889年颁布了帝国宪法。

日本步兵游行用的帽子

女书贩
17～18世纪的日本书贩常常在城镇街道租售图书，以满足市民日益增长的文化需要。

《大日本帝国宪法》
日本近代史上的第一部宪法

此宪法也称《明治宪法》，是日本近代史上的第一部宪法。1882年，天皇派遣伊藤博文等人赴欧考察宪政。1888年，宪法及其附属法起草，并经枢密院审议通过，于1890年11月施行。宪法名义上宣布实行君主立宪，实质上是天皇专制。这一宪法虽然具有很大的保守性，但确立了立法、行政、司法三权分立的体系，使日本向健全的资产阶级国家管理体制迈出了重大的一步。

日本明治时代饰以珊瑚及贝壳的装饰品

日本明治维新时期大事年表

1854	美国强迫日本签定不平等条约，打开了日本国门。
1866	日本倒幕派建立联盟，倒幕运动蓬勃兴起。
1867	睦仁天皇即位，同年发布讨幕密诏。
1868	德川幕府倒台。明治维新运动开始。
1881	民权运动团体在东京组成自由党。
1889	明治政府颁布《大日本帝国宪法》。
1894	中日甲午战争爆发。
1904	日俄战争爆发。

近代中国

· 像历史学家一样思考 ·

清朝是中国历史上最后一个封建君主专制王朝，由满族贵族建立。18世纪中叶，中国封建社会的经济发展到一个新的高峰，史称"康乾盛世"，但它的发展并未逾越中国传统封建专制体制的轨道，与同一时期西方资本主义蓬勃发展的形势相比，中国已落后于世界发展的先进潮流。1840年的鸦片战争和此后帝国主义的入侵，使中国逐步沦为半殖民地半封建社会，华夏民族面临着亡国灭种的危机。1911年，辛亥革命结束了中国两千多年的封建王朝统治，建立了中华民国。但革命果实被北洋军阀攫取，中国陷入极端混乱的局面。

想一想 试从社会政治和经济的角度阐述两次鸦片战争对中国历史发展的影响？

清太祖努尔哈赤的盔甲

清朝建立
满族入主中原

16世纪末，东北女真族在其首领努尔哈赤的统领下，逐步壮大，并建立了后金政权。皇太极时改金为清，改女真为满洲（满族自称）。1644年，明山海关守将吴三桂引清军入关。清王室入主北京，开始长达268年的统治。清朝初期中国社会的政治、经济、文化各方面都获得了较大的发展。

八旗制度

1601年，努尔哈赤以300人为单位分编牛录，建黄、白、红、蓝四牛录，这是编组八旗之始。在此基础上，努尔哈赤于1615年正式创建八旗制度，将女真各部分为正黄、镶黄、正白、镶白、正红、镶红、正蓝、镶蓝八旗。八旗制度把涣散的女真各部联结起来，消除了各部间的差异。八旗制度为女真族的统一、建立政权及以后的入主中原奠定了基础。

满洲八旗旗帜

康熙大帝
中国古代最出色的帝王之一

康熙是清朝著名的皇帝。他正式执政后，首先平定叛乱，收复台湾，巩固了清朝政权。他还三次率军亲征，平定葛尔丹叛乱。在政治上，他积极利用科举制，吸收汉族学士参与朝政；在经济上，奖励垦荒，兴修水利，减少赋税。这些措施奠定了"康乾盛世"的基础。

康熙大帝

康乾盛世
封建王朝最后的辉煌

清朝自康熙经雍正至乾隆的130多年，形成了中国历史上又一个辉煌盛世，史称"康乾盛世"。这一时期，中国社会各个方面的发展在封建王朝的体系框架下达到极致。到乾隆末年，中国经济总量居世界第一位，人口占世界的1/3，对外贸易长期顺差，以致后来英国为扭转对华贸易的逆差，竟把大量鸦片运进中国，并发动了罪恶的鸦片战争。

中俄《尼布楚条约》
中俄正式签署的第一个边界条约

1685年和1686年,康熙帝命令清军两次进攻侵占雅克萨的沙俄军队。俄军伤亡惨重,不得不同意通过谈判解决中俄东段的边界问题。1689年,中俄双方正式签订了关于边界划定的《尼布楚条约》。沙俄同意把侵入雅克萨的军队撤回本国,清朝同意把贝加尔湖以东尼布楚一带原属中国的地方让给俄国。

《尼布楚条约》划定中俄边界示意图

鸦片战争
欧洲列强打开中国国门

清中叶以后,英国等欧洲列强向中国大量输出毒品鸦片。1840年,英国政府以林则徐虎门销烟为借口,挑起侵华战争。软弱的清政府无力抵抗,于1842年8月29日与英国签订了不平等的《中英南京条约》。鸦片战争是中国军民抗击西方资本主义列强入侵的第一次战争。鸦片战争后,中国开始沦为半殖民地半封建国家。

第二次鸦片战争
第一次鸦片战争的继续和扩大

1856年10月,英法以"亚罗号事件"为借口,对中国进行了又一次侵略战争。这次战争是十多年前的鸦片战争的继续和扩大,故史称第二次鸦片战争。中国战败后,被迫同英、法、美、俄签订了《天津条约》、《瑷珲条约》、《北京条约》等一系列不平等条约。

火烧圆明园

在第二次鸦片战争中,英法联军于1860年进抵北京后,在圆明园大肆抢掠。圆明园当时为皇家花园,珍藏着大量珍宝。英法联军经过4天的抢劫、破坏后,纵火焚烧了圆明园,将这座堪称人类文化宝库的世界名园化成一片焦土!

圆明园遗址

民族资本主义的兴起
民族资本主义获得短暂发展

第一次鸦片战争以后,外国商人在通商口岸建立起一些船坞和工厂。他们大量雇佣中国的破产农民和手工业者。这样便产生了第一批中国的工人阶级。与此同时,外国资本主义的入侵也为民族资本主义发展创造了条件,中国民族资产阶级诞生了。近代中国民族资本主义发展经历了两个短暂的黄金时代,一是在第一次鸦片战争结束后,另一是在第一次世界大战期间,史称"短暂的春天"。

太平天国运动
规模最大的农民革命运动

1851年1月11日,洪秀全在广西桂平县金田村发动起义,自称"天王",建号"太平天国"。1853年,起义军定都天京(今南京),建立起与清廷对峙的农民政权。1864年,太平天国革命运动被镇压。这场起义历时14年,席卷了半个中国,是震惊中外的一场大规模农民革命运动。

辛酉政变
慈禧太后开始掌权

1861年,咸丰帝在承德病死,6岁的皇太子载淳继位,由载垣、肃顺等八位大臣辅政。载淳的生母慈禧太后勾结恭亲王奕䜣在北京发动政变,处治了八位辅政大臣。接着,慈禧太后垂帘听政,定年号为"同治"。1861年是农历辛酉年,所以称这次政变为"辛酉政变"。从此,慈禧太后掌握了清朝的最高统治权。

清代后妃用的寿福形发簪

由洋务派创办的江南机器制造总局

洋务运动
中国近代化的第一步

第二次鸦片战争后,清朝内外交困。以曾国藩、李鸿章为首的清廷官员发起了洋务运动。洋务运动起自19世纪60年代,共推行了30余年。它使中国出现了近代资本主义企业、近代海军、近代兵工厂、近代教育,也开始有了近代外交。从总体上说,它是中国向近代化迈出的第一步。

中法战争
近代中国不败而败的战争

1883年,法国把越南变成"保护国"。同年,法军向派驻越南的中国军队发动进攻,挑起中法战争。清政府被迫对法宣战。在战争中,清军将领冯子材率军抗战,取得镇南关大捷;刘永福部黑旗军也在越南临洮大败法军。但清政府却诏令前线停战撤兵。1885年,李鸿章与法国公使巴德诺于天津签订了屈辱的《中法新约》。

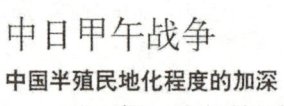

中日甲午战争
中国半殖民地化程度的加深

1894年,日本利用朝鲜东学党起义,制造事端,向驻朝清军挑起战争。1894年8月,中日双方正式宣战,因这一年是干支甲午年,我国称甲午战争。9月,北洋舰队在黄海海战中败于日舰。1895年1月,日军登陆山东半岛。2月北洋舰队全军覆没。4月17日,清朝政府被迫同日本订立丧权辱国的《马关条约》,割让台湾和辽东半岛,赔款白银四亿两。甲午战争的失败标志着洋务运动的失败,此后中国开始了要求社会变革的戊戌变法和反清革命运动。

镇南关大捷图

《马关条约》

1895年4月17日,清政府议和大臣李鸿章与日本首相伊藤博文在日本马关签订了不平等的《马关条约》。《马关条约》的内容主要包括割领土、赔巨款、开四埠、设工厂四个方面。它是自《南京条约》以来最苛刻、对中国危害最严重的不平等条约,大大加深了中国的半殖民地化和民族危机。

中日甲午海战图

戊戌变法
中国的君主立宪制改革

甲午战争后,中国民族危机更加深重。在"救亡图存"的号召下,改良思想传播很快,逐步形成一场维新变法的政治运动。这场运动的领导者有康有为、梁启超、谭嗣同等人。光绪皇帝接受维新派主张,于1898年下诏变法维新,史称"戊戌变法"。不久,慈禧太后发动宫廷政变,推翻新政,变法失败。此后,中国封建王朝日趋没落,走向覆灭。

康有为为宣传变法编著了《日本变政考》一书。

义和团运动
反帝的爱国运动

1898年,在民间习武组织义和拳的基础上,山东兴起了反教会、反侵略的义和团运动。1900年,慈禧太后想利用义和团来对付外国势力,就暂时承认了义和团的合法地位。1900年6月,八国联军向北京进攻,义和团与之展开了激烈的战斗,一再打败侵略者。但在帝国主义军队的血腥屠杀和清政府的欺骗、出卖下,义和团运动失败了。

义和团的反帝传单

八国联军侵华
帝国主义对中国的侵略战争

义和团运动兴起后,列强为维护其在华的殖民掠夺,一再要挟清政府严厉镇压。1900年4月,各国公使决定联合入侵北京"代为剿平",并将舰队聚集在大沽口对清政府威胁施压。同年6月,英、法、德、奥、意、日、俄、美八国联合出兵镇压义和团。八国联军侵华战争爆发了。慈禧太后携带光绪皇帝和王公大臣离京出逃,途中,派大臣李鸿章为全权代表向侵略者乞和。7月,清政府被迫与十一国公使签订了《辛丑条约》。《辛丑条约》的签订标志着中国半殖民地半社会统治秩序的完全确立,中国的半殖民半封建社会形成了。

八国联军军官在日本驻华使馆的旧照

近代中国大事年表

1644	满清入关。
1662	康熙即位。
1689	中俄《尼布楚条约》签订。
1736	乾隆即位。
1838	林则徐虎门销烟。
1840	第一次鸦片战争。
1851	太平天国起义爆发。
1856	第二次鸦片战争爆发。
1860	洋务运动开始。
1861	"辛酉政变"发生,慈禧太后掌权。
1883	中法战争爆发。
1894	中日甲午战争爆发。
1895	《马关条约》签署。
1898	维新变法运动兴起,并最终失败。义和团运动在山东兴起。
1900	八国联军发动侵华战争。
1911	辛亥革命爆发。
1912	中华民国临时政府宣告成立。2月,清帝退位,中国最后一个封建王朝灭亡。
1915	袁世凯开始实施称帝计划,但以失败告终。

辛亥革命
结束封建帝制的伟大革命

1911年（干支辛亥年），清政府出卖铁路修筑权，激起了全国人民的反对。10月10日，武昌起义爆发，各省纷纷宣布独立。清政府迅速解体。孙中山经十七省代表会议推举为临时大总统。1912年1月1日，中华民国临时政府在南京宣告成立。2月12日，清帝被迫退位，中国最后一个封建王朝被推翻了。辛亥革命结束了统治中国两千多年的封建君主专制制度，并为以后中国人民实现彻底的民主革命开辟了广阔的道路。

武昌湖北军政府旧址

孙中山

孙中山（1866～1925），名文，字逸仙，广东香山（中山）人。中国资产阶级民主革命的伟大先行者。1894年11月，他在檀香山组织中国资产阶级第一个革命团体兴中会，第一次提出了推翻清王朝、建立资产阶级民主共和国的政治主张。1905年8月，他在日本东京组成同盟会，创立三民主义学说，发动和指导了多次武装起义。辛亥革命后，他于1912年1月在南京就任临时大总统，建立了中华民国。

袁世凯称帝
一场复辟帝制的闹剧

辛亥革命的胜利果实不久就被军阀袁世凯篡夺。袁世凯镇压了"二次革命"，逼迫议员选举他为正式大总统，之后解散议会和国民党，独揽军政大权。他野心未足，为寻求帝国主义对其复辟帝制的支持，袁世凯承认日本旨在独占中国的"二十一条"。1915年12月，袁世凯发表接受帝位的申令，准备于1916年元旦登基。但在全国人民的反对声中，袁世凯不得不于1916年3月取消帝制。

护国运动
烽烟中的民主共和凯歌

1915年袁世凯宣布称帝后，唐继尧、蔡锷、李烈钧等人立刻向全国发出通电，宣布云南独立，反对帝制，武力讨袁。不久，他们组织"护国军"出兵讨袁，保卫共和民国。接着，贵州、广东等省先后宣布独立，通电迫袁退位。1916年6月，袁世凯在内外交困中死去。黎元洪继任大总统，宣布恢复《临时约法》和国会。护国运动结束。

孙中山在南京总统府门前接受卫兵致敬

清雍正时期的《耕织图》

摊丁入亩
赋税制度的里程碑

摊丁入亩是中国赋税制度史上的一项重大改革。清政府最初实行的税收分为人头税和土地税。人头税叫丁银，即按家庭人口数量征税；土地税叫田赋，即按家庭拥有土地的数量征税。但由于连年战乱，贫苦农民交不起人头税，只有隐瞒人口或逃亡在外。雍正皇帝在位时，把丁银（人头税）归入田赋（土地税），两税合一征收。也就是说，拥有田地越多的人交的税也就越多，这对无地或少地的贫苦农民来说是一个福音。摊丁入亩使封建国家对农民的人身控制变得宽松了，也使中国人口急剧增长。

京剧的形成
兼容并蓄的剧种

清乾隆五十五年（1790），徽班"三庆班"入京为乾隆帝的八旬"万寿"祝寿。后来，"四大徽班"也接踵而至到京城献艺。1828年以后，一批以西皮、二黄两种声腔为主的汉戏演员亦陆续进入北京。由于徽、汉两个剧种在声腔、表演方面都有血缘关系，所以汉戏演员进京后，大都与徽班合作演出，甚至成为徽班的主要演员。徽、汉两班合作，两调合流，经过一个时期的互相融会吸收，再加上京音化，又从昆曲、弋腔、秦腔中不断汲取营养，终于在清代晚期形成了一个新的剧种——京剧。

《四库全书》

《四库全书》
中国传统文化的集成巨著

《四库全书》是清乾隆时期修撰的中国古代规模最大、内容最广泛的丛书，前后历时10年，于乾隆四十六年（1781）初告成。共收书3400多种、36000多册、79000多卷，分为经、史、子、集四部。《四库全书》是中国传统文化的集成巨著，具有十分难得的研究、收藏和欣赏价值。

京剧表演《四郎探母》

新式教育的兴起
中国教育现代化的开始

新式教育兴起于洋务运动和戊戌变法时期。1862年，清政府成立了中国近代第一所新式学校——京师同文馆，此后还相继建立各种专门的学校，并派留学生出国学习。洋务派举办的教育事业培养了近代中国第一批新型的科技、翻译和军事人才，促进了西学在中国的传播。1905年，清政府废除了科举制度，从办学内容和办学方向上都做出相应变革，并引进了西方的教育体制。辛亥革命后，南京临时政府设教育部，蔡元培任教育总长，提出五育并举的教育思想。

詹天佑

近代中国的科学
艰难前行中的科学

19世纪60年代，洋务派成立京师同文馆、江南制造总局译书馆、广学会，翻译介绍近代西方科技文献，促进了近代中国科技的发展。在数学方面，李善兰、华蘅芳等数学家取得了很大的成就。在化学方面，徐寿对化学元素的命名法做出了可贵的贡献。铁路工程师詹天佑修建了举世闻名的京张铁路，为我国铁路的发展做出了巨大贡献。飞机设计师冯如设计出了我国第一架达到世界先进水平的飞机。近代中国的科学技术受到西方的影响有了一定发展，但仍然很落后。

詹天佑与京张铁路

詹天佑（1861～1919），出生于广东省南海县，是我国杰出的爱国工程师、铁路工程专家。1905年5月，他担任京张铁路的总工程师，主持修建京张铁路。京张铁路长约200多千米，是我国自主修建的第一条铁路。詹天佑在京张铁路八达岭隧道施工中采用分段方法，并创造性地在青龙桥段修筑了一段"人"字形线路，大大降低了施工难度。京张铁路于1909年9月全线通车，提前两年完工，工程费用只及外国人估价的1/5。

现代世界
第一次世界大战

• 像历史学家一样思考 •

从1914年到1918年，同盟国和协约国两大帝国主义集团为瓜分世界、争夺殖民地和霸权而进行了一场世界规模的战争。战争先在8个欧洲国家（德国、奥匈帝国及其敌对国英国、法国、俄国、比利时、塞尔维亚和黑山）之间开始，后来逐渐有30多个国家共15亿人卷入战争。战场遍及欧、亚、非三大洲和大西洋、地中海、太平洋等海域。

表现萨拉热窝刺杀事件的漫画

想一想 第一次世界大战是一场什么性质的战争？它是怎样爆发的？有哪几场重要的战役？

三国同盟和三国协约
两大军事集团的对立

19世纪末20世纪初，资本主义国家相继完成向垄断阶段的过渡，各国发展的不平衡使争夺世界霸权的矛盾逐渐尖锐，并在欧洲形成了德奥意三国同盟和英俄法三国协约两大对立的军事集团。巴尔干半岛和地中海成为双方争夺的焦点。1905～1913年，两大军事集团为争夺战略要地制造了一系列国际危机，甚至引起局部战争。

战壕中的参战士兵

萨拉热窝事件
一战的导火索

1908年，奥匈帝国吞并了波斯尼亚和黑塞哥维那，而两地人民想同塞尔维亚合并，建立南斯拉夫民族国家。奥匈的侵略激起了南斯拉夫人民的强烈抗议。1914年6月底，奥匈帝国在波斯尼亚举行军事演习，向塞尔维亚挑衅。6月28日，视察完军事演习的奥匈皇储斐迪南大公乘车到波斯尼亚首府萨拉热窝访问时，被塞尔维亚民族主义组织的一名成员开枪打死。这就是历史上著名的萨拉热窝刺杀事件。它成为第一次世界大战的导火索。随后，一战爆发了。

欧洲战场的三条主线

战争开始后，欧洲形成三条战线。西线在比利时、法国北部和德法边境，英、法、比三国军队在那里对德作战。东线北起波罗的海，南至罗马尼亚，是俄军对德奥作战的战场。南线在巴尔干，奥军在这里对俄国及塞尔维亚作战。此外，双方还在亚洲的南高加索、两河流域和巴勒斯坦交战。欧洲的西线和东线对这次战争起了决定作用，其中西线尤为关键。

马恩河战役
一战的第一次大会战

1914年8月4日，西线德军穿过比利时，逼近巴黎。胜券在握的德军抽调兵力到东线抵御俄军。9月5日，英法军队大举反攻，双方在马恩河展开大会战。双方投入总兵力达150万，战斗十分激烈，德军失败，被迫撤退。9月11日，马恩河会战结束。马恩河会战使德国包抄法军的计划破产，德军陷入了旷日持久的阵地战，同时又陷入了东西两线作战的困难境地。

在西线战场作战的士兵

凡尔登战役
德军丧失西线优势

1916年2月，德军进攻法国东北部重镇凡尔登，试图打开进军巴黎的道路，扭转西线战局。法国军队全力防守。双方激战数月，德军仍未能攻克凡尔登。7月中旬以后，法军开始反攻。12月，收回全部失地，战役结束。整个战役共伤亡70多万人，被称为"凡尔登绞肉机"。德军未能达到击垮法国的目的。这次战役后，德国失去了它在西线的主动权。

索姆河战役
一战的转折点

为了牵制德军，减轻凡尔登战场法军的压力，英法联军于1916年7月在索姆河畔发动大规模的进攻。英军首次把坦克投入战场。11月联军停止进攻。此战役双方伤亡120万人。它支援了西线凡尔登战役，使德军在西线迅速取胜的企图未能实现，消耗了德国大量人力物力。索姆河战役和凡尔登战役一同成为大战的转折点。

一战结束
同盟国的彻底失败

1917年，战争进入新的阶段。2月，德国实行"无限制潜艇战"，美国以此为借口于4月对德宣战。11月，俄国爆发十月革命，于1918年3月退出战争。1918年3~7月，德军在西线发动4次攻势全部受挫。同年8月，协约国全线反攻。9月，保加利亚投降。10月，土耳其退出战争。11月3日，奥地利宣

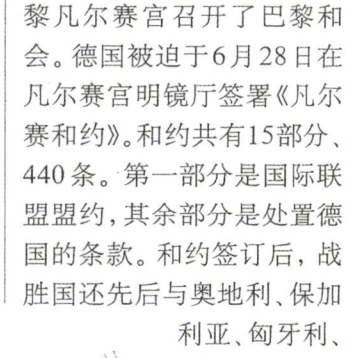

海战潜艇侧剖图

布投降。同时德国爆发革命，君主政体被推翻。11月11日，德国代表在法国贡比涅森林的雷通德车站，同协约国联军司令——法国元帅福煦签署了停战协定，第一次世界大战宣告结束。

一战的后果与影响

这次大战历时4年零3个月，先后有30多个国家参战，交战双方共死亡1300万人，受伤、失踪者达2000多万人，平民因战乱死亡的人数超过军队。直接经济损失约1805亿美元，间接经济损失约1516亿美元。第一次世界大战对战后国际关系产生了重大影响。

凡尔赛体系
西方列强的分赃会议

一战结束后，协约国集团于1919年1月18日在巴黎凡尔赛宫召开了巴黎和会。德国被迫于6月28日在凡尔赛宫明镜厅签署《凡尔赛和约》。和约共有15部分，440条。第一部分是国际联盟盟约，其余部分是处置德国的条款。和约签订后，战胜国还先后与奥地利、保加利亚、匈牙利、土耳其分别签订了和约，它们和《凡尔赛和约》一起统称为"1919年到1920年的巴黎和约"。这一系列"和约"，构成了战后西方国际关系的新体系，即凡尔赛体系。该体系调整了帝国主义列强在欧洲的矛盾和冲突，但由于分赃不均，埋下了第二次世界大战的祸根。

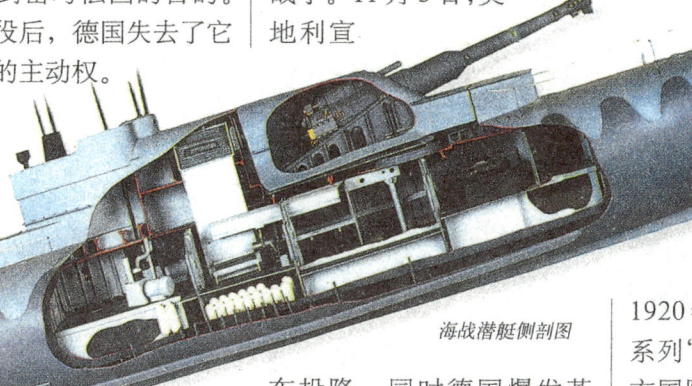

一战大事年表

1914	萨拉热窝刺杀事件导致一战爆发。
1914	9月，马恩河战役。
1916	2月，凡尔登战役。7月，索姆河战役。
1917	德国实行"无限制潜艇战"。美国对德宣战。
1918	一战结束。

俄国革命

·像历史学家一样思考·

沙皇俄国在20世纪初已成为军事封建帝国主义国家，各种矛盾空前尖锐，革命风暴迫在眉睫。1900~1903年的经济危机和1904年的日俄战争，更加速了革命的到来。1905年，俄国大地上爆发了此起彼伏的革命运动。1917年，十月社会主义革命取得伟大胜利，世界上出现了第一个社会主义国家。

想一想 为什么说俄国十月社会主义革命在世界历史上具有划时代的重要历史意义？

俄国海军舰队

俄国城堡

俄国1905年革命
十月革命的"总演习"

1905年初，圣彼得堡（1914年改名彼得格勒）工人举行大罢工。罢工工人遭到军警步枪射击和骑兵冲杀，死1000多人，伤200多人。因这一天是星期日，故称"流血星期日"。6月，黑海舰队"波将金"号铁甲舰上的水兵起义。10~12月，莫斯科工人大罢工，并很快引发全俄总罢工。12月，莫斯科工人举行武装起义，但被军队镇压。十二月武装起义失败后，革命逐渐进入低潮。列宁称这次革命是十月革命的"总演习"。

俄国二月革命
推翻封建王朝的革命

第一次世界大战使本来就落后的俄国陷入严重的经济、政治、军事危机之中。1917年1月，彼得格勒工人举行了盛大的罢工和示威游行。3月（俄历2月），彼得格勒工人实行全市总罢工。沙皇下令镇压，但彼得格勒的革命士兵不听命令，反而与工人并肩战斗。起义队伍冲进皇宫，逮捕了沙皇的大臣和将军。起义工人和士兵建立了工兵代表苏维埃（俄文音译，即"代表会议"）。随后，俄国各地都发生了革命，沙皇被迫宣布退位。统治俄国长达300年之久的罗曼诺夫王朝被推翻了。

《四月提纲》
俄国革命正确路线的确立

二月革命后，俄国出现了资产阶级的临时政府和工兵代表苏维埃两个政权并存的局面。掌握实权的临时政府继续进行帝国主义战争。布尔什维克党迫切需要制定正确的革命路线。在革命的关键时刻，列宁于1917年俄历4月3日回到彼得格勒作了著名的《四月提纲》报告。《提纲》制定了从资产阶级民主革命向社会主义革命转变的方针、路线和策略。

七月事件
结束两个政权并存局面

1917年俄历7月16日，俄军第一机枪团士兵会合波罗的海舰队的水兵和工人，号召群众示威游行，有50万群众走上街头。政府从前线调回军队对示威群众实行血腥镇压。七月事件后，临时政府改组，孟什维克党和社会革命党控制了首都。彼得格勒结束了两个政权并存的局面，全部政权落到资产阶级手中。七月事变后，布尔什维克的领袖又一次因政府通缉而被迫转入地下，列宁再度流亡国外。

苏维埃社会主义共和国联盟的国旗

十月革命
推翻资产阶级的社会主义革命

1917年9月，临时政府的将领科尔尼洛夫发动了反政府叛乱。临时政府被迫与布尔什维克党联合，武装首都彼得格勒工人以平息叛乱。叛乱被平息后，首都再次形成两个政权并存的局面，而且力量对比明显不利于临时政府。11月5日，临时政府再次下令逮捕布尔什维克党的领袖，并查封布尔什维克党的报纸，列宁当即决定起义。11月6日（俄历10月24日），起义爆发。11月7日，起义士兵攻克了临时政府的驻地冬宫。胜利了的布尔什维克党建立了世界上第一个社会主义国家。

1919年时的列宁

俄国圣彼得堡

第一个社会主义国家
俄国建立苏维埃政权

1917年11月7日夜，当攻打冬宫时，全俄苏维埃第二次代表大会在斯摩尔尼宫召开。大会选举产生了人民委员会，即新生的苏维埃政府机构，列宁当选为人民委员会主席。世界上第一个无产阶级专政的社会主义国家诞生了。苏维埃政府把银行、铁路、大工业收归国有，实行教会与国家、学校分离，建立新的工农红军。布尔什维克第七次代表大会决定将党的名称由社会民主工党改为俄国共产党。苏维埃政府将首都从彼得格勒迁往莫斯科。

保卫苏维埃
巩固十月革命的成果

1917年十月革命胜利后，国内外反革命势力企图把新生的苏维埃政权扼杀在摇篮中。当时，苏维埃3/4的国土被国内外敌人占领，反革命势力猖獗，苏维埃政权面临严峻考验。俄国无产阶级和广大人民在列宁的领导下，奋起保卫祖国。1919～1920年，红军打败了协约国的3次大规模进攻。苏俄经过几年的浴血奋战，基本平息了外国武装干涉和国内反革命叛乱，巩固了十月革命的成果。

苏联成立
社会主义国家的强大

1922年12月30日，苏维埃社会主义共和国联盟第一次代表大会在莫斯科大剧院开幕。大会通过了苏维埃社会主义共和国联盟成立宣言和联盟条约。俄罗斯、白俄罗斯、乌克兰和南高加索四个苏维埃社会主义共和国结成苏维埃社会主义共和国联盟，简称"苏联"。1924年以后，中亚的乌兹别克、土库曼、塔吉克等苏维埃共和国也加入苏联。

社会主义国家苏联的伟大领袖列宁

俄国革命大事年表

1905	俄国爆发了多次罢工运动和武装起义，史称"1905年革命"。
1917	"二月革命"胜利，罗曼诺夫王朝被推翻。十月革命爆发，世界上第一个社会主义国家诞生。
1918	苏维埃政权在全国范围内建立起来。
1920	苏俄基本平息了外国武装干涉和国内反革命叛乱。
1922	苏维埃社会主义共和国联盟成立。

第二次世界大战

· 像历史学家一样思考 ·

战后西方各国经济危机加深，世界局势动荡不安。1939～1945年，第二次世界大战在德意日法西斯轴心国和反法西斯同盟国及全世界反法西斯力量之间进行。这场战争给人类带来极大灾难，其结果以反法西斯国家和世界人民战胜法西斯赢得和平而告终。

表现二战中盟军登陆作战的海报

想一想 第二次世界大战对当今世界格局的形成起了什么作用？

德国纳粹党建立
德国法西斯势力的初兴

1919年，德国工人党创建。同年，希特勒成为该党党员。1920年4月1日，德国工人党更名为"民族社会主义德意志工人党"，"纳粹"是该党名称的音译。《二十五条纲领》成为该党正式党纲。这是一个煽动极端民族主义、极端种族主义的法西斯政党。

希特勒的竞选招贴画

意大利法西斯主义的小海军

法西斯势力进军罗马
意大利法西斯政权建立

1922年10月16日，活动日益猖獗的意大利法西斯行动队员分三路向罗马进发。18日，法西斯军队已占领从意大利北部到罗马的交通线。10月29日晚，国王维克托·伊曼纽尔三世邀请墨索里尼从米兰来到罗马。次日，墨索里尼组成政府。从此，意大利法西斯政权建立。这是世界上第一个法西斯政权。

希特勒上台
纳粹一党专政的前奏

1932年11月11日，大工业主代表沙赫特、巴本等人草拟了一份经20名垄断资本家和大地主签名的《请愿书》，上交德国总统兴登堡，要求任命希特勒为总理。11月19日，兴登堡召见了希特勒。1933年1月28日，总理施莱歇尔被迫辞职。1月30日，希特勒出任德国总理，组织内阁。希特勒的上台，标志着德国法西斯专政时期的开始。

国会纵火案
一党专政基础的建立

希特勒上台后，为了建立一党专政，铲除共产党，策划了国会纵火案。1933年2月27日晚，国会大厦被纵火焚烧。希特勒诬陷共产党人焚烧大厦。3月9日，保加利亚共产党领袖季米特洛夫等人被捕，于9月21日受审。由于季米特洛夫在法庭上戳穿了法西斯编织的谎言，德国法庭不得不将季米特洛夫等四人无罪释放。国会纵火案之后，纳粹党一党统治的基础已经建立起来。

受纳粹党蛊惑的德国工人正在游行。

现代世界 | 153

手握党旗的希特勒

德意志第三帝国
独裁者的帝国

1933年1月30日，希特勒上台执政，建立号称"千年太平"的帝国。1934年，兴登堡死后，希特勒自任国家元首，独揽大权，成为独裁者。希特勒认为自己是中世纪的德意志神圣罗马帝国和普法战争后以普鲁士为中心的德意志帝国的继承人，故称他建立的"新德国"为第三帝国。

撕毁《凡尔赛和约》
纳粹扩充军备

希特勒成为独裁者之后，立即开始扩充军备。1935年3月13日，纳粹二号头目戈林宣布德国将重建空军。3月16日，德国政府公布法令，宣布实行普遍义务兵役制。这意味着《凡尔赛和约》军事条款加之于德国的限制已完全被打破。

意军入侵埃塞俄比亚
北非战役的伏笔

在德国纳粹疯狂扩军的同时，意大利纳粹也在向外扩张。1936年10月，意大利对埃塞俄比亚不宣而战。次年5月，意军攻占埃塞俄比亚首都亚的斯亚贝巴。埃塞俄比亚并入意大利。这为以后北非战役的进行播下了种子。德国积极支持意大利的侵略战争，这也为它们日后的结盟打下了基础。

曾被意大利侵略者驱逐出境的埃塞俄比亚国王

三国轴心形成
战争步伐的加快

1936年10月25日，德国和意大利在柏林建立反共同盟。双方划分了巴尔干和多瑙河流域的扩张范围，并约定对西班牙共和国作战。11月25日，德国和日本在柏林签订《日德反共产国际协定》。1937年11月25日，意大利也参加了这个协定。三国反共军事同盟最后形成，即"柏林—罗马—东京轴心"。该协定的形成加快了法西斯国家发动全面战争的步伐。

慕尼黑阴谋
绥靖政策的顶峰

捷克斯洛伐克的苏台德地区与德国相邻，经济发达，战略位置重要。1938年春，希特勒对捷提出了领土要求。同年9月，英、法、德、意四国首脑张伯伦、达拉第、希特勒和墨索里尼在德国的慕尼黑签订协定。在没有捷克斯洛伐克代表参加的情况下，强行把苏台德地区割让给德国。历史上将之称为"慕尼黑阴谋"。这是英法等国采取纵容德国的绥靖政策的恶果。

英法绥靖政策破产
德国法西斯的西进

绥靖政策助长了德、意、日法西斯的侵略气焰。1939年春，英、法政府还继续推行绥靖政策，试图挑动法西斯德国去进攻苏联。1939年8月，《苏德互不侵犯条约》的正式签订击碎了英、法唆使德国进攻苏联的阴谋。几天之后，英、法首先遭到了德国炮火的疯狂进攻。绥靖政策彻底破产。

纳粹自行车冲锋队

浴血奋战的波兰士兵

德军突袭波兰
第二次世界大战爆发

1939年9月1日凌晨，德国军队对波兰发动了突然袭击。德军迅雷不及掩耳的闪电战使波兰措手不及，军队还未集中，就已被德军分割包围。德军迅速突破波军防线，占领波兰。英、法是波兰的盟国，在向德国提出和平解决冲突的幻想破灭后，被迫于9月3日对德宣战。第二次世界大战全面爆发。

"奇怪战争"

二战初期，英、法对德实际上是宣而不战。他们继续怂恿德国向东扩张，仍做梦把祸水引向苏联，军事行动十分迟缓。当时，英法在西线有115个师，但英法军队坐视盟友波兰的灭亡。战争爆发3个月后，由于偶然射击，英军才损失了一个巡逻班长。这就是二战史上有名的宣而不战的"奇怪战争"，英国称之为"朦胧战争"，德国称"静坐战争"，美国则称"假战争"。

北欧沦陷
丹麦和挪威的沦陷

德军占领波兰后，并未进攻苏联，而是加紧准备向西欧诸国下手。1939年10月9日，希特勒签发了准备进攻西欧的"黄色方案"。1940年4月9日凌晨，德军向丹麦和挪威同时发起进攻。4小时后丹麦投降，不久挪威沦陷。后来瑞典被迫同德国合作，整个北欧落入德国手中。

丘吉尔临危受命
力挽狂澜的英国新首相

在西线德军即将进攻时，保守党主战派丘吉尔于1940年5月出任英国首相，组成了战时内阁。丘吉尔早在希特勒上台开始扩军备战时就积极主张采取联合法、苏，抑制德国的强硬政策。组阁后的丘吉尔首先救出了陷于重围的敦刻尔克地区的英法联军，接着又取得了不列颠之战的胜利，渡过了开战以来最险恶的时期。

马其诺防线
毫无作用的安全保障

早在一战结束后不久，为防备德国再次发动进攻，法国政府决定在东北部边境从瑞士到比利时之间修筑一个防御阵地体系。因其主要设计者是法国陆军部长马其诺，故命名为"马其诺防线"。"马其诺防线"始建于1929年，完工于1940年。法国政府将它视为安全的保障。1940年5月，德军成功地绕过马其诺防线经比利时的阿登山脉迂回攻击法国。防线未起作用。

敦刻尔克大撤退
保存实力的战略撤退

1940年5月10日，德国法西斯向西欧发动了全面进攻。盟军对德军主力的进攻方向判断失误。德军装甲主力部队从背后切断了盟军的退路，将英、法联军包围在比、法边境的敦刻尔克地区，使盟军三面受敌，唯一的生路就是从海上撤退。1940年5月26日下午，英国海军开始从敦刻尔克撤退。敦刻尔克大撤退虽然损失了部分装备却使盟军保存了有生力量，为以后反攻欧洲大陆奠定了基础。

敦刻尔克大撤退

法国投降
绥靖政策的恶果

1940年6月10日，法国政府被迫迁往波尔多。6月14日，德军进入巴黎。6月16日，总理雷诺辞职，贝当接任后向德军求和。6月22日，法国全权代表查理·亨茨格将军和德军最高统帅部参谋长凯特尔签署了《康边停战协定》，法兰西第三共和国灭亡了。

二战时期的英国空军

大不列颠大空战
英德之间的空中大交锋

1940年7月16日，希特勒下令制定进攻英伦三岛的"海狮计划"，并要求8月中旬完成作战准备。由于英国握有制海权，德空军对英国开始了猛烈空袭。这场不列颠大空战实际上从7月10日就开始了。8月15日，英、德之间展开了一场大规模空战。英军借助雷达，给德机以有力打击。英国的抵抗使"海狮计划"被无限期地推迟。1941年5月10日，德国飞机对英国进行了最后一次大空袭。此后，空袭日渐减少，因为希特勒已把侵略矛头指向了东方的苏联。

德意日轴心国形成
法西斯三国轴心的出炉

1940年9月27日，德、意、日三国在柏林签订了酝酿已久的军事同盟条约。德国期望通过条约使日本在东方和太平洋上牵制英、美的力量。意大利则企图依仗德、日的实力，称霸地中海、北非和东非。日本想巩固已经攫取的权益，并进一步侵占苏联的东部以及夺取太平洋上的霸权。这一条约的签定标志着法西斯侵略轴心国集团的形成。

德国坦克手

二战大事年表

1921	希特勒成为德国的纳粹党首领。
1922	墨索里尼上台，建立意大利法西斯政权。
1933	希特勒被任命为德国总理。
1934	德国总统兴登堡去世，希特勒成为国家元首。
1936	德国军队开进莱茵非军区；德国和意大利、日本结盟。
1938	德国吞并奥地利和捷克斯洛伐克的苏台德地区。
1939	德国吞并捷克斯洛伐克，入侵波兰。第二次世界大战爆发。
1940	法国投降
1941	日本偷袭珍珠港，美国向日本宣战。莫斯科大会战开始。
1942	斯大林格勒保卫战爆发。美对日发动珊瑚海战役、中途岛战役和瓜达尔卡纳尔岛战役。
1943	意大利投降。开罗会议召开。德黑兰会议召开。
1944	诺曼底登陆成功。欧洲人民纷纷发动起义。
1945	雅尔塔会议召开。德国于5月投降。日本于8月投降。

伦敦消防队奋力扑灭英国空袭引起的大火

德国占领东南欧
"巴巴罗萨方案"的实施

法国败降后,希特勒就下令炮制了进攻苏联的秘密军事计划,即"巴巴罗萨方案"。为实施该计划,希特勒进一步扩大法西斯侵略集团。在德国胁迫下,匈牙利、罗马尼亚、保加利亚和南斯拉夫相继加入三国同盟。1941年6月,德军占领了希腊。至此,整个巴尔干半岛都落入了希特勒的魔掌。

二战时期苏联的反法西斯海报

列宁格勒保卫战
战火中屹立的英雄城市

1941年8月下旬,德军在大炮和飞机的配合下,向列宁格勒发起猛烈攻击。德军的进攻遭遇苏联军民的拼死抵抗。希特勒便下令封锁城市,妄图困死城内军民。但苏联军民冒着德军的炮火把粮食、物资、弹药从城东的拉多加湖运到城内。列宁格勒凭借这条"生命线"得以保全。列宁格勒保卫战坚持了900天,德军损兵30万,始终未能前进一步。1944年初,苏军发动反攻,使列宁格勒从德军的长期围困中解脱出来。

德国袭击苏联
苏联卫国战争的开始

在占领欧洲十几个国家,控制了大量人力和物力后,希特勒决定进攻苏联。进攻前,希特勒大搞演习,制造入侵英国的假象。1941年6月22日凌晨,德国纠集意大利等国,倾巢而出,分三路向苏联发动突然袭击。苏联因战前对德国入侵估计不足而陷入被动,但苏联党和政府立即采取一系列紧急措施。6月30日,苏联成立国防委员会,斯大林提出了战略防御方针,根据这个方针,苏联红军进行了一系列保卫战。

莫斯科大会战
鼓舞反法西斯斗志的保卫战

1941年9月30日,德中央集团军军团发起了攻打莫斯科的战役。10月中旬,德军包围了莫斯科。由于苏德战场前线的苏军浴血奋战,迫使德军停止了对莫斯科的进攻而转入防御。12月5日,苏军发动了全面反攻,大举突破德军防线。到1942年1月,苏军歼灭了莫斯科近郊的50万德军,取得莫斯科保卫战的胜利。这一胜利标志着德军闪电战的破产,同时也极大地鼓舞了全世界人民战胜法西斯的信心和斗志。

罗斯福和他的幕僚们

《大西洋宪章》发表
美英反法西斯的纲领性文件

1941年8月9~12日,美国总统罗斯福和英国首相丘吉尔在大西洋东北部的纽芬兰阿根夏湾的"奥古斯塔"号军舰上举行会晤。8月14日发表了联合宣言,史称《大西洋宪章》,又称《罗斯福丘吉尔联合宣言》。它是美英两国政府宣布对德作战目的的纲领性文献。主要内容是:两国不追求领土或其他方面的扩张;反对未经有关民族自由意志所同意的领土变更等。宪章对鼓舞世界人民的反法西斯斗争,促进反法西斯联盟的形成起了积极的历史作用,并成为后来《联合国宪章》的基础。

日本偷袭珍珠港
太平洋战争的爆发

德军侵占西欧，灭亡法国后，日本于1940年打出"大东亚共荣圈"的招牌，准备建立一个殖民大国，并企图以此击溃自己在太平洋上的竞争对手——美国。1941年12月8日，日本出动飞机袭击珍珠港的美军军舰和飞机，这次袭击使美军太平洋舰队主力毁于一旦。日本对珍珠港发动的毁灭性袭击震撼了美国，美国国会迅速宣布对日开战，太平洋战争由此爆发。

《联合国家宣言》的发表
反法西斯阵线的最后形成

苏德战争爆发后，世界人民纷纷声援苏联卫国战争。英美两国也发表声明将援助苏联。

漫画：反法西斯战争使英苏两国成为盟友。

在这种情况下，斯大林决定同英、美以及其他反法西斯国家建立反法西斯联盟。1942年1月1日，中、苏、英、美等26个国家签署和发表了《联合国家宣言》。这一宣言的签署，标志着世界反法西斯统一阵线最后形成。

北非战役
盟军与法西斯争夺北非的战斗

1942年7月，侵入北非的德意联军攻入埃及，进抵阿拉曼。1942年7月，英美首脑决定实施进攻北非德意法西斯的"火炬"行动计划。盟军随即发动了代号"捷克"的阿拉曼攻击战，盟军获胜。阿拉曼战役是北非战场的转折点。1942年11月8日，为了援助埃及的英军，美英联军分三路进入埃及。1943年5月13日，德意残余部队投降。北非战役结束。盟军在北非的胜利，加速了意大利法西斯的崩溃，也加快了反法西斯的第二次世界大战的进程。

斯大林格勒保卫战
苏联卫国战争的转折点

1942年7月17日，德国突破苏军防线，对斯大林格勒形成威胁。斯大林格勒战役拉开序幕。9月13日，德军攻入市区，市区争夺战全面展开，双方展开了激烈的拉锯战。11日，苏军精锐部队发动反攻，包围了斯大林格勒地区的德军。随着严冬的到来，战争的形势逐渐开始变化，德国士兵陷入饥寒交迫中，战斗力明显下降。1943年1月10日，苏军开始对被围德军发动猛攻。2月2日，残余德军全部投降。这场战役使希特勒法西斯被迫转入战略防御，也成为苏联卫国战争的转折点。

二战中的英美盟军士兵

中途岛战役
太平洋战争的转折点

太平洋战争爆发后，日本为把中途岛作为前进基地，拟定了进攻该岛的计划。1942年6月3日，日本出动联合舰队的全部主力，直取中途岛、阿留申群岛等地。美国海军事先截获日本的密电，制定了迎敌方案，预先在中途岛东北海面设伏。战争开始后，美军从侧翼对毫无警觉的日军舰队实施突袭，最后以少胜多。中途岛之战使日本海军元气大伤，丧失了在太平洋战争初期所据有的海空控制权。从此以后，日军被迫停止全面进攻，转入守势，太平洋战争出现转机。

中途岛战役

太平洋战场的大反攻
美军的胜利

经过中途岛战役和瓜达尔卡纳尔岛战役,美军掌握了太平洋战场的战略主动权。1944年2月,美军又攻占了马绍尔群岛的主要岛屿,牢牢地控制了菲律宾海域的制海权和制空权。1945年2月底,美军攻入马尼拉,麦克阿瑟将军率部抵达菲律宾。至此,盟军在太平洋战场上的反攻胜利结束。

意大利投降
轴心国集团的解体

1943年7月,英美盟军在西西里岛登陆。在此形势下,意大利法西斯统治集团内部发生分裂。7月25日,意大利国王拘禁了墨索里尼,并改组内阁。9月3日,意大利宣布向盟军投降,退出战争并对德宣战。意大利的投降标志着轴心国集团的解体。

盟军运输船和护卫战舰

开罗会议
《开罗宣言》的签署

1943年11月,中、美、英三国首脑在开罗举行会议,讨论对日作战计划,并签署了《开罗宣言》。宣言声明:制止和惩罚日本的侵略;剥夺日本自第一次世界大战开始以后在太平洋地区所获得或占领的一切岛屿。开罗会议的召开与《开罗宣言》的发表具有重要意义,对协调盟国对日作战及战后处理日本等一系列问题起了积极作用。

诺曼底登陆战役中,美军登陆奥马哈滩。

德黑兰会议
消灭德国法西斯总计划的出台

1943年11月28日,苏、美、英三国首脑斯大林、罗斯福、丘吉尔在德黑兰举行会议,讨论对德作战计划和安排战后和平与合作问题。与会三国缔结了《德黑兰总协定》。按该协定规定,盟军将于1944年5月发动诺曼底登陆战役,在欧洲开辟第二战场。德黑兰会议是二战史上一次重要的国际会议。

斯大林、罗斯福和丘吉尔在举行会谈时的留影

诺曼底登陆
欧洲第二战场的开辟

1944年初,苏军解放了全部沦陷国土,并挥师进入东欧各国。与此同时,英美在西线着手开辟欧洲第二战场。1944年6月6日,盟军陆战队在诺曼底强行登陆。诺曼底登陆战役的胜利使德军陷入东西夹击之中。此后,盟军加强攻势。8月下旬,盟军解放巴黎。8月25日,在巴黎人民起义的配合下,法军开进了巴黎接受德军投降。欧洲第二战争的开辟,给德军以毁灭性打击,加速了德国法西斯的灭亡。

雅尔塔会议
战后世界政治体系初具模型

1945年初，德国败局已定。2月4日到11日，苏、美、英三国首脑在苏联克里米亚的雅尔塔举行了战时第二次会议。会议制定了彻底打败德国的军事计划，确定战后德国由苏、美、英、法分区占领。会议诀定成立一个一般性的国际组织——联合国，以确保战后世界的和平与安全。会议还反映出苏、美、英三国对战后世界安排问题上的不同意图和矛盾，对战后国际关系的格局有着重大影响。

欧洲人民大起义
配合盟军反攻的起义浪潮

1944年，在胜利形势的鼓舞下，欧洲各国人民纷纷发动起义。1944年8月，罗马尼亚共产党发动了大规模的武装起义；同月，捷克斯洛伐克人民举行反法西斯起义。1945年5月，挪威的德国占领军向盟军投降。至此，欧洲所有被德国法西斯侵占的国家都获得了解放。

欣胜的苏军士兵

德国投降
欧洲战事结束的标志

雅尔塔会议后，东西两线盟军加速了击败法西斯德国的战争进程。1945年4月，苏军进攻柏林，势如破竹。4月30日，法西斯头子希特勒自杀。5月7日，德国政府的代表向美、英、苏三方代表签署了《无条件投降书》。5月8日，在柏林正式举行了德国无条件投降仪式。

美国投放原子弹
核武器首次用于战场

1945年7月，美、英、中三国发表《波茨坦公告》，敦促日本投降，但日本政府却负隅顽抗。1945年8月6日和9日，美军在日本广岛和长崎各投下一颗原子弹。原子弹的投掷和苏军出兵对日本作战，加速了日本帝国主义的崩溃。但同时核武器也伤害了大量无辜平民。

二战刚结束时的德国

爆炸后的原子弹形成了巨大的蘑菇云。

日本投降
二战彻底结束

原子弹的袭击使日本全国陷入恐慌。1945年8月9日上午，日本军政要人召开最高战争指导会议，决定接受波茨坦公告。14日上午，又召开御前会议。日本政府根据这次御前会议的决定，拟定了一份宣布接受《波茨坦公告》、同意无条件投降的诏书，以及向反法西斯同盟国播出的日本最后接受《波茨坦公告》的电报稿。15日，天皇在广播中正式宣布投降。9月2日，日本代表在美舰"密苏里"号上向各国代表签署了投降书。第二次世界大战宣告彻底结束。

原子弹轰炸后的广岛

中国学生学习百科系列

站在世界前沿,与各国青少年同步成长

中国学生宇宙学习百科
层层揭示太阳系、外太阳系以及整个宇宙的奥秘
160 页　定价:26.00 元

中国学生地球学习百科
全面介绍我们生存的星球
160 页　定价:26.00 元

中国学生生物学习百科
生动解释微生物学、动物学、植物学、生态学
160 页　定价:26.00 元

中国学生艺术学习百科
系统介绍各大艺术门类特点
160 页　定价:26.00 元

中国学生军事学习百科
系统介绍武器装备、作战方式等军事知识
160 页　定价:26.00 元

中国学生历史学习百科
生动介绍人类社会发展历程
160 页　定价:26.00 元